Kontraste in der Medizin

Komplementäre Medizin im interdisziplinären Diskurs

herausgegeben von

Dr. med. Brigitte Ausfeld-Hafter
Dr. med. Lorenz Fischer
Dr. med. Peter Heusser
Dr. med. André Thurneysen

(Kollegiale Instanz für Komplementärmedizin
der Universität Bern, KIKOM)

Band 12

Peter Lang
Bern · Berlin · Bruxelles · Frankfurt am Main · New York · Oxford · Wien

André Thurneysen (Hrsg.)

Kontraste in der Medizin

Zur Dialektik gesundheitlicher Prozesse

Peter Lang
Bern · Berlin · Bruxelles · Frankfurt am Main · New York · Oxford · Wien

Bibliografische Information Der Deutschen Bibliothek
Die Deutsche Bibliothek verzeichnet diese Publikation in der Deutschen Nationalbibliografie; detaillierte bibliografische Daten sind im Internet über ‹http://dnb.ddb.de› abrufbar.

Der Herausgeber dankt der Hochschulstiftung der Burgergemeinde Bern für die finanzielle Unterstützung der Publikation.

ISSN 1422-4743
ISBN 978-3-03911-714-7

Hochfeldstrasse 32, CH-3012 Bern
info@peterlang.com, www.peterlang.com, www.peterlang.net

Printed in Germany

Inhaltsverzeichnis

Vorwort

Der vorliegende Band ist der 12. Band in der Reihe «Komplementärmedizin im interdisziplinären Diskurs» der Kollegialen Instanz für Komplementärmedizin der Universität Bern (KIKOM) und schliesst sich mit seiner Thematik der Kontraste und der Dialektik an seine Vorgänger an.

Die Natur lebt ja in und von Rhythmen, Wechselwirkungen, Polaritäten und schöpft ihre Kraft aus den daraus entstehenden Spannungen, kreiert aber im Gegenzug durch das Ermöglichen dieser Spannungen sich selbst die Quelle zur Kraftgewinnung und Regenerierung.

Für die Medizin im Besonderen, welche heute durch ihren Anspruch auf klare Definierung und Messbarkeit ihrer Endpunkte im Sinne der Evidence based medicine (EBM) in ihrer Praxis bestimmt wird, zeigen die vorliegenden Aufsätze, welchen eine Vorlesungsreihe an der Universität Bern im Wintersemester 2006/2007 zugrunde liegt, dass die Spannung und Nichtmessbarkeit des weiten Raumes zwischen den Polen eine wichtige und individuelle variable Bedeutung haben kann, sei es das Wechselspiel zwischen Regulation und Reparation aus der Sicht der Homöopathie (André Thurneysen), oder die Faszination der menschlichen Rhythmen in den Auf- und Abbauprozessen des Menschen (Peter Heusser). Weitere Fragen betreffen geschlechtsspezifische Unterschiede in definierten Pathologien (Thomas Schaffner), die polar angeordnete, aber synergistisch wirkende Organisation des vegetativen Nervensystems (Lorenz Fischer) sowie die alten und modernen Probleme bei Zwillingen (Sabina Gallati), die spirituelle Dimension in der Spitzenmedizin (Thierry Carrel), die Bedeutung von Amuletten als Heilsbringer von der Antike bis heute (Thomas Staubli), das Dao (Yin-Yang) in seiner über zweitausend Jahre alten Entwicklung (Brigitte Ausfeld-Hafter) oder die aktuelle Kontroverse um die Entstehung, Erklärung und Behandlung von psychischen Krankheiten als spirituellem oder chemischem Geschehen (Marc Rufer).

Es schliessen sich an die Diskussion, ob das Heilen ein technischer oder ein kultureller Prozess ist (Eduard Kaeser), die Frage, ob der Gesetzgeber mehr dem Individuum oder dem Kollektiv verpflichtet zu sein hat (Christoph Zenger) sowie die politisch brisante Frage, wie weit wir uns eine menschliche oder «nüchtern-effiziente» Medizin leisten können (Danielle Lemann).

Die Problematik der Forschung mit dem und am Menschen ist brandaktuell (Klaus Peter Rippe) und zum Abschluss lässt uns ein Schriftsteller und Patient (Beat Sterchi) an seinen Überlegungen zum heutigen Medizinbetrieb teilhaben.

Die Vorträge vermitteln einen Eindruck eines Ungleichgewichts – wenn man bedenkt, dass in der Schweiz 2005 0,16 % der gesamten Gesundheitskosten für die regulative Komplementärmedizin anfielen – vergleichbar dem Missverhältnis der Kosten für den militärisch-technischen Komplex der Rüstungsindustrie und den Ausgaben für die Friedensforschung.

Zum Schluss habe ich die angenehme Pflicht, mich bei unserer Mitarbeiterin im Sekretariat (Barbara Kohler) für ihren grossen Einsatz für das Gelingen dieses Buches zu bedanken, wobei bedauerlicherweise auf die Beiträge von Sabina Gallati und Thomas Schaffner in schriftlicher Form verzichtet werden muss, sowie bei der Hochschulstiftung der Burgergemeinde Bern für die grosszügige finanzielle Unterstützung für die Herausgabe dieses Buches.

Bern im November 2008

Dr. med. André Thurneysen
Dozent für Klassische Homöopathie
KIKOM, Universität Bern

André Thurneysen

Regulation oder Reparation? Die Medizin am Scheideweg?

1. Einleitung

Bevor über den Unterschied zwischen Regulation und Reparation gesprochen werden kann, gilt es einige Zusammenhänge zu erläutern und mit dem Begriff der Gesundheit zu beginnen:

Gesundheit lässt sich definieren als die Fähigkeit eines lebenden Organismus sich in einem symptomarmen/-freien Gleichgewicht zu halten. Dies ist eine aktive Leistung, welche unablässig erfordert wird, welche der Organismus dauernd zu erbringen hat und welche durch die Lebenskraft ermöglicht und aufrechterhalten wird. Dies gilt prinzipiell für alle Menschen, ja alle lebenden Organismen, aber wir alle wissen, dass diesbezüglich auch grosse Unterschiede beobachtet werden können, in dem, um jetzt beim Menschen zu bleiben, es Individuen gibt, die auch unter starken Belastungen und widrigsten Umständen dieses ihr dynamisches Gleichgewicht halten können, wohingegen andere beim geringsten Anlass (leichte Temperaturschwankung, Missstimmung, falsches Nahrungsmittel) aus ihrem Gleichgewicht kippen und krank werden. Diese Unterschiede hängen zum einen von dieser individuellen Bandbreite ab und zum anderen von der verfügbaren persönlichen Lebensenergie, was zusammen das Regulationspotenzial eines Menschen definiert. Ein zweiter wichtiger Aspekt betrifft die verschiedenen Ebenen, oder wie die Anthroposophen es nennen die Leiber, welche für ein harmonisches Lebendigsein nötig sind, nämlich (siehe Beitrag P. Heusser):

Information	Geist-Leib
Regulation	Astral-Leib
Funktion	Aether-Leib
Struktur	Physischer Leib

Auf diesen Ebenen kann die Lebenskraft, die Selbstheilungskraft oder das erwähnte Regulationspotenzial eine durchaus auch reparative Wirkung entwickeln:

a) Die materielle Struktur wird meist durch Unfälle, Verletzungen oder Infarkte (Ausfall der Blut- und Sauerstoffversorgung) beschädigt, zerstört oder zu Grunde gerichtet. Die Regulationsfähigkeit menschlicher Zellen und Gewebe ist bei physisch-strukturell-materiellen Verlusten zwar enorm, aber doch nicht unerschöpflich, sondern zum Beispiel beim Herzmuskel, beim Nervengewebe und beim Knorpel sowie nach Amputationen limitiert beziehungsweise nicht mehr möglich. Die moderne Medizin hat hier mittlerweile eindrückliche Reparationsmöglichkeiten entwickelt, welche ein Aufrechterhalten der übrigen Ebenen weiter erlauben (Prothesen, Implantate, Transplantationen von Linsen, Zähnen, Knochenspänen, Organen).
b) Eine Funktionsstörung, ein Funktionsausfall kann durch materielle Veränderung, Ermüdung oder Abnützung (Knorpel-Arthrose, Herzmuskelinsuffizienz, Nierenermüdung) bedingt sein, aber auch bei intakten Strukturen auftreten (Lähmung ohne fassbaren Auslöser). Auch hier bietet die moderne Medizin mittels neuen künstlichen Gelenken, Herzschrittmachern oder Dialyse Hilfe und Verbesserungen an, die ein qualitatives Leben weiter möglich machen.
c) Regulationsstörungen können vielfältige Ursachen haben, wie zum Beispiel nach längerem Nichtgebrauch von Strukturen/Funktionen (Darmtätigkeit nach längerem Fasten, deregulierte Orthostase nach langem Liegen, Wiedererlernenmüssen eines Bewegungsablaufes nach Unfall oder Operation) oder durch Funktionsstörungen im Hormonhaushalt (Blutzuckerregulation bei Insulinmangel, weibliche Zyklusstörungen).

   Mittlerweile kann die moderne Medizin sogar hier dank den computergesteuerten bedarfsabhängigen Insulinpumpen oder Herzschrittmachern Abhilfe anbieten und schaffen. Aber es wird ersichtlich, dass der Übergang zur informativen Ebene fliessender wird, weil das Aufstellen eines rehabilitativen Trainingsprogramms oder eines angepassten Nahrungsaufbaus mit einem redaktionellen Entschluss und Prozess verbunden ist. Generell ist festzuhalten, dass zwischen den vier Ebenen fliessende Übergänge und Verbindungen bestehen. Auch darf man nicht vergessen, dass ein Gelenks- oder Organersatz erkauft wird durch anstrengende Rehabilitation oder dauernde Nebenwirkungen der immunsupressiven Medikamente.

d) Wenn nun aber die informative Ebene gestört oder verändert ist, hat dies trotz intakten Regulations-, Funktions- und Strukturbedingungen nachhaltige Konsequenzen für die Lebensvorgänge zur Folge, was am Beispiel von Psychosen oder extremen Diäten beobachtbar wird. Auf dieser geistigen Ebene hat der Mensch die Fähigkeit und damit auch die Möglichkeit, seine regulativen Selbstheilungskräfte – willentlich oder unwillentlich – zu beeinflussen, zu stören, zu umgehen oder gar zu blockieren und damit seine Lebensqualität zu beeinträchtigen. Andererseits kann er aber durch Modifikationen der Information einen Lernprozess einleiten und damit eine reparative Intervention auf der Informationsebene vornehmen. Dieser Bereich hat sich bisher den direkten Möglichkeiten der modernen Medizin weitgehend entzogen, ausser zum Preis von spürbaren, sich in den unteren Ebenen manifestierenden Nebenwirkungen bei der Anwendung von psychotropen Medikamenten, welche die Wahrnehmung und Denkfähigkeit beeinflussen und damit die Modulation der Informationsebene stören.

In diesem Zusammenhang darf die aktuelle Diskussion um Eingriffe und Manipulationen am genetischen Material nicht unerwähnt bleiben, sei es in stimulierendem, ersetzendem oder blockierendem Sinne. Die kürzliche Verleihung des Medizin-Nobelpreises 2006 an zwei Forscher, welche zelleigene Mechanismen zur Abschaltung von nicht gebrauchten Genen entdeckt haben, bestätigt, dass die Natur auch hier Regulationswerkzeug bereits zur Verfügung hat (siehe Beitrag K. Rippe).

Ein letztes Beispiel sind die künstlichen Süssstoffe, welche quasi als falsche Information dem Organismus eine Sättigung vortäuschen durch die vermeintliche Zufuhr von Zucker, was die entsprechenden Regulationsmechanismen (Insulinausschüttung) zwar kurz auslösen kann, aber dann mangels nachgeschobenen Nährstoffen nur zu einem verstärkten Hungergefühl führt, womit die Regulation in die falsche Richtung läuft.

Dies leitet über zur Ernährung, welche als Beispiel dienen soll, dass der Mensch in der Lage ist, polare oder dialektische Prozesse zu bewältigen oder, anders ausgedrückt, die ihm innewohnende Möglichkeit hat, regulativ «sowohl-als-auch» respektive «wenn-dann»-Situationen selbständig, ohne immer Hilfe von aussen zu benötigen, anzugehen.

2. Ernährung

Zu diesem Thema soll anhand von Beispielen in schematisch vereinfachter Form aufgezeigt werden, wie gegensätzliche Mechanismen im menschlichen Stoffwechsel und Organismus vorhanden sind, gesteuert werden und durch die Ernährung auch unterhalten und sogar gefördert werden können.

a) Die Prostaglandin-Balance
Prostaglandine sind hormonähnliche Substanzen, die an verschiedensten Stellen im Körper produziert werden und die komplexe, modulatorische Funktionen haben und für das Management und die Bewältigung von Akutsituationen wichtig sind. Ihre Produktion geht von der Arachidonsäure aus, der Ausgangssubstanz aller entzündlichen Prozesse, und ist auf die Zufuhr von essentiellen, mehrfach ungesättigten Fettsäuren, die wir nicht selber herstellen können, angewiesen. Wenn nun aus irgendeinem Grund eine akute Stosstruppaktion nötig ist (Verletzung, Infektion), werden die dafür vorgesehenen Notfall-Prostaglandine PGF_2 und TXA_2 mobilisiert, welche am Ort des Geschehens die notwendige Reaktion in Form einer Entzündung in Gang setzen, die zur Bewältigung der Störung erforderlich ist. Dazu gehört die Steigerung der lokalen Zirkulation, eventuell mit Temperaturanstieg und zusammen mit den entsprechenden weissen Blutzellen, unseren Abwehrsoldaten des Immunsystems, wird der Angriff abgewehrt (im Falle einer Infektion zum Beispiel). Wenn die Intervention zu Ende geführt ist, kann der Rückzug angetreten werden und die Entzündung abgebaut werden. Dazu sind nun aber die beruhigenden, aufräumenden, neutralisierenden Prostaglandine PGE_1 vonnöten, damit das Gleichgewicht wieder hergestellt werden kann. Wenn diese nun in ungenügender Anzahl vorhanden sind oder gar fehlen, dann bleiben die akuten PGF_2 zu lange vor Ort und unterhalten die Entzündung weiter. Dies ist leider gar nicht so selten, weil unsere industrialisierte Ernährung nur eine ungenügende Zufuhr von essentiellen Fettsäuren garantiert, da diese vor allem in frischen Nüssen und kalt gepressten pflanzlichen Ölen eingenommen werden können. Wegen dieser ungenügenden Zufuhr muss nun der Organismus Prioritäten setzen, weshalb er beschliesst, mit dem vorhandenen Material vorwiegend die für ihn zuerst benötigten Notfall-PGF_2 bereitzustellen, in der Hoffnung, die Aufräumaktion werde dann schon irgendwie vonstatten gehen.

b) Der Calcium-Magnesium-Antagonismus
Diese zwei Ionen sind extrem wichtig für die Muskeltätigkeit, welche ja neben der aktiven Mobilität auch die dauerhaft aufrechterhaltene Spannung (= Tonus) unserer Haltung und damit auch unsere Körpertemperatur garantiert und bestimmt. $Calcium^{2+}$ ist für die Muskelkontraktion, $Magnesium^{2+}$ für die Entspannung nötig. Chinesisch gesprochen ist $Calcium^{2+}$ Yang, $Magnesium^{2+}$ Yin. So gesehen hat die Muskulatur rhythmische Tätigkeiten am liebsten, das heisst den Wechsel zwischen Anspannung und Entspannung, zwischen Arbeit und Erholung. Gift für die Muskel ist eine lange Halteleistung in gleicher Stellung (stundenlanges Sitzen am Computer), was zu chronischer Übersäuerung führt, ohne dass man dies merkt. Deshalb benötigen wir mehr $Calcium^{2+}$ morgens und tagsüber (was durch die Einnahme von Milchprodukten/Käse geschehen kann) und $Magnesium^{2+}$ mehr am Abend und in der Nacht (mittels Bananen und Gurken). $Calcium^{2+}$ aktiviert den Körper, ermöglicht die Mobilität und Spannkraft am Tag, $Magnesium^{2+}$ entspannt die Muskeln und erleichtert die Erholung im Schlaf. Deshalb sind auch ausgeprägte Milch-Käse-Mahlzeiten am Abend eher kontraproduktiv, nebst der zusätzlichen Anstrengung, die erforderlich ist, die schwerverdaulichen Kuhmilcheiweisse zu verdauen.

c) Der Säure-Basen-Haushalt
Unser Leben findet idealerweise in leicht alkalischem, basischem Milieu statt. Der pH des arteriellen Blutes liegt bei 7,42–45, was den optimalen Sauerstofftransport sicherstellt. Das Blut hat deswegen auch eine grosse Pufferkapazität, damit diese Bedingungen aufrechterhalten werden können. Ein weiterer Hinweis für die basische Grundlage (Basis) des Lebens ist die Tatsache, dass die männlichen Spermien erst durch das basische Sekret der Prostata aus ihrer sauren Lagerungsstarre ihre Mobilität aktivieren können und müssen, damit sie überhaupt das Ei aufsuchen und befruchten können.
Aber: Alle aktiven Vorgänge des Lebens produzieren Säure (Muskeltätigkeit produziert Milchsäure, Sauerstoffverbrauch und -verbrennung produziert Kohlensäure, Verdauung produziert Kohlensäure, Stress und Entzündungen beschleunigen dies zusätzlich), welche wieder abtransportiert, neutralisiert und eliminiert werden muss. Dies geschieht durch die Atmung den ganzen Tag, die Magensäure, welche als biologisches Recycling zur Proteinzerstückelung und -verdauung zwischenverwendet wird, vor allem in der ersten Tageshälfte, sowie durch die Nieren, mehr-

heitlich nachts, den Darm und die Haut (Schweiss). Dies alles dient der Zielsetzung, den Blut-pH auf 7.4 und die Pufferkapazität des Blutes stabil halten zu können, damit der lebensnotwendige Sauerstofftransport optimal möglich bleibt und die Zellen ihre durch die Stoffwechselvorgänge erzeugte Säure wieder in die Kanalisation abgeben können und der Organismus nicht in eine chronische Übersäuerung gerät. Diese wird, wie erwähnt, durch chronische Entzündungen, aber auch chronischen Stress und in neuerer Zeit auch durch die modernen Medikamente aufrechterhalten, ja sogar gefördert, welche in den meisten Fällen eine körperliche Regulationsmassnahme blockieren. Dies betrifft die Entzündungshemmer, die Blutdruckhemmer, die Säureblocker, die Antibiotika, die Zellgifte (Krebsmittel) und andere mehr. Dadurch veranlassen sie den Organismus, ja zwingen ihn, eine noch grössere Anstrengung zu unternehmen, um seine Störung anzugehen, was zumindest zu einer weiteren Zunahme der Säureproduktion führt. In diesem Zusammenhang klinisch bedeutsam ist, dass sowohl die PGF_2/TXA_2 wie die Übersäuerung die Schmerzempfindlichkeit steigern und damit für die Intensität auch des Leidensdruckes mitverantwortlich werden. Aus diesem fehlgeleiteten Regulationsbedarf wird ein Teil der verfügbaren Lebensenergie dauernd beansprucht, wodurch die individuelle Bandbreite zunehmend schmäler wird. Dieser dialektische Prozess, der unser Thema ist, fordert uns als Arzt, aber auch als Patient, da wir entscheiden müssen, wie viel Störung, Schmerz, Entzündung, ja bis hin zur Zerstörung wir zulassen wollen und können, bevor die Situation unerträglich oder gefährlich wird. Nun ist der Punkt erreicht, wo wir uns mit der homöopathischen Betrachtungsweise auseinandersetzen wollen.

3. Die Homöopathie

Wir haben gesehen, dass Gesundheit ein aktiver Prozess ist, der von der individuellen Bandbreite und Lebenskraft abhängig ist. Solange wir dieses dynamische Gleichgewicht halten können, sind wir gesund, geht es uns gut, fühlen wir uns wohl und haben wir keine Symptome. Nun interessiert uns aber der Zustand der Störung, der Krankheit, der Symptome, das heisst, wenn wir etwas spüren, spüren, dass etwas nicht im Lot ist, etwas nicht stimmt [1]. Die Fähigkeit, Symptome zu produzieren gehört auch zu dieser aktiven Leistung der Lebenskraft, welche uns damit einerseits mitteilt, dass etwas nicht stimmt, gleichzeitig aber durch den eingeleiteten, spürbaren Prozess auch versucht, das gesunde Gleichgewicht wieder zu erlangen. Dabei hat der Organismus drei Strategiestufen zur Verfügung, deren Wahl wiederum von vielen Faktoren abhängig ist.

Phase I	Irritation, Elimination, Ausleitung
Phase II	Kontrolle, Abwehr, Abschottung, Flucht
Phase III	Zerstörung, Vernichtung

Tabelle 1

Am einfachsten, effizientesten und schonendsten ist die Stufe I, wo mit Hilfe der Prostaglandine PGF_2 und des Immunsystems eine eindringende Noxe geortet, neutralisiert und eliminiert wird inklusive der dadurch entstandenen Säure und Abfälle. Ein einfaches Beispiel ist die Reaktion nach der Einnahme eines verdorbenen Nahrungsmittels, was nach ein bis zwei Stunden zu Brechdurchfall führt, bis der Prozess nach ungefähr vierundzwanzig Stunden abgeschlossen ist.

Falls eine solche Reaktion oder Massnahme aus welchen Gründen auch immer nicht mehr möglich ist, finden wir uns in Stufe II wieder, das heisst die Auseinandersetzung dauert an, es werden zusätzliche Ressourcen mobilisiert mit der Absicht, den Kampf oder Prozess zu einem Ende bringen zu können, um dann auf Stufe I zurückzufinden und die angefallenen Schlacken endlich doch noch eliminieren zu können. Falls auch dies nicht gelingt, führt die Reaktion zu einer verlängerten, teilweise sehr langen chronischen Auseinandersetzung mit maximaler Ressourcenausschöpfung (und Säurebildung!), bis schliesslich der Organismus sich nicht mehr anders zu helfen weiss, als etwas zu opfern zu Gunsten des Ganzen, womit wir uns in Stufe III befinden. Als Beispiel möge ein stressgeplagter Workaholik-Manager mit zu hohem Blutdruck dienen, der erst durch einen Herzinfarkt gestoppt wird. Es kommt also zu einem destruktiven Teilprozess (Ulcus, Infarkt, Fraktur), um dem Organismus mit einer erzwungenen Ruhepause zu ermöglichen versuchen, mit den noch verfügbaren Möglichkeiten wieder in Stufe II oder gar Stufe I zurückzufinden. Dabei bleibt eine Narbe, was auch als Erinnerung und Lernprozess gesehen werden kann, im Sinne der bereits diskutierten Informationskorrektur.

In der Interpretation und Handhabung dieser Strategiestufen unterscheiden sich die Homöopathie und die traditionelle Medizin grundsätzlich, und zwar unabhängig von der erwählten und erlebten Strategiestufe. Dabei befindet sich der betroffene Patient in einer polaren Situation oder in einem Dilemma, da oft nicht ohne weiteres ersichtlich ist, wohin die Reise geht, das heisst in welche strategische Stufe sich die Situation entwickeln wird oder auf welchen Pol der Prozess der Auseinandersetzung zugehen wird. Hierbei sind einerseits die Beurteilung der jeweiligen Situation durch den Arzt, aber auch dessen Zuversicht oder Sorge von Bedeutung, andererseits aber insbesondere auch das Bewusstsein und Verständnis sowie die Wahrnehmung und Leidensschwelle des Patienten für *seine* Situation zusammen mit *seiner* Zuversicht, *seiner* Angst sowie *seinem* Zutrauen in die Beurteilung und Begleitung durch *seinen* Arzt fundamental wichtig. Beide Ansätze, der homöopathische wie der schulmedizinische, wollen eigentlich verhindern, dass die Situation sich verschlechtert oder eskaliert. Aber die dem jeweiligen Vorgehen zu Grunde liegende Idee ist diametral entgegengesetzt, für die Homöopathie in förderndem, für die Schulmedizin in verhinderndem Sinne. Die Homöopathie orientiert sich positiv an den Symptomen des Patienten, nimmt sie in ihrer individuellen und einmaligen Gesamtheit auf, versteht sie als Mitteilung des Organismus oder als eine Art codierten Hilferuf und Auftrag, welcher gleichzeitig durch die Intensität der Symptome als Ausdruck der laufenden Auseinandersetzung Rückschlüsse auf das zur Verfügung stehende Regulationspotenzial zulässt. Die Intervention besteht darin, durch die Wahl des dem vom Patienten gelieferten Mitteilungsbild entsprechenden Arzneimittels, also des Codes, die verfügbare Lebenskraft des Patienten so zu aktivieren, dass diese den Prozess im oben erwähnten Sinne beenden kann. Dies ist ein Vorgang auf der Informationsebene und die klinische Erfahrung der letzten 200 Jahre hat bestätigt, dass dies ungeachtet der Schwere des Leidens wirksam sein kann, auch wenn wir nach wie vor nicht wissen, wie dies genau vor sich geht.

Die Schulmedizin hingegen orientiert sich negativ an den Symptomen, wertet sie als störend und potenziell gefährlich, was sie durchaus auch sein können, weshalb sie beseitigt werden müssen. Die Intervention besteht darin, eine weitere mögliche Verschlechterung der Entwicklung zu stoppen, was in der Unterdrückung der Symptome und damit in der Unterdrückung sowohl der Mitteilung wie auch der angelaufenen körpereigenen Regulationsbemühungen des gestörten, sich in einer Auseinandersetzung befindlichen Organismus resultiert. Dies kann im Falle von zu hohem Blutdruck zur Verhinderung von Gefässverhärtungen und -verstopfungen oder im Falle einer chronischen Polyarthritis zum Gelenkschutz, um nur zwei Beispiele anzusprechen, vorerst sinnvoll sein, aber wenn dann nicht gleichzeitig ursächlich auf der informativen Ebene eine Korrektur stattfinden kann, und bei der chronischen Polyarthritis zum Beispiel kennen wir die Ursache nach wie vor nicht, dann dreht sich die verhängnisvolle Spirale allmählich doch weiter.

4. Ausblick

Die Homöopathie stellt ihrer Handlungsweise eine theoretische und philosophische Behandlungsweise von Gesundheit und Krankheit zu Grunde, welche sich auf das Vorhandensein einer aktiven Lebenskraft abstützt, woraus sich therapeutische Schlussfolgerungen in Form von Arzneimittelgaben herleiten lassen. Sie erfordert ebenfalls eine aktive Mitarbeit des Patienten, was sich in einem zunehmenden Erkenntnisprozess und Krankheitsverständnis niederschlägt, welche die Eigenverantwortung fördern und die Angst abbauen helfen können.

Diese Bewusstseinsentwicklung für den eigenen Leib ist in ihrer Art vergleichbar mit der durch die Reformation ausgelösten spirituellen Unabhängigkeit von der allmächtigen, inquisitorischen Kirche, als Luther durch die Übersetzung der lateinischen Bibel ins Deutsche sowie deren Verbreitung dank der Entwicklung der Druckkunst der Bevölkerung die Möglichkeit bot, sich selber ein Bild und eine Meinung von der Gnade und Vergebung Gottes zu bilden, anstatt weiter in Angst mittels Kaufens von Ablasspapieren dem Fegefeuer zu entweichen versuchen. Etwas provokativ formuliert haben heute die Spitäler auch bauvolumenmässig die Stellung der Kathedralen und die Pharmaindustrie den Platz der Ablasshändler eingenommen.

Die Homöopathie ist grundsätzlich lebensbejahend, vertrauensbildend und kooperativ. Sie ist ganzheitlich im Sinne von bildhaft und arbeitet, wie schon erwähnt, mit Codes, Bildern oder Metaphern. In Anwendung des ersten Unvollständigkeitssatzes von Gödel ist sie wahr, obschon und weshalb sie sich nicht beweisen lässt [2]. Die naturwissenschaftliche Medizin demgegenüber geht analytisch und reduktionistisch vor und versucht durch Beeinflussung, Ausmerzung, Korrektur des störenden Einzelteils das Ganze wieder ohne Makel zu rekonstruieren. Dieser analytische Ansatz stützt sich auf die Messbarkeit, die Berechenbarkeit, die Klassifizierbarkeit, die Statistik sowie die Idee, dass wenn alle Einzelteile erkennbar und intakt seien, damit auch das Ganze erkennbar und störungsfrei werde. Dies hat im Gegensatz zum metaphorischen Ansatz der Homöopathie etwas formelhaftes. Am Schluss dieser Zerlegung, welche Elias Canetti als barbarische Schlächterei bezeichnete, bleiben nur Zahlen, Buchstaben, Atome oder eben Formeln. Die geistige Dimension, der Sinn bleibt auf der Strecke. Der ganze Mensch ist eben mehr als die Summe seiner Einzelteile.

Dies alles erscheint uns jetzt widersprüchlich, aber es sind nur zwei Aspekte der menschlichen Existenz, die etwas vereinfacht hypothetisch formuliert in der aufgeteilten, aber nicht trennbaren und sich ergänzenden Funktion und Kompetenz der beiden menschlichen Hirnhälften ihren Ausdruck finden. Wir können hier auch den zweiten Unvollständigkeitssatz von Gödel anführen, der besagt, dass die Widerspruchsfreiheit eines Systems innerhalb dieses Systems nicht bewiesen werden kann, wir Menschen also diesen *Beweis* über uns selbst nicht erbringen können [2]. Es bleibt also dabei, dass ein zur Hälfte gefülltes Glas als halbvoll oder halbleer gesehen werden kann. Die alten Chinesen haben dies mit dem Dao schon lange vor unserer Zeitrechnung erahnt, erkannt und formuliert (siehe Beitrag B. Ausfeld).

Was bedeutet dies nun konkret?

Der deutsche Schriftsteller Heinrich von Kleist (1777–1811) hat folgendes in einer Notiz («Fragmente») [3] veröffentlicht:

> Man könnte die Menschen in 2 Klassen abtheilen; in solche, die sich auf eine Metapher und 2) in solche, die sich auf eine Formel verstehen. Deren, die sich auf beides verstehn, sind zu wenige, sie machen keine Klasse aus.

Ich möchte zum Abschluss aus dem bisher Gesagten und aus dieser Notiz abgeleitet einen Vorschlag formulieren, der Bezug nimmt auf die zweite Frage in meinem Titel (Ist die Medizin am Scheideweg?) und die Ausbildung von künftigen Ärzten betrifft.

Für mich repräsentieren die Ärzte die dritte Kleist'sche Gruppe, weshalb es mir unerlässlich erscheint, von beiden Dimensionen und Aspekten des menschlichen Seins Kenntnis zu haben, um als Arzt beide Klassen von Menschen erfassen, erfühlen, verstehen und damit auch behandeln zu können. Die gegenwärtige ärztliche Ausbildung an den medizinischen Fakultäten weltweit ist fast ausschliesslich dem analytischen, formelhaften Programm verpflichtet und formuliert therapeutische Strategien mit oft ziemlich martialischem Vokabular (bekämpfen, ausmerzen, besiegen, wegschneiden, unterdrücken und so weiter). Obschon es durchaus nötig sein kann, ein Feuer zu löschen oder einen infektiösen Eindringling zu besiegen, so sollte der Friedensschluss, resp. die friedliche Koexistenz, das Aufräumen und der Wiederaufbau darob nicht vergessen werden, weshalb eine gleichwertige Gewichtung der Metaphern, das heisst der Komplementärmedizin im Studium der Medizin und damit auch im medizinischen Alltag notwendig ist.

Literatur

[1] Thurneysen A., Die Bedeutung der Leibsprache für die Homöopathie. In: Thurneysen A. (Hrsg.), Der Leib – seine Bedeutung für die heutige Medizin. Peter Lang Verlag Bern 2000, S. 9–17.
[2] Abt R., Unnahbares Genie. In: Der Bund, 28. April 2006, S. 34.
[3] von Matt P., Die trotzigen Metaphern. In: NZZ am Sonntag, 20. März 2005, S. 63–64.

Klaus Peter Rippe

Die Geburt der klinischen Forschung und der Zerfall der ärztlichen Ethik

1

Am Hammersmith Hospital in London suchte Thomas Lewis in den 1930er Jahren einen treffenden Namen für das, was er und sein Team tun. Eine Zeit schwankte er zwischen «Progressive Medicine», «Experimental Medicine» und «Clinical Science», bis er sich auf den Namen «Clinical Science» festlegte.[1] Ob die von Lewis betriebene klinische Forschung wirklich etwas Neues war, wäre zu diskutieren. Forschung am Menschen hatte es bereits zuvor gegeben. Die klinische Forschung wurde jedoch zumindest als etwas Neues wahrgenommen. Neu schien insbesondere die Systematik des Vorgehens. Aus in gezielten wissenschaftlichen Experimenten gewonnenen Daten und Fakten sollte sich ein besseres, da detailliertes und exaktes Bild des menschlichen Körpers und seiner Erkrankungen ergeben.

Ein Experiment des Lewis-Schülers John McMichaels mag als Beispiel dienen. Um exakte Daten über sinkenden Blutdruck bei Blutverlust zu gewinnen, wird einer Gruppe von Freiwilligen ein Katheter durch eine Armvene in die rechte Herzkammer gelegt. Anschliessend wird ihnen ein Liter Blut abgenommen und der Blutdruck im Herz gemessen. Als McMichael seine Ergebnisse 1943 präsentierte, wurde seine Forschung von Kollegen heftig kritisiert.[2] Deren Ansicht nach war hier ein Rubikon durchschritten und ein unmoralisches Experiment vorgenommen worden. Der Versuch MacMichaels barg erstens Gefahren für die Freiwilligen. Blutungen und Herzrhythmusstörungen konnten auftreten. Zudem galten die Ergebnisse aus therapeutischer Perspektive als trivial. Für Bluthochdruck bestanden Behandlungsmöglichkeiten. Das Wissen über den Mechanismus, wie der

1 Christopher C. Booth, Medical Science and Technology at the Royal Postgraduate Medical School: The First Fifty Years, BMJ 1985, Vol. 291, S. 1771–1779.

2 Christopher C. Booth, Clinical Research, in: J. Anstoker & L. Bryder (eds.), Historical Perspectives on the Role of the MRC.

Blutdruck fällt, war dafür irrelevant. In Folge zeigte sich zwar, dass McMichaels Ergebnisse durchaus klinisch von Bedeutung waren. Die ersten Operationen am offenen Herzen, welche Blalock & Thomas 1944 vornahmen, stützten sich auch auf diese Ergebnisse. Aber diesen Nutzen konnte McMichael nicht vorhersehen; und dieser Aspekt spielte für die Kritiker auch keine Rolle. Es ging ihnen um das medizinische Ethos.

McMichaels arbeitete mit gesunden Personen, mit Soldaten, die sich freiwillig gemeldet hatten. So mag man vielleicht überrascht sein, dass gerade dieser Versuch eine Diskussion auslöste. Für die Kritiker stand freilich nicht die Unterscheidung von Probanden oder Patienten im Vordergrund, sondern die allgemeine Frage, ob Ärzte so etwas tun dürfen. Hatten sie Furcht vor ähnlichen Versuchen an Patienten, sollten sich diese Befürchtungen bald bestätigen. 1951 wurde eine Hammersmith-Studie veröffentlicht, in der bei Patienten mit Mitralstenose die Änderungen im Gesamtblutvolumen des Thorax ermittelt worden war. Neben zehn Patienten mit diesem Herzklappenfehler wurden zwölf Patienten eingeschlossen, die an anderen Herzerkrankungen litten, sowie als zweite Kontrollgruppe alte Patienten ohne Herzleiden.[3] Allen Patienten wurde für die Untersuchung ein Herzkatheter gelegt. Dies mag auch zur damaligen Zeit ein vergleichbar risikoarmer Eingriff sein, aber kein risikofreier. Denn es handelte sich um grösstenteils herzkranke und allesamt um betagte Patienten. In Birminghamer Versuchen mussten Anfang der 50er Jahre herzkranke Patienten vor der Katheterlegung noch körperliche Übungen durchführen. Fünf der vierzehn Patienten mussten die Übungen auf einem Laufband wegen Atemlosigkeit abbrechen, einer, der einen Blutknoten in der Beinarterie hatte, wegen schwerer Schmerzen. Ziel war hier, den Blutsauerstoffgehalt bei Menschen mit rheumatischem Fieber zu messen.[4]

Nach Ansicht der Kritiker wurde in all diesen Versuchen der Grundsatz missachtet, dass das Wohl des Patienten die oberste Sorge des Arztes sein soll. Der Arzt hat im besten Interesse des Patienten zu handeln, hat das Individuum in den Mittelpunkt zu stellen. Bei dem, was in der klinischen Forschung geschah, sahen sie jedoch eine «Unterordnung» des Individuums unter den Fortschritt der Medizin. Ein kalkuliertes Risiko darf eingegangen

3 Vgl. M.H. Pappworth, Human Guinea Pigs. Experimentation on Man, London: Routledge & Kegan 1967, hier zitiert nach der ergänzten Paperback-Fassung: Harmondsworth: Pinguin 1969, S. 99.

4 Vgl. Pappworth, S. 184f.

werden, um das medizinische Wissen zu erweitern und künftige ärztliche Tätigkeit auf ein solideres Fundament zu stellen. Einer der prominentesten Warner war Sir William Heneage Ogilvie. In einem Lancet-Artikel mit dem Titel *Whither Medicine* schreibt er:

> The science of experimental medicine is something new and sinister, for it is capable of destroying in our minds the old faith that we, the doctors, are the servants of the patients whom we have undertaken to care for and the complete trust that they can place their lives or the lives of their love-ones in our care.[5]

Ogilvie war sich bewusst, dass die Medizin zu seiner Zeit eine Weiche passierte. Erfolg und Renommee des Arztes waren im 19. und beginnenden 20. Jahrhundert mit der privaten Praxis, der Zahl und dem Rang der Patientinnen verbunden. Nunmehr hingen Erfolg und Renommee vermehrt von den wissenschaftlichen Forschungsleistungen ab. Forschung, nicht der Umgang mit Patienten, wurde zum Prüfstein für jeden, der Rang und Namen erreichen wollte. Wichtiger für uns ist jedoch der zweite Aspekt: Führen Mediziner Versuche durch, haben sie zwei Rollen: Sie sind einmal Forschende, zum anderen Ärzte. Sie sind, wie Hans Jonas sagt, «Arzt und Forscher in einer Person». Das heisst freilich, dass sie zwei sich ausschliessende Werthaltungen einzunehmen haben:

- Als Forschende sind sie zur objektivierenden, als Ärzte auch zu einer empathischen Haltung verpflichtet.
- Der Arzt ist dem einzelnen Patienten verpflichtet, der Forschende der Erkenntnis, dem Fortschritt der Medizin und damit den künftigen Patienten.
- Der Arzt tut das Bestmögliche zum Wohl des Patienten, der Forschende setzt den Patienten Risiken aus, die eben nicht zum Wohl des Patienten sind, sondern dem Ziel dienen, Wissen zu generieren.

Gerade letzteres hat Ogilvie im Auge. McMichaels setzte Personen Risiken aus, für die es auf individueller Ebene keinen medizinischen Grund gab. Setzte sich diese Haltung auch bei Forschung mit Patienten um, handelte der Betreffende nicht zum Besten des Patienten, sondern zum Besten der Forschung. Wer den Hippokratischen Eid geschworen hat, hat sich dann zu Prinzipien verpflichtet, die eine Tätigkeit als klinischer Forscher ausschliessen.

5 William Ogilvie, Whither medicine?, The Lancet 1952.

Ogilvie steht mit dieser Kritik nicht allein. Sie war auch nicht neu. Auch frühere Stimmen gingen in diese Richtung. Angesichts des wie es mitunter hiess «deutschen Modells», Krankenhäuser auch wissenschaftlich zu nutzen, hatten Ärzte schon zuvor ähnliche Kritik geäussert. Der amerikanische Chirurg Finney schrieb zum Beispiel im Rückblick auf die Spitäler Deutschlands:

> Though the results were fairy satisfactory, the human element was largely lacking. The patient was considered something to work on, interesting experimental material, but nothing more.[6]

Öffentliches Thema wurde Forschung am Menschen freilich erst Mitte der 60er Jahre des 20. Jahrhunderts. In Amerika veröffentlichte der Anästhesist Henry K. Beecher 1966 eine Liste mit zweiundzwanzig unmoralischen Forschungsvorhaben.[7] Ein Jahr später erschien ein unabhängig von Beecher entstandenes Buch des Arztes M.H. Pappworth. Es hatte den sprechenden Titel *Human Guinea Pigs*.[8] Genauso wie Beechers Artikel in Amerika eine breite Diskussion auslöste, so wurde die klinische Forschung nach Pappworths Buch im Vereinigten Königreich zu einem öffentliches Thema, das schliesslich auch das Parlament beschäftigte. Und wiederum wird in der Diskussion die Frage aufgeworfen, ob Forschung und gutes ärztliches Handeln miteinander zu vereinbaren sind.

Im Folgenden werde ich ein Beispiel von Beecher heranziehen, mich aber im Wesentlichen der Kritik Ogilvies widmen. Sie trifft meiner Ansicht nach im Kern zu. Das heisst nicht, dass Sir John McMichaels etwas moralisch Falsches tat. Die Kritiker hatten zwar Recht, dass sein Handel gemäss ärztlichem Ethos in Frage zu stellen war. Aber dies ist einfach deshalb der Fall, weil er wissenschaftliche Forschung betrieb. Forschung und ärztliche Kunst basieren auf zwei unterschiedlichen Ethoi. McMichaels Versuche stehen dabei an einer Bruchstelle innerhalb des Ethos der Forschung. Eine neue Generation von Wissenschaftlern brach nicht nur mit dem ärztlichen Ethos, sondern auch mit alten moralischen Vorstellungen der Forscherge-

6 J.M.T. Finney, A Surgeon's Life. NewYork: Putnam's Sons 1940, S. 127.

7 Henry K. Beecher, Ethics and Clinical Research, New England Journal of Medicine, 1966, 274, S. 1354–1360.

8 M.H. Pappworth, Human Guinea Pigs. Experimentation on Man, London: Routledge & Kegan 1967 (hier zitiert nach der ergänzten Paperback-Fassung: Harmondsworth: Pinguin 1969).

meinschaft. Dies ist nicht nur von historischem Interesse. Da die unterschiedlichen Moralvorstellungen immer noch eine Rolle spielen, kommt es immer wieder zu Überlagerungen, welche den Diskurs um das moralisch Richtige stören und erschweren. Man muss diese Trias, das ärztliche Ethos, altes und neues Ethos der Forschung erst beschreiben, um die heutige Diskussion um Ethik der Forschung verstehen zu können.

Deshalb werde ich zunächst auf einen Fall eingehen, auf den in ethischer Hinsicht erstmals Beecher aufmerksam machte, die Hepatitis-Studien an der Willowbrook State School for Mentally Retarded Children. Dabei soll zunächst erklärt werden, wieso viele Mediziner diesen Versuch verteidigten. Sie taten dies auf Grund moralischer Auffassungen, die sich in der Forschungsgemeinschaft ausgebildet hatten, dem sogenannten «Lesser Harm Reasoning» (2). Dabei begegnen wir einer alten Ausbildung des Ethos der Forschung, das ich anschliessend am Beispiel von Pasteurs Heilversuchen gegen Tollwut exemplifizieren werde. Dabei möchte ich zeigen, inwiefern das Ethos der Forschung und das ärztliche Ethos schon zur damaligen Zeit zu unterschiedlichen Antworten kommen, was in einer bestimmten Situation moralisch richtig ist (3). Um zu zeigen, dass das alte Ethos der Forschung und damit die Verteidigung der Willowbrook-Studie in die Irre gehen, müssen wir tiefer in die Geschichte des Ethos der Forschung eingehen. Damit möchte ich aufzeigen, dass bei einer entscheidenden Diskussion, der Auseinandersetzung zwischen Bernoulli und D'Alambert um die Pockenprävention, der falschen Seite der Vorzug gegeben wurde (4). Anschliessend werde ich (5) zeigen, wieso die am Hammersmith-Hospital betriebene Forschung auch diesem alten Ethos der Forschung nicht genügte, sondern eine Neuformulierung erforderte. Das neu entstehende Ethos der Wissenschaft entfernte sich noch stärker vom ärztlichen Ethos, was auch zur Folge hat, dass moralischen Intuitionen medizinischer Wissenschafter mit einer gewissen Skepsis zu begegnen ist. Sie selbst sind in Unkenntnis, ob sie im Sinne des alten oder neuen Forschungsethos oder als Ärzte sprechen. Eine Diskussion um Forschung am Menschen bedürfte der Auseinandersetzung um das Forschungsethos des 20. Jahrhunderts. Vor dieser Entwicklung können zudem manche rechtlichen Entwicklungen im Bereich der Humanforschung erklärt werden. Um keine Missverständnisse aufkommen zu lassen: Sie können dadurch nur erklärt, nicht gerechtfertigt werden.

2

In Beechers Liste von 22 Experimenten befanden sich einige Beispiele, die auch nach Ansicht anderer Mediziner Skandale darstellten. Für uns wichtiger sind jene Fälle, welche kontrovers beurteilt wurden, insbesondere jene, wo das Vorgehen der Forschenden von anderen Forschenden verteidigt wurde. Ein solcherart kontroverses Beispiel sind die zwischen 1963 und 1966 durchgeführten Experimente an der Willowbrook State School, einem Heim für geistig behinderte Kinder.[9] Das Heim war notorisch überbelegt. Dies und der Umstand, dass viele der schwerstbehinderten Kinder inkontinent waren, führte dazu, dass im Heim immer wieder Hepatitis-Infektionen auftraten. Für Saul Krugman, Robert Ward und ihre Mitarbeiter schien Willowbrook damit der ideale Ort für die Hepatitisforschung. Sie schlossen insgesamt 800 Kinder in einen Versuch ein, um Grundlagenwissen über Hepatitis zu gewinnen und eine neue Hepatitisprophylaxe zu entwickeln. Sie wollten zum einen wissen, wie die Krankheit verläuft, sofern sie nicht behandelt wird. Zum anderen sollte die therapeutische Wirkung von Gamma-Globulin geprüft werden. Zunächst wurden oral virenhaltige Stuhlextrakte verabreicht, das heisst, es wurde infizierter Stuhl in Kakao gemischt und den Kindern zu trinken gegeben. Später wurden virulentere Seren injiziert.

Diese Forschung war vor Beechers Aufsatz nicht moralisch in Zweifel gezogen worden; und auch nach Beechers Aufsatz verteidigten etliche Forschende die Willowbrook-Studie als Beispiel auch moralisch guter pädiatrischer Forschung. Die Risiken für die Kinder waren bestmöglich reduziert worden. Die Proben waren sorgfältig bearbeitet, waren zentrifugiert, erhitzt und mit Antibiotika behandelt worden. Die verwendeten Seren waren vor den Versuchen mit Kindern im Tierexperiment – in diesem Falle im Experiment mit Mäusen und Affen – getestet worden. Beim Übergang auf Versuche am Menschen hatten die Forschenden zunächst verdünnte Extrakte und erst langsam eine stärkere Mischung gegeben. Zudem betonten die Forschenden, ihnen sei die Entscheidung, den Kindern das Hepatitis-Virus zu verabreichen, nicht leicht gefallen. Auf Grund der schlechten Situation an der Willowbrook State School wären die Kinder aber auf jeden Fall infiziert worden. Letzteren Punkt hoben Krugmann und Ward in späteren

9 Vgl. für einen kurzen Überblick: Lainie Friedman Ross, Children in Medical Research: Access versus Protection, Oxford: Clarendon Press 2006, S. 13–15.

Veröffentlichungen immer stärker hervor. Sie schrieben, dass alle Kinder unweigerlich innerhalb eines Jahres an Hepatitis infiziert worden wären.[10]

Eine Zustimmung der Heimleitung und der Eltern lag vor. Die Eltern waren allerdings nicht vollständig über den Versuchsaufbau informiert worden. Sie hatten allgemein einer neuen Präventionsmassnahme zugestimmt. Doch auch wenn dies den Bedingungen eines Informed Consent nicht genügt, entsprach es doch den Gepflogenheiten der 50er und frühen 60er Jahre. Der Nürnberger Code, an den Beecher in seinem Aufsatz erinnerte, spielte in Amerika (und nicht nur dort) für die praktische Tätigkeit der Forschenden kaum eine Rolle.[11] Man richtete sich nicht nach diesen von Juristen formulierten Regeln, sondern nach dem eigenen Ethos. Und diesem Ethos schien die Willowbrook-Studie zu genügen.

Bevor ich auf dieses Ethos eingehe, muss kurz erklärt werden, woher wir dieses Ethos kennen. Schliesslich enthält ein Ethos implizite und stillschweigend geteilte Regeln, die nicht immer explizit gemacht werden. In diesem Falle verfügen wir über dieses Wissen, weil externe Kritik Wissenschafter und Forschende zwang, ihre Werthaltungen auszusprechen und öffentlich zu verteidigen. Dies geschah lange vor Beecher und Pappworth und auch etliche Jahrzehnte vor den Nürnberger Prozessen. Dass diese Diskussion um Humanexperimente heute unbekannter ist, liegt an einem: Sie erfolgte als Teil der Diskussion um Tierversuche, oder wie es damals hiess, um die Vivisektion.

Die Ausdehnung der Tierversuchsfrage auf die Diskussion von Versuchen am Menschen war für die Tierversuchsgegner eine Frage der Integrität und Glaubwürdigkeit. Sie wandten sich dagegen, dass Wesen Leid zugefügt wurde. Nahmen sie diese Auffassung ernst, konnte es ihnen aber nicht nur um das Leid von Tieren gehen, sondern um das Leid all jener, die sich nicht wehren können. Es war eine Frage der Konsequenz, dass sie nicht allein Tierversuche, sondern auch Versuche in Armenspitälern, Waisenhäusern oder Gefängnissen anprangerten. Zudem antworteten die Tierversuchsgegner damit auf das «Your child or your dog?-Argument». Dieses

10 Saul Krugman, The Willowbrook Studies Revisited: Ethical Aspects. Reviews of Infectious Diseases 8 (1986), S. 157–162.

11 Vgl. hierzu etwa: Lederer, Susan, Moreno, Jonathan & Faden, Ruth. US Medical Researchers, the Nurmenberg Doctor Trial and the Nuremberg Code: A Review of the Findings of the Advisory Committee on Human Radiation Experiments, Journal of the American Medical Association, 276 (1996): 20, S. 1667–1671.

Argument der Tierversuchsdurchführenden sagt, dass man, wenn man nicht an Tieren forsche, Menschen nicht helfen könne. Würde nicht am Hund geforscht, müsste das eigene Kind leiden. Es ginge aber nicht, so das mit Blick auf Humanexperiment möglich werdende Gegenargument, darum, ob «dein Hund» oder «dein Kind» zu leiden hat, sondern dass «dein Hund und dein Kind» Forschungsobjekt werden.

Aus dieser Diskussion des späten 19. Jahrhunderts stammte auch der Ausdruck «Human Guinea Pig».[12] Die Rede von menschlichen Meerschweinchen wurde nicht von Pappworth, sondern von George Bernard Shaw geprägt. Der Ausdruck bezieht sich nicht darauf, dass man im Tierversuch Menschen wie Meerschweinchen behandelt und damit auf eine Stufe wie mit «dem Tier» stellt. Es ging Shaw darum, dass Zufügen von Leid nicht durch den Nutzen für andere gerechtfertigt werden könne. Dies verstärkte er durch ein Schiefe-Ebene-Argument. Würde man so nämlich Versuche an Meerschweinchen rechtfertigen, müsste man zwangsläufig sagen, dass auch Versuche an Menschen, die Humanvivisektion, gerechtfertigt scheinen.[13]

Der Begriff «Humanvivisektion» war politisch definiert. Nimmt man den Begriff bei der ursprünglichen Wortbedeutung, wäre er als irreführend zurückzuweisen (was die seinerzeitigen Forschenden auch taten). Die wenigsten Versuche am Menschen öffnen den lebenden Körper. Jeder chirurgische Eingriff ist aber wörtlich genommen eine Humanvivisektion. Beim Wort genommen war der Begriff der Vivisektion aber auch im Tierversuchsbereich ungenau und beschrieb nur zehn Prozent der damaligen Tierver-

12 Vor Pappworth hatte bereis Kenneth Mellanby diesen Begriff als Buchtitel gewählt. Er beschreibt darin die im 2. Weltkrieg durchgeführten Scabies (Krätze)-Versuche an Freiwilligen. Vgl.: Kenneth Mellanby, Human Guinea-Pigs. London: Merlin Press 1945 (wieder aufgelegt: 1973).

13 So heisst es in einer seiner Reden: «You are asked, are you going to set a few moments' pain to a rabbit against the hygienic salvation of the human race? Well, are you going to set a few moments' anguish on the part of your baby against it? Are you going to set a few moments' anguish to anybody on earth against it? If you once begin to balance the thing in that way, you will soon prove that you are justified not only in vivisecting dogs and guinea pigs, but in dissecting every human being you can get into your power. [...] [and] we are all in the doctor's power when we are ill» (George Bernard Shaw, Address at the annual meeting of the National Anti-Vivisection Society, Queen's Large Hall, Langham Place, London, 22 May 1900).

suche korrekt. Dennoch hatte sich dieser Begriff «Vivisektion» in der öffentlichen Diskussion durchgesetzt. Die Tierversuchsgegner hatten zu dieser Zeit die Definitionsmacht. Da die Tierschutzbewegung Ende des 19. Jahrhunderts eine breite und einflussreiche Bewegung war, wundert es nicht, dass die Forschenden gezwungen waren, zu den Humanexperimenten Stellung zu nehmen.

Sie formulierten – und dies ist der Punkt, der uns hier interessiert – explizit ihre eigenen moralischen Vorstellungen. Ende des 19. Jahrhunderts wird der implizite Kern des Ethos der Forschung erstmals in Worte gefasst.[14] Folgende Elemente werden dabei ausformuliert:

1. Forschung an Menschen ist nur dann zulässig, wenn Tierexperimente erwiesen haben, dass es sich um eine taugliche und, soweit Tierexperimente dies zeigen können, sichere Methode handelt.
2. Nur ein wissenschaftlich sinnvoller Versuch ist moralisch zulässig, da nur ein solcher Versuch zum Allgemeinwohl beitragen kann.
3. Man darf Patienten Risiken zumuten, wenn die mit der Forschung verbundene Chancen-Risiken-Bilanz positiver ist als jene Chancen-Risiken-Bilanz, die mit dem «natürlichen Verlauf» der Krankheit bzw. der etablierten Behandlung verbunden ist. Es ist also – ich werde fortan den sich eingebürgerten englischen Ausdruck gebrauchen – ein «Net-Benefit» erforderlich.
4. Sind die mit dem Versuch verbundenen Risiken zu schwerwiegend (also grösser als die mit einem «natürlichen Verlauf» verbundenen), ist der Versuch zu unterlassen, wenn es sich um Patienten handelt.
5. Besteht kein Net-Benefit, bedarf Forschung der freiwilligen Zustimmung der Versuchsteilnehmenden. Das heisst: Forschung an gesunden Personen (Probanden) ist an die Zustimmung gebunden. Patienten müssen nicht notwendig zustimmen, wenn der Arzt einen therapeutischen Nutzen erwartet.[15]

14 Vgl. hierzu: Sydney A. Halpern, Lesser Harms: The Morality of Risk in Medical Research, Chicago: University of Chicago Press 2004, insbesondere S. 17. Dort nennt er allerdings nicht die Punkte 5 und 7, die in anderen Stellen seiner Darstellung eine Rolle spielen.

15 Vgl. zum letzten Punkt: Susan Lederer, Subjected to Science. Human Experimentation in America before the Second World War, Baltimore: John Hopkins University Press, 1995, S. 9.

6. Auch wenn die Bedingungen 3–5 erfüllt sind, ist der Versuch auf eine Weise durchzuführen, in dem die Sicherheit der Patienten bestmöglich sicher gestellt ist. Die mit dem Versuch vorhandenen Risiken sind, soweit es das Versuchsziel zulässt, zu reduzieren.
7. Risiken sind dann tragbar, wenn Forschende bereit sind, Versuche an sich selbst oder (geht es um Forschung an Kindern) den eigenen Kindern durchzuführen.

Die Kriterien 3 und 4 fasst Sydney A. Halpern unter dem Begriff des «Lesser Harm-Reasoning» zusammen. Zu Recht betont er, dass dieses am kleineren Risiko orientierte Denken sowohl der klinischen Praxis wie dem Humanexperiment zugrunde liegt. Teilweise spricht Halpern davon, dieses Prinzips sei dann erfüllt, wenn das mit dem Versuch verbundene Risiko kleiner ist als jenes, welchem der Patient ohne den Versuch ausgesetzt ist. Halpern zitiert Mediziner, die darauf hinwiesen, dass ein Eingriff dann gerechtfertigt sei, wenn das damit verbundene Risiko zu sterben kleiner sei als das Risiko, an der Erkrankung zu sterben. Zudem betont er, dass Mediziner bei einer nicht-lebensbedrohenden Erkrankung jeden Eingriff moralisch verboten hielten, der zum Tode führen könnte.[16] Dieser blosse Vergleich der Risiken gibt jedoch weder medizinisches Denken angemessen wieder, noch unseren allgemeinen Umgang mit Risiken. Im zweiten Beispiel sind nicht einmal die Wahrscheinlichkeiten genannt, sondern nur das mögliche Schadensausmass. Droht bei einem Eingriff mit 90% Wahrscheinlichkeit, dass der Patient querschnittsgelähmt sei, wäre der Eingriff aber auch dann abzulehnen, wenn die zu behandelnde Krankheit mit eine Wahrscheinlichkeit von 1:1.000.000.000 zum Tode führt. Nicht nur das mögliche Schadensausmass, auch die Wahrscheinlichkeit muss berücksichtigt werden. Der Blick auf blosse Risiken reicht freilich nicht aus, die Chancen sind ebenfalls zu berücksichtigen. So mögen die mit einer die Lebensqualität einschränkenden Krankheit verbundenen Risiken kleiner sein als die Risiken eines medizinischen Eingriffs. Würde man nur die Risiken betrachten, müsste der Eingriff unterbleiben. Aber wie sähe es aus, wenn der Eingriff mit einer 99,9% Wahrscheinlichkeit zu einer Heilung führen würde? Letztlich kommt man nicht umhin, die Chancen-Risiken-Bilanz in den Blick zu nehmen.

Auch wenn es um Risiken und nicht um Schäden geht, werde ich Halperns Begriff des «Lesser Harm Reasoning» beibehalten und dafür teilweise den Ausdruck «Lesser Harm-Prinzip» verwenden. Dazu bewegen mich drei

16 Halpern, Lesser Harms, S. 4.

Gründe. *Erstens* verdeutlicht dieser Begriff, dass es nie allein darum geht, welche Risiken mit einem medizinischen Eingriff verbunden sind. Stets werden die mit dem Einsatz verbundenen Risiken mit Risiken verglichen, die mit alternativen Eingriffen oder dem erwarteten Krankheitsverlauf zu erwarten sind. *Zweitens* zeigt es auf, dass es unsinnig wäre, allgemein nach einem Risiko zu suchen, das als zu hoch abzulehnen ist. Auch unverantwortliche Risiken lassen sich nur in einer Gesamtbilanz der Chancen und Risiken ermitteln. Eine mit einer Wahrscheinlichkeit von 1:1000 auftretende Nervenschädigung wäre bei einem Schlafmittel ein unverantwortliches Risiko, nicht aber bei einem Lepramedikament. *Drittens* ist das Lesser Harm-Prinzip das, was die meisten Mediziner im Sinne haben, wenn sie vom Nicht-Schadens-Prinzip sprechen. Dabei ist zu bedenken, dass ein medizinischer Eingriff zunächst einmal eine Schädigung und Gefährdung des Patienten darstellt. Diese Schädigung und Gefährdung wird von ärztlicher Seite stets in Relation zu dem damit verbundenen möglichen Nutzen gesehen. Notwendiges Kritierum dafür, dass ein medizinischer Eingriff und damit eine jetzige Schädigung und Gefährdung moralisch zulässig ist, ist für Ärzte, dass damit eine mögliche grössere Schädigung und Gefährdung verhindert wird. Man schädigt und gefährdet den Patienten, damit ihm langfristig geholfen wird.

Das Lesser Harm-Reasoning erklärt, wieso die Willowbrook-Studie von vielen Medizinern gegen Beecher verteidigt wurde. Erstens erklärt es, wieso der Versuch an Kindern vorgenommen wurde und nicht an Erwachsenen. Eine Hepatitis-Erkrankung im Kindesalter ist in der Regel weniger schwerwiegend als eine im Erwachsenenalter. Zudem rechtfertigt es die Wahl des Versuchsortes. In Willowbrook bestand ein höheres Infektionsrisiko, was heisst, dass die Kinder in Willowbrook ein kleineres Net-Harm zugefügt wurde als Kindern, die unter besseren Bedingungen lebten. Eine kleine Gabe vorgängig erhitzten und bakteriell behandelten infizierten Gewebes war weniger gefährlich als die spätere, beim «normalen Gang der Dinge» zu erwartende Infektion durch unbehandeltes infiziertes Gewebe. Dieser Punkt wurde von den Verteidigern mehrfach herausgestrichen. So heisst es etwa in einem Lancet-Artikel:

> These investigators have repeatedly explained – for over a decade – that natural hepatitis infection occurs sooner or later in virtually 100% of the patients admitted to Willowbrook.[17]

17 Geoffrey Edsell, Experiments at Willowbrook, Lancet 2 (1971), S. 95.

Und auch ein anderer Lancet-Autor schliesst sich dem an:

> Even without the Willowbrook studies, the children still would have become infected in due course by natural spread of the diseases in the institution.[18]

Wären alle Kinder, wie die Forschenden sagten, unweigerlich später infiziert worden, wäre die Studie gemäss des Ethos der Forschung moralisch vertretbar gewesen.

Der Gebrauch des Konjunktivs deutet an, dass dies nicht der Fall war. Der Medizinhistoriker Joel Howell und der Medizinstatistiker Rudney Hayward haben 2003 nachgewiesen, dass die Verteidigung der Forschenden nicht aus den von ihnen veröffentlichten Daten abgeleitet werden kann.[19] Nimmt man den Stand der seinerzeitigen Forschung, gaben ihre Daten die starke These, alle Kinder würden unweigerlich an Hepatitis erkranken, nicht her. Selbst wenn die Kinder von Geburt bis zum 19. Lebensjahr in Willowbrook gewesen wären, konnte bei grosszügiger Schätzung nur bei 30% der Kinder davon ausgegangen werden, dass sie mit Hepatitis infiziert werden. Selbst wenn man annimmt, dass die Hälfte aller Fälle nicht diagnostiziert wurde, hätte die Rate bei 53% gelegen. Bei einer kleineren Aufenthaltszeit hätte die Infektionsrate erheblich tiefer gelegen.[20] In den Originalveröffentlichungen von Krugman und Ward bestand ein Widerspruch zwischen den veröffentlichten Daten und der Interpretation derselben. Die Forschenden stellten die Verhältnisse in Willowbrook schlechter dar als sie ihren eigenen Daten nach waren. Sie veröffentlichten die ermittelten Fakten, interpretierten sie aber auf eine Weise, dass ihr Handeln gerechtfertigt war. In den Peer Reviews war dieser Punkt nicht korrigiert worden, und spätere Wissenschaftler setzten einfach eine korrekte Auslegung der Daten voraus und schauten nicht selbst auf die veröffentlichten Daten. Für die Kritiker dagegen war diese Statistik ohne Bedeutung. Wie hoch auch immer das Infektionsrisiko war, hätte man, statt Forschung zu betreiben, die Situation der geistig Behinderten bessern müssen. Da dieser Einwand umso wichtiger wird, je schlechter die Verhältnisse in Willowbrook waren, hatten auch

18 Edward N.Willey, Experiments at Willowbrook, Lancet 2 (1971), 1078.

19 Joel D. Howell & Rudney A. Hayward, Writing Willowbrook, Reading Willowbrook, in: Jordan Goodman, Anthony McElligott & Lara Marks, Useful Bodies. Humans in the Service of Medical Science in the Twentieth Century, Baltimore: John Hopkins University Press, 2003, S. 190–213.

20 Ebd., S. 200.

die Kritiker der Studie keine Motivation, die Bewertung der Forschenden zu hinterfragen.

Man könnte einwenden, nach der Willowbrook-Studie erschienene Forschungsarbeiten hätten gezeigt, dass die Annahme der Unausweichlichkeit einer Infektion doch etwas für sich hatte. Für die moralische Beurteilung sind diese späteren Erkenntnisse jedoch irrelevant. Hier ist nur relevant, ob die Forschenden aus den Daten jene Schlüsse zogen, die sie auf Grund der ihnen zur Verfügung stehenden Kenntnisse ziehen durften. Später erworbenes Wissen ist für die moralische Beurteilung des Handelns von Krugmann und Ward bedeutungslos. Stimmt die Analyse von Howell und Hayward, hätte man die Willowbook-Studie auch gemäss des Ethos der Forschung moralisch in Zweifel ziehen müssen, und dies schon einfach deshalb, weil die Forschenden bei der Rechtfertigung ihres Tuns nicht auf die Fakten schauten.

3

Die oben genannten Kriterien 1–6 stellen notwendige Kriterien dar. Ist eines nicht erfüllt, ist der Versuch moralisch unzulässig. Kriterien 1–6 galten als hinreichende Bedingung dafür, dass ein Versuch moralisch zulässig ist. Kriterium 7 spielte im 19. Jahrhundert eine zusätzliche wichtige Rolle, verschwindet aber im letzten Jahrhundert aus dem Kriterienkatalog.[21] Von forschungsexterner Seite wurde in der zweiten Hälfte des 20. Jahrhunderts das Kriterium 5 angezweifelt. Der Begriff der freiwilligen Zustimmung sei durch jenen der informierten und freien Zustimmung zu ersetzen. Zudem sei auch bei Patienten eine solche freie und informierte Zustimmung zu einem Versuch erforderlich. Da uns hier das Ethos interessiert, das sich bis zu den Versuchen von Lewis oder McMichael ausgebildet hatte, muss uns dies nicht weiter beschäftigen. Wichtiger in diesem Kontext ist das Kriterium 1, das einfordert, vor der ersten Anwendung am Menschen ausreichend Tierversuche durchzuführen. Denn wenn das Lesser Harm-Denken im 19. und frühen 20. Jahrhundert sowohl Therapie wie Forschung be-

21 Vgl. Lawrence K. Altman, Who Goes First? The Story of Self-Experimentation in Medicine, Berkeley: University of California Press, 1987.

stimmte, so zeigt sich hier erstmals eine Differenz zwischen dem, was vom guten Arzt und vom guten Forscher erwartet wurde.

Es ist sinnvoll, den vielleicht berühmtesten Versuch dieser Epoche in den Blick zu nehmen, den ebenfalls seinerzeit kontrovers diskutierten Heilversuch der ersten Tollwutimpfung. Wir können bei diesem Versuch zweierlei aufzeigen: erstens kann er dienen, nochmals das damalige Ethos zu verdeutlichen, und zweitens aufzeigen, wie das Ethos des Forschenden und das ärztliche Ethos bereits zu dieser Zeit auseinanderrücken. Wir müssen dabei zunächst den ethischen Konflikt beschreiben, in dem sich Pasteur damals befand, um dann die Kontroverse in den Blick zu nehmen, die innerhalb der Forschungsgemeinde entstand.

Das Geschehen darf man als bekannt voraussetzen: Als der 9jährige Elsässer Joseph Meister 1885 von einem offenbar tollwütigen Hund mehrfach gebissen wurden, wandten sich die Eltern direkt an Pasteur und baten um dessen Hilfe. Die Obduktion des Hundes hatte den Tollwutverdacht bestätigt, so dass ein hohes Risiko bestand, dass Meister infiziert worden war und erkranken würde. Joseph Meister kam zwei Tage, nachdem er gebissen worden war, zu Pasteur. Die Impfung erfolgte dann 60 Stunden nach der Attacke des Hundes. Wenn man nach heutigem Stand des Wissens geht, mag es fraglich sein, ob eine aktive Impfung nach 60 Stunden Infektionszeit noch Erfolg haben konnte. Niemand sollte jedenfalls einen von einem möglicherweise tollwütigen Hund Gebissenen zur Geduld mahnen, da ja auch Pasteur drei Tage später geimpft hätte. Dass Joseph Meister dennoch gesund blieb, kann einfach daran liegen, dass er nicht angesteckt worden war. Genau hier lag der ethische Konflikt für Pasteur. Da sich bei Joseph Meister noch keine Symptome einer Erkrankung zeigten, konnte es sein, dass er ein gesundes Kind mit Tollwut infizierte.[22] Angesichts der Zahl der Bisse, nämlich vierzehn, und der Tiefe war Granchier,[23] der herbeigezogene Arzt, überzeugt, dass eine Infektion vorlag. Das Risiko, ein gesundes Kind zu töten, stand gegen die Chance, Joseph Meister angesichts einer bis dato unheilbaren Krankheit helfen zu können. Erwartete Pasteur auf Grund der ihm vorliegenden Fakten einen Net-Benefit (waren die vorhandenen Chancen grösser als die vorhandenen Risiken), sprach das Lesser

22 Vgl. hierzu ausführlich das Kapitel: Private Doubts and Ethical Dilemmas: Pasteur, Roux, and the Early Human Trials of Pasteur's Rabies Vaccine, in: Gerald L. Geison, The Private Science of Louis Pasteur, Princeton: Princeton UP, 1995, S. 234–258.

23 Pasteur durfte als Chemiker keine Patienten behandeln. Die Impfung nahm daher Granchier vor.

Harm-Prinzip für die Handlung. Soweit erfüllte das Handeln von Granchier und Pasteur die Bedingungen des Lesser Harm-Reasonings. Dass Pasteur angeboten hatte, die erste Spritze selbst zu erhalten (Kriterium 7), war für die Öffentlichkeit zusätzlicher Garant, dass er von einer ausreichenden Sicherheit ausging.

Joseph Meister blieb am Leben. Pasteurs Impferfolg machte schnell weltweite Schlagzeilen. Als in Newark drei Kinder von einem Hund gebissen wurden, sammelte die Bevölkerung, damit die drei per Schiff nach Paris reisen durften. Mehrere Wochen später wurden sie dann von Pasteur geimpft. Ob der Hund tollwütig war, ist unbekannt. Tierversuchsgegner wiesen damals darauf hin, dass man doch erst einmal beobachten solle, ob der Hund Symptome der Tollwut zeige. Allerdings hatte sich die öffentliche Meinung zu diesem Zeitpunkt schon gegen sie gerichtet. Die Geschichte der ersten Tollwutimpfung, das Bild des schon seinerzeit berühmten Pasteur, der mit aufgekrempeltem Arm bittet, selbst geimpft zu werden, die Bitten und spätere Dankbarkeit von Kind und Eltern sowie die Standing Ovation der Pariser Akademie liessen kritische Stimmen als penible Kleinkrämerei erscheinen, die noch an den grössten Heldentaten nach Mäkeln suchten. Wer von einem Hund gebissen wurde, suchte nunmehr Pasteur auf; woraufhin dieser in seinen Notizbüchern festhielt, dass Tollwut wohl doch verbreiteter sei als man bisher angenommen hatte. Dass es anderen Forschenden zunächst nicht gelang, die Rettungsaktion zu wiederholen und einzelne Geimpfte an Tollwut starben, beschäftigte 1887 die Akademie der Medizin, erhielt aber nur geringe öffentliche Aufmerksamkeit. Spätere Tierversuche und weitere Erfolge beim Menschen hatten die Effizienz des Serums bestätigt.

Pasteurs Versuch machte in mehr als einem Sinne Geschichte. Er war ein medienwirksames Ereignis, das die Einstellung der Öffentlichkeit zur Forschung massgeblich beeinflusste. Pasteur hatte mit seinem Heilversuch publikumswirksam aufgezeigt, welches Potential in der Forschung lag. Politische Bemühungen, stärkere Tierschutzgesetze zu verankern, scheiterten fortan gegenüber dem Argument, hier würden der Forschung und damit der Rettung von Leben Hindernisse in den Weg gelegt. Forschungsintern veranlasste die Diskussion um die Sicherheit des Wirkstoffes aber Spuren.

Denn hier blieb der Zweifel, ob Pasteurs Risikoeinschätzung auf einer sicheren Basis stand. Nimmt man die Daten, die Pasteur im 19. Jahrhundert präsentierte, hatte er doch immerhin eine grosse Zahl von Hunden nach Tollwutbissen immunisiert. Seit Gerald Geisons Auswertung der Notizbücher Pasteurs wissen wir, dass er dabei verschwieg, dass es sich bei den «vielen

Tieren» um zwanzig handelte und dass kein einziger davon mit jener Methode immunisiert worden war, die Pasteur bei Meister verwendete.[24] Er wandte nicht einmal bei allen zwanzig dieselbe Methode an. Von den zwanzig waren zudem drei gestorben. Da Pasteur ihren Tod aber nicht der Tollwut zuschrieb, rechnete er auch diese als Erfolg.[25] Die Testreihe des bei Meister verwendeten Verfahrens hatte zum Zeitpunkt der ersten Impfung gerade begonnen. Die Impfungen der nicht gebissenen Hunde lag erst zehn Tage zurück, ein zu geringer Zeitraum, um Aussagen über Sicherheit und Wirksamkeit machen zu können.[26]

Wir müssen im Folgenden daher zweierlei unterscheiden, den ethischen Konflikt, dem Pasteur auf Grund der ihm bekannten Daten gegenüber stand, und jene Version dieses Konflikts, die später in der Öffentlichkeit diskutiert wurde. Für die Entwicklung des Forschungsethos war nur das letztere relevant. Selbst angesichts von Pasteurs Bericht waren nicht alle Forschenden der Auffassung, Pasteur hätte 1885 genügend Tierexperimente durchgeführt, um eine erste Tollwutimpfung zu machen. Granchier, der als Arzt die Versuche vorgenommen hatte, berichtet von einem Gespräch mit Tarnier, der diesen Gedanken auf den Punkt bringt.

> «My dear friend» Tarnier told me «it would be necessary to demonstrate, by repeated experiments, that you can cure a dog, even after intracranial inoculation (with rabies-infected cerebral material); that done you would be left in peace.» I repeated that these experiments had been made; but Tarnier did not find them numerous enough and still he was one of Pasteurs friends.[27]

Pasteurs Tollwutimpfung wurde nicht Massstab, sondern etwas, von dem man sich in späteren Jahrzehnten moralisch distanzierte. Hyman Kramer, Mitglied der «Harvard Infantile Paralysis Commission» verteidigte Jahre später eigene Versuche nicht zuletzt durch Abgrenzung von Pasteur:

> The Pasteur Age ist over. There can be no more disastrous experiments like Pasteur's rabies treatments to children before the serum was wholly proved.[28]

24 Ebd., S. 242.
25 Ebd., S. 240.
26 Ebd., S. 251f.
27 Rene Dubois, Louis Pasteur: Free Lance of Science, New York: Carl Schreibner 1976, S. 345f.
28 Zit. nach: Susan E. Lederer, Subjected to Science. Human Experimentation in America before the Second World War, Baltimore: John Hopkins University Press, 1995, S. 109.

Die geringe tierexperimentelle Basis ist der Stein des Anstosses. Da die anderen impliziten moralischen Regeln erfüllt waren, lohnt es sich, einen näheren Blick auf dieses erste Kriterium zu werfen.

Nehmen wir noch einmal den ethischen Konflikt in den Blick, vor dem Pasteur stand. Entweder wurde Joseph Meister das Risiko zugemutet, geimpft zu werden, oder das «natürliche» Risiko, an Tollwut zu sterben. Spricht alles dafür, dass eine Infektion vorliegt, würde eine Impfung auch dann das kleinere Risiko sein, wenn die tierexperimentelle Basis schmal ist. Wenn dies aber der Fall ist, ist zu fragen, wieso Pasteur ein Vorwurf zu machen war, dass er den Heilversuch durchführte. Meisters Eltern waren schliesslich bereit, dass (anscheinend) kleinere Risiko in Kauf zu nehmen. Und auch Joseph widersetzte sich nicht der Behandlung.

Nach Ansicht seiner Kritiker hätte Pasteur die Bitte der Eltern mit der Begründung ablehnen sollen: «Leider reicht meine tierexperimentelle Erfahrung noch nicht aus.» Ein Versuch am Menschen durfte erst stattfinden, wenn es gelungen war, mehrere Hunde mit Tollwut zu infizieren und es dann durch die Impfung nicht zum Ausbruch der Erkrankung kam. Nur so sei die Methode sicher genug, um sie einzusetzen. Genau dieses Denken bestimmt noch heute die Forschungspraxis. Wir müssen uns jedoch vor Augen führen, dass es hier nicht um das Wohl des einzelnen Patienten geht. Ging Pasteur davon aus, Meister sei höchstwahrscheinlich oder sogar mit an Sicherheit grenzender Wahrscheinlichkeit infiziert, war das neue Serum seine einzige Chance; die Impfung war nach dem Lesser Harm-Reasoning gerechtfertigt. Dass neue Therapien auf einer bestmöglichen tierexperimentellen Basis fussen müssen, hat also nicht notwendig etwas damit zu tun, dass das Wohl des eigenen Patienten höchste Sorge des Arztes sein soll. Steht das Wohl des Patienten an erster Stelle, ist Pasteurs Heilversuch, egal wie sicher die Methode war, nicht nur moralisch gerechtfertigt, er war moralisch geboten. Letztlich ist die Forderung nach grösstmöglicher Sicherheit nur dann zu rechtfertigen, wenn man davon ausgeht, dass es nicht um den einzelnen Patienten, sondern die Patientenpopulation geht. Indem Pasteur seine Impfung vorschnell vornahm, gefährdete er, dass sie durch einen erfolglosen Heilversuch in Misskredit geriet. Er gefährdete eine mögliche breite Anwendung. Auch hier wiederholt sich, dass der Forschende nicht den einzelnen Patienten im Auge hat. Das hippokratische Ethos, das Wohl des individuellen Patienten in den Vordergrund zu stellen, steht im Widerspruch zum Ethos der Forschung. Pasteur handelte damit nicht gemäss dem Ethos der Forschung, Granchier aber sehr wohl nach dem ärztlichen Ethos. Die Ethoi stehen unabhängig nebeneinander.

Man mag einwenden, dass doch auch der behandelnde Arzt an andere Patienten zu denken habe. Wenn man so argumentiert, bezieht man sich jedoch nicht auf das ärztliche Ethos. Dieses fordert klar auf, dass das Wohl des Patienten an erster Stelle zu stehen hat und dabei geht es um den einzelnen Patienten, nicht um eine Patientengruppe. Wir können dies an einer jener Anekdoten verdeutlichen, die von Beispielen guten ärztlichen Tuns berichten. In der Regel gilt das Handeln von Dr. Mudd als vorbildlich, als er Lincolns Attentäter John Wilkes Booth medizinisch behandelte. Er sah – so jedenfalls die Legende[29] – nicht darauf, was der Patient vorher getan hatte. Massgeblich war allein, dass hier ein kranker Mensch seiner Hilfe bedurfte. Er dachte aber auch nicht, dies ist wiederum vorbildlich, was die Behandlung für seine Praxis und andere Patienten bedeuten könnte. Sein Augenmerk galt allein dem individuellen Patienten. Lassen wir den Ausnahmefall aussen vor, in denen eine Triage erforderlich ist, darf kein Arzt das Wohl seines Patienten hintanstellen, um das Wohl anderer Patienten zu befördern. Eine klare Formulierung dieses Grundsatzes findet sich bei Hans Jonas:

> Im Verlauf der Behandlung ist der Arzt dem Patienten verpflichtet und sonst niemand. Er ist nicht der Sachwalter der Gesellschaft oder der medizinischen Wissenschaft oder der Familie des Patienten oder seiner Leidensgefährten oder der künftig an derselben Krankheit Leidenden. Der Patient allein zählt, wenn er in der Fürsorge des Arztes steht.[30]

Ist dies so, stehen medizinische Wissenschaftler freilich vor einem Problem: Auch wenn der medizinische Wissenschaftler «Arzt und Forscher in einer Person» ist, so kann er zu keinem Moment beides zugleich sein. Steht eine Medizinerin am Bett eines Patienten, handelt sie entweder als Forschende oder als Ärztin. Will sie beides sein oder zwischen den Perspektiven hin und herwechseln, hört sie bereits auf, nach dem hippokratischen Ethos zu handeln. Der Perspektiv- und Rollenwechsel selbst widerspricht dem, was von einer guten Ärztin gefordert ist.

29 Die Legende blendet eine mögliche Mittäterschaft Mudds und dessen Sympathien für die Südstaaten aus.

30 Hans Jonas, Technik, Medizin und Ethik. Die Praxis des Prinzips Verantwortung, Frankfurt: Suhrkamp 1987, S. 138.

4

Wir können nicht sagen, dass das, was das ärztliche Ethos sagt, Massstab des Richtigen ist. Aus dem Umstand, dass etwas traditionell für richtig gehalten wird, folgt nicht, dass es richtig ist. Wie alle aus der Tradition stammenden Regeln müssen auch die Anforderungen des ärztlichen Ethos einer inhaltlichen Prüfung und Kritik genügen. Das Lesser Harm-Reasoning genügt einer solchen Prüfung freilich nur eingeschränkt. Um dies zu zeigen, müssen jedoch noch weitere implizite Annahmen dieses Denkens offen gelegt werden.

Dasjenige, was man Ethos nennt, setzt sich aus in einer Gemeinschaft geteilten moralischen Einstellungen zusammen. Selbst wenn sie explizit gemacht werden, werden die theoretischen Voraussetzungen selten offen gelegt; vielmehr wird von einer nicht hinterfragbaren selbstevidenten und zeitlosen Berechtigung der eigenen Grundsätze ausgegangen. Gegen dieses Selbstverständnis muss darauf hingewiesen werden, dass sich moralische Auffassungen historisch herausbilden und es immer wieder Epochen gibt, in denen auch die Voraussetzungen offen gelegt werden und gegen konkurrierende Auffassungen verteidigt werden. In diesen Firmierungszeiten begegnen wir den vollständigen Begründungen. Will Ethik normativ prüfen, welche moralischen Auffassungen gerechtfertigt sind, muss sie auf diese vollständigen Begründungen rekurrieren. Die heutigen Intuitionen, welche oftmals nur Splitter umfassenderer Auffassungen sind, sind wichtige Indizien, aber sie dienen nur als Ausgangspunkt weiterer Untersuchungen, nicht als deren Endpunkt.

Im Falle des Lesser Harm-Prinzips haben wir das Glück, auf eine grössere Debatte rekurrieren zu können.[31] Dabei möchte ich nicht die These vertreten, dass das Lesser Harm-Prinzip hier zum ersten Mal formuliert wurde, sondern nur, dass hier eine richtungsweisende Wahl erfolgte, die für die Geschichte des wissenschaftlichen Ethos von Bedeutung ist. Wichtiger in diesem Zusammenhang ist aber, dass man mit Blick auf die ältere Diskussion die Gültigkeit des Lesser Harm-Prinzips hinterfragen kann. Dabei wird sich zeigen, dass das Lesser Harm-Prinzip nicht uneingeschränkt angewandt werden darf.

31 Elise Lipkowitz, The Physicians' Dilemma in the 18th-Century French Smallpox debate, JAMA 290 (2003), 2329. Vgl. hierzu: Sydney A. Halpern, Lesser Harms: The Morality of Risk in Medical Research, Chicago: University of Chicago Press, 2004, ch. 1 «The Origins of a Moral Logic of Risk».

In der Entwicklung des Lesser Harm-Reasoning nimmt die Diskussion um die Pockenprävention eine zentrale Stellung ein. Dabei geht es nicht um die Immunisierung durch Kuhpocken, die Jenner Ende des 18. Jahrhunderts vorschlug, sondern die Inokulation mit Humanpocken. Bei der Inokulation wird gesunden Personen die Haut aufgeritzt und dort infiziertes Gewebe eingeführt. Der Sekretär der Royal Society James Jurin sammelte Anfang des 18. Jahrhunderts Unterlagen über Risiken der Inokulation. Bei 845 untersuchten Fällen ermittelte er 17 Todesfälle. Damit betrug das Risiko, durch die Impfung zu sterben 1:50. Die Todesrate bei einer natürlichen Pockeninfektion betrug dagegen 1:6. Jurin forderte den Staat daher auf, die Inokulation zu fördern. Die Royal Society, seinerzeit unter der Präsidentschaft Newtons, schloss sich der Haltung ihres Sekretärs an. Bei dieser Faktenlage sei Inokulation zu befürworten und zu fördern.

Da Wissenschaft im selben Jahrhundert grössere öffentliche Bedeutung und grösseres politisches Gewicht erhielt, überrascht nicht, dass die Ergebnisse und möglichen Folgen der Studie Jurins breit diskutiert wurden. Auf Kritik stiessen Jurins Untersuchungen insbesondere in Frankreich. Charles-Marie de La Condamine (1701–1774) wies darauf hin, dass nicht jede Person Pocken bekommt. Was die Personen daher gegeneinander abzuwägen hätten, wäre das Risiko, an der Impfung zu sterben, und das Risiko, später Pocken zu bekommen und daran möglicherweise zu sterben. In Antwort darauf erarbeitete Daniel Bernoulli (1700–1782) neue Kalkulationen, welche das erwartete Lebensalter von geimpften und nicht geimpften Personen errechneten.[32] Bernoulli ermittelte einen Gesamtnutzen der Inokulation. Wer sich impfen liess, hatte durchschnittlich eine um 3 Jahre längere Lebenszeit als jene, die darauf setzten, keine natürlichen Pocken zu bekommen. Auch Bernoulli sprach sich für die Inokulation aus. Erzwingt der Staat die Impfung, rettet er Leben und erhöht so das Allgemeinwohl. Auf Widerstand stiess er dabei bei einem Philosophen seiner Zeit. Jean Baptiste le Rond D'Alembert (1717–1783) wandte ein, dass Personen Risiken unterschiedlich beurteilen, je nachdem, ob der mögliche Schaden kurzfristig oder langfristig eintreten könnte. Hätte jemand die Wahl zwischen einer unmittelbaren Gefährdung und einem Schaden, der möglicherweise irgendwann in der Zukunft eintreten könnte, würde man lieber das künfti-

32 Bernoulli, Daniel, De la mortalité causée par la petite vérole, et des advantages de l'inoculation pour la prévenir. In: Mémoires de l'Académie Royale de Sciences – Histoires Année 1760, Paris: Imprémerie Royale, 1766: S. 29.

ge Risiko in Kauf nehmen und dies auch dann, wenn das spätere Risiko grösser ist als das jetzige.[33] Zudem sei zu bedenken, dass sich Personen im «besten Lebensalter» einem Risiko aussetzen, um drei Jahre länger alt zu sein. Nicht eine Berechnung, was zum objektiven Wohl des Patienten sei, dürfe handlungsanleitend sein, sondern die individuelle Wahrnehmung des einzelnen. Es ging bei der Diskussion nicht darum, ob das Lesser Harm-Prinzip generell zu befürworten oder abzulehnen ist. Vielmehr ging es vor allem um die Auslegung dieses Grundsatzes und dessen Geltungsbereich. D'Alembert verteidigte die subjektive Risikoabschätzung und das Recht des einzelnen, auf Grund eigener Überzeugungen über das eigene Leben zu entscheiden. Für ihn war das Bernoulli'sche Kalkül deskriptiv bedeutsam, aber dieses Kalkül hatte für ihn keine präskriptive Kraft. Für Bernoulli war es ein Gebot der Klugheit, den objektiven Einschätzungen zu folgen. Wer dies nicht tat, handelte irrational und durfte vom Staat zum Nutzen aller gezwungen werden, sich impfen zu lassen. Wir müssen nicht betonen, welche Auslegung sich durchgesetzt hat, es ist jene Bernoullis.

In der Bernoulli-D'Alembert-Debatte ging es nicht um Forschung, sondern um staatliche Massnahmen zur Gesundheitsprävention. Im 19. Jahrhundert würde die Frage, ob der Staat nach diesen Grundsätzen handeln darf, auch in der allgemeinen Öffentlichkeit kontrovers diskutiert werden. In diesem Kontext geht es jedoch nicht darum, ob der Staat das Recht hat, eine Impfaktion durchzuführen, sondern um die individuelle Arzt-Patientenbeziehung und die Forschung. Zwischen Arzt und Patienten bzw. Forschendem und an Forschung Partizipierenden mögen empirische Machtunterschiede bestehen, aber in ethischer Hinsicht stehen sich zwei Gleiche hier gegenüber. Wir müssten daher prüfen, ob es irgendeinen Grund gibt, wieso dem Arzt oder dem Forschenden ein Recht zukommen sollte, Entscheidungen für den anderen zu treffen. Ein mögliches Argument wäre, dass ihm deshalb ein Recht zukommt, weil er auf Grund seines Wissens den anderen vor Schaden bewahren kann. Das Wohl des Patienten, die Richtschnur des Arztes, ist in einer objektiven Risikoeinschätzung zu ermitteln, da die subjektive Risikoeinschätzung eine irrationale Haltung darstellt. Diese These ist aber zwei Einwänden ausgesetzt.

Erstens ist zu bezweifeln, ob eine irrationale Haltung vorliegt, Um dies zu zeigen, ist es sinnvoll, einen Bereich ausserhalb der Medizin zu konzipieren. Nehmen wir die folgende Situation: Ich kann jetzt mein ganzes

33 Halpern, Lesser Harms, S. 24.

Geld auf eine ausländische Bank überweisen. Dabei besteht ein kleines, nicht zu minimierendes Risiko, dass ich einem unehrlichen Geldinstitut aufsitze und alles Geld verloren geht. Tue ich es nicht, könnte ich zu einem späteren Zeitpunkt mein ganzes Geld verlieren, nämlich dann, wenn eine Geldentwertung eintritt. Es spricht einiges dafür, dass diese Geldentwertung eintritt, aber sicher ist es nicht. In der unteren Tabelle habe ich jene Wahrscheinlichkeiten angenommen, welche den von Jurin ermittelten ungefähr entsprechen. Das damalige Risiko, an Pocken zu erkranken, ist in der Literatur umstritten. Ich habe im Folgenden – dies ist die Schätzung D'Alemberts – eine 25 % Wahrscheinlichkeit angenommen.

	Überweisen	Abwarten	
Jetzt	98 % Ich behalte mein Geld 2 % Ich verliere alles	Momentan keine Auswirkungen	
Einige Jahre in der Zukunft	Ich habe zu 98 % weiterhin mein Geld, oder habe es (2 %) schon lange verloren	25 % Geldentwertung	75% Keine Geldentwertung
		87 % Ich kann mein Geld retten 13 % Ich verliere alles	Ich behalte mein Geld

Das Risiko, alles zu verlieren, ist grösser, wenn ich das Geld im Land behalte (die Eintrittswahrscheinlichkeit beträgt 3.25 % statt 2 %). Heisst dies, dass es irrational ist, das Geld nicht zu überweisen? Nein, denn der Handelnde weiss nicht, ob sich die Situation nicht ändert und Faktoren hinzukommen, die in der ursprünglichen Kalkulation nicht berücksichtigt wurden. Es könnte zum Beispiel künftig sichere Überweisungsmöglichkeiten ins Ausland geben oder sich andere Wege öffnen, die Ersparnisse in Sicherheit zu bringen. Es ist nicht irrational, künftige Risiken zu diskontieren

Was hier für das Sichern der eigenen Ersparnisse relevant ist, ist dies in noch stärkerem Masse, wenn es um die Bewahrung des eigenen Lebens gilt. Denn warum sollte ich jetzt ein tödliches Risiko auf mich nehmen, um ein erheblich später eventuell eintretendes tödliches Risiko zu vermeiden? Solange ich nicht weiss, dass die Rahmenbedingungen gleich bleiben und sich keine neuen Möglichkeiten ergeben, das Risiko zu minimieren, wäre es nicht irrational, solche Änderungen abzuwarten; und dies selbst dann, wenn das spätere Risiko höher ist als das jetzige. Momentane Gefahren auf sich zu nehmen, um künftige Gefährdungen zu verhindern, ist nur dann rational, wenn das künftige Risiko bezüglich Eintrittswahrscheinlichkeit und

Schadensausmass um ein erhebliches grösser sind als das jetzige.[34] Jenners Impfungen wären also anders zu bewerten als die Inokulation. Hier könnte man sagen, dass es für die Personen rational ist, sich impfen zu lassen. Das Lesser Harm-Reasoning ist bei zeitlich auseinanderfallenden Risiken dann angebracht, wenn das jetzige Risiko sehr deutlich kleiner ist als das künftige. Es braucht dann nicht nur einen Net-Benefit, sondern einen sehr deutlichen Net-Beneft. Anders sieht es aus, wenn es sich um zwei nahezu gleichzeitige Risiken handelt. Hier genügt eine positive Chancen-Risiken-Bilanz.

Insofern ist auch die Bemerkung von Krugman und Ward relevant, dass die Kinder in Willowbrook innerhalb eines Jahres infiziert worden wären. Würde dies stimmen, machte dies in der Tat einen Unterschied. So hätte es sein müssen, damit die Studie gemäss des Lesser Harm-Reasoning in Angriff genommen werden durfte. Infizierten sie sich aber erst im Laufe ihres Willowbrook-Aufenthalts, also bis zum 19. Lebensjahr, müssen wir die Situation vorsichtiger bewerten. Denn dann kommen jene Faktoren ins Spiel, die eine Diskontierung künftiger Schäden rechtfertigen.

Allerdings haben wir damit noch nicht den stärksten Punkt gegen ein an Bernoulli angelehntes Lesser Harm-Reasoning vorgebracht. Selbst wenn die subjektive Auffassung des einzelnen irrational wäre, ist *zweitens* zu verneinen, dass Dritte für Personen entscheiden dürfen, ob sie sich selbst einem Risiko aussetzen dürfen. Stehen sich Arzt bzw. Forscher und Patient als moralisch Gleiche gegenüber, hat keiner eine Verfügungsgewalt über den anderen. Niemand hat ein Recht über den anderen, es sei denn, der eine habe dieses Recht an den anderen übertragen.

Nicht nur dann, wenn das Lesser Harm-Reasoning einen Eingriff verbieten würde, bedarf es einer freiwilligen Zustimmung desjenigen, der einem Risiko ausgesetzt wird (wie Kriterium 5 bei Forschung mit Freiwilligen fordert). Die informierte und freie Zustimmung ist stets erforderlich. Das Lesser Harm-Prinzip ist hier genauso strikt wie das Harm-Prinzip. Das Harm-Prinzip fordert, dass ich nicht den Körper oder das Eigentum anderer antaste und ihre Freiheit nicht einschränke. Dieses Prinzip schliesst aber stets ein, dass ich auch niemand schaden darf, um damit ihm selbst oder anderen etwas Gutes zu tun. Ich darf zum Beispiel nicht ungefragt das Geld meines Nachbarn aus dessen Tresor nehmen, um es bestmöglich anzulegen;

34 Man denke etwa an die Diskussion um die Klimaerwärmung. Derzeitige Kosten auf der einen und Eintrittswahrscheinlichkeit und künftiges Schadensausmass auf der anderen Seite stehen in einem solchen Missverhältnis, dass auch eine Diskontierung künftiger Risiken kein Unterlassen rechtfertigt.

und ich darf ihm nicht, während er schläft, Blut abnehmen, um es dem örtlichen Krankenhaus zur Verfügung zu stellen. Das Nicht-Schadens-Prinzip hätte ich im ersten Falle auch dann missachtet, wenn ich mir nahezu sicher sein kann, dass meine Anlage wirklich einen Mehrertrag für meinen Nachbarn ergibt. Selbst wenn ich weiss, dass mein Nachbar irrational mit seinem Geld umgeht (er teurere Autos kauft, als er es sich leisten kann), gibt mir dieses Wissen kein Recht, irgendetwas mit dessen Geld zu tun. Sobald ich mir anmasse, über Eigentum oder Körper anderer zu verfügen, masse ich mir Rechte an, über die ich nicht verfüge. Ich bedarf der Zustimmung meines Nachbarn.[35] Dasselbe gilt aber, wenn ich einen Eingriff in einen anderen Körper und fremdes Eigentum vornehme, der mit Risiken für den anderen verbunden ist. Wir können dabei erneut auf das obige Beispiel der drohenden Geldentwertung zurückgreifen. Weiss ich, dass mein Nachbar in dieser Situation irrational handelt und unnötige Risiken in Kauf nimmt, darf ich dessen Geld nicht einfach sicherer verwahren. Vielmehr muss ich mich darauf beschränken, ihn zu warnen und über die Risiken aufzuklären. Die Entscheidung, was mit dem Geld geschieht, liegt allein bei ihm.

Auch wenn sich Bernoullis Ansicht durchgesetzt hat, heisst es nicht, dass wir uns dessen Meinung anschliesse sollten. Es gibt erstens gute Gründe, den Geltungsbereich des Lesser Harm-Reasonings einzuschränken. Jener, der solche Überlegungen anstellt, hat zweitens kein Recht, einen anderen zu seinem Glück zu führen.

5

Bis Mitte des 20. Jahrhunderts bestimmte das Lesser Harm-Reasoning das Denken der Forschenden. Dies erklärt das Neue der klinischen Forschung und ihr Bruch mit der bisherigen ethischen Tradition. Die Versuche McMichaels erfüllten noch die meisten der oben genannten Bedingungen.

35 Kann ich den anderen nicht um seine Erlaubnis fragen, mag eine Schädigung moralisch zulässig sein. So darf ich meinen, durch seinen iPod für Geräusche unempfindlichen Nachbarn ungefragt am Kragen packen und zurückreissen, wenn er gedankenlos dabei ist, in ein Auto zu laufen. Denn bei diesem verhältnismässigen Eingriff kann ich von seiner mutmasslichen Einwilligung ausgehen. Diese Ausnahmesituation liegt in der Notfallmedizin vor, aber es ist nicht der Regelfall der medizinischen Praxis.

Da er mit gesunden Probanden arbeitete, bedurfte es nur der freiwilligen Zustimmung der Probanden (Kriterium 5). Was angezweifelt wurde, war eher der Sinn der Studie (Kriterium 2). Wir hatten hier einen Paradigmenwechsel, wie medizinische Forschung durchgeführt werden sollte – ein Punkt, der durch Kriterium 2 eben auch zu einer ethischen Diskussion wird. Ganz anders sieht es bei den Studien an betagten Patienten aus, die in den Nachkriegsversuchen in Forschungsvorhaben eingeschlossen wurden. Bei Patienten hatten Forschende, so das bisherige Ethos, das Lesser Harm-Prinzip zu beachten. Die Untersuchungen setzten die betagten Menschen aber Risiken aus, ohne ihnen zu nutzen. Hier fand der eigentliche Paradigmenwechsel statt.

Auch bei einer anderen Neuerung war dieser Paradigmenwechsel zu bemerken, den klinischen Studien zur Überpüfung der Medikamentensicherung. Neu wurden hier Kontrollgruppen eingeführt, die Placebos erhielten. Sicherheit, Wirksamkeit und Qualität von Arzneimitteln konnten so an Hand eines Null-Massstabs gemessen werden. Was wissenschaftlich von Vorteil ist, ist aber ethisch ein Problem. Gibt man unterschiedlichen Gruppen unterschiedliches, gibt es immer eine, deren relatives Risiko schlechter ist als das andere. Mit dem Lesser Harm-Reasoning ist dies nicht mehr zu vereinbaren. Nicht zufällig entbrannte eine heftige Diskussion, ob es moralisch vertretbar ist, Patienten Placebos zu geben.

Placebos sind allein für sich genommen mit einem kleinen Risiko behaftet. Allerdings geht es im Lesser Harm-Reasoning stets um den Vergleich zwischen den Risiken und Chancen unterschiedlicher Optionen. Forschungsteilnehmende, die Placebo nehmen, werden damit andere Chancen genommen. Würde man einem Asthmatiker statt seines lebensrettenden Inhalators, den man zur Hand hat, Wasser geben, wäre es möglich zu sagen, das Trinken des Wassers sei selbst mit keinem Risiko verbunden. Vielleicht erleichtert es seinen Zustand sogar. Aber dennoch würden wir nicht von einer zulässigen Handlung sprechen. Die Zulässigkeit eines Risikos kann nur im Rahmen einer umfassenden Chancen-Risiken-Analyse ermittelt werden. Eine Placebo-Kontrolle ist nach dem ärztlichen Ethos abzulehnen, wenn dadurch dem Versuchsteilnehmenden eine anerkannt wirksame oder auch nur mit gewisser Wahrscheinlichkeit wirksame Behandlung vorenthalten wird. Sie ist also allenfalls in jenen Fällen möglich, wo – wie bei Pasteurs Tollwut – *keine* Behandlungsmöglichkeit besteht. Hat man eine übliche, aber nicht wissenschaftlich erwiesene Therapie, darf man keine Placebos gebrauchen.

Diese Sicht wird heutigen Forschenden und Bewilligungsbehörden teilweise vertraut, aber teilweise auch als befremdlich erscheinen. Placebokontrollierte Studie gelten heute als eigennützige Studien. Der Grund hierfür ist der folgende: Jeder Arm einer Studie wird für sich betrachtet. Placebo selbst schadet nicht. Da sich doch ein möglicher Nutzen ergeben könnte, etwa durch die bessere Betreuung oder spätere Medikation, besteht ein Nutzen für den Patienten.[36] Dieser Nutzenbegriff steht nahe unserem Alltagsdenken. Nehmen Sie an, Sie haben drei Optionen. Sie könnten einer jungen Frau ein Stipendium in Zürich, Oxford oder Harvard vermitteln. Egal was Sie tun, nutzen Sie ihr. Denn auch wenn es Unterschiede zwischen den Universitäten gibt, wird der jungen Frau doch stets etwas gegeben, was ihr nutzt. Nach dieser Denkweise hätte Bernoulli freilich keine statistische Kalkulation anstellen müssen, die Daten der englischen Akademien bewiesen bereits, dass die Inokulation eine Schädigung war. Geben wir einem Sterbenden statt seines Medikaments blosses Wasser, fügen wir ihm nach dieser Logik ebenfall keinen Schaden zu. Da er eventuell leichter stirbt, handelten wir dann sogar zu dessen Vorteil. Von Bernoullis Überlegungen zum Net-Benefit der Inokulation und dem Glauben, Placebostudien seien eigennützig, muss ein erheblicher Wandel stattgefunden haben. Und damit sind wir erneut bei den klinischen Studien am Hammersmith-Hospital.

Die klinische Forschung brach mit dem alten ärztlichen Ethos. Wollten sie gute Wissenschaft betreiben, mussten die Mediziner bereit sein, das Wohl einzelner Patienten zugunsten der Wissenschaft hintanzustellen. Klinische Forschung verlangte, das Wohl des individuellen Patienten um der Wissenschaft und künftiger Patienten willen hintanzustellen. Sie ist – von ihrem Wesen her – fremdnützig.

Bisher ist nichts darüber gesagt, ob dieser Wechsel moralisch zu befürworten ist oder nicht, sondern nur, dass die klinische Forschung damit

36 Erhält einer in die Placebogruppe geloster Patient später das wirksame Medikament, könnte man sogar sagen, dass er damit stets in der vorteilhaften Gruppe ist. Denn die Nebenwirkungen haben andere zu befürchten. Wir dürfen jedoch hier nicht von der ex-post Situation ausgehen, wenn sich das Medikament als schädlich oder sicher erwiesen hat. Entscheidend ist allein die ex ante-Position: jene Einschätzung der mit dem Versuch verbundenen Chancen und Risiken, die man vor dem Versuchsbeginn anstellte. Hier muss der Forschende hoffen, dass die Gruppe mit dem Wirkstoff besser gestellt ist. Denn ansonsten hätte er den Versuch nicht durchführen dürfen. Die Chancen-Nutzen-Bilanz des Wirkarms muss höher sein als jene des Placeboarms.

wider den bis dato bestehenden Ethos der Forschung verstiess. Hielten sie ihr Vorgehen für richtig, hätten die Forschenden damit explizit ihre neuen Vorstellungen formulieren müssen. Zwei Rechtfertigungsmodelle standen ihnen zur Verfügung, die in den folgenden Diskussionen auch immer wieder gewählt wurden.

Das erste rechtfertigt die Experimente mit Blick auf den *künftigen* Patienten. Hier wird also auf eine utilitaristische Sicht rekurriert. Auch wenn die damaligen Forschenden keine Utilitaristen waren, hätten sie sich zu einem Utilitarismus bekennen müssen, wollten sie ihr Tun rechtfertigen. Der Utilitarismus kann einzelne Forschungsvorhaben freilich nur dann rechtfertigen, wenn den Risiken der wenigen Versuchsteilnehmenden grössere Chancen für viele andere Patienten gegenüberstehen. Vor jedem Versuch müsste eine Kalkulation der erwarteten Chancen und Risiken für jetzige und spätere Patienten vorgenommen werden. Überwiegen in dieser Abschätzung insgesamt die Chancen, ist es geboten, den Versuch durchzuführen. Die Frage, ob ein Forschungsvorhaben geboten ist, ist *ex ante,* also vor dem Versuchsbeginn, zu beantworten. Treten nach Versuchsbeginn Ereignisse ein, mit denen man gemäss dem gegenwärtigen Stand des Wissens zuvor nicht rechnen konnte, sind diese für die moralische Beurteilung der generellen Zulässigkeit eines Versuchs irrelevant. Sie sind nur von Bedeutung für die Frage, ob es zuverlässig ist, mit dem Versuch fortzufahren.

So genannte Grundlagenforschung – und genau dies betrieb man am Hammersmith Hospital – ist in diesem Kalkül seltener geboten als anwendungsnahe Forschung. Sobald die mögliche klinische Anwendung der Versuchsergebnisse nämlich in weiter Ferne steht, wird der Erwartungswert der Chancen allein deswegen kleiner sein, weil aufgrund der grösseren zeitlichen Distanz und damit verbundener Unabwägbarkeiten eine kleinere Eintrittswahrscheinlichkeit eines Nutzens angenommen werden muss. Wissenschaftler könnten hier geneigt sein, vom einem einzelne Versuche beurteilenden Aktutilitarismus zu einem Regelutilitarismus überzuwechseln. Statt im Einzelfall eine Chancen-Risiken-Bilanz anzustellen, könnte man eine Regel zu begründen suchen, dass der Nutzen für künftige Patienten und die Allgemeinheit am besten dadurch befördert wird, wenn die Forschung frei gewähren kann. Dies hiesse dann, dass das Kriterium, dass Forschungsvorhaben wissenschaftlich sinnvoll sein müssen, nicht mehr nur notwendiges, sondern hinreichendes Kriterium wäre.

Der Schutz einzelner Patienten würde dann moralisch nahezu unbedeutend. Will man dies nicht, böte sich als zweite Option ein reines Autonomie-

Modell an. Jemanden Risiken auszusetzen, ist dann gerechtfertigt, wenn man die informierte Zustimmung der betreffenden Person hat. Durch die informierte und freie Zustimmung zum Versuch wird das Risiko, dem der Patient ausgesetzt wird, zu einem privaten Risiko. Die gesamte Forschung an Freiwilligen baute im 19. Jahrhundert auf diesem Grundsatz auf. Den Gedanken des Informed Consent könnte man freilich auch einfach als zusätzliche Regel ansehen und in das erste Modell integrieren. Informed Consent würde dann nicht angefragt, weil Personen ein Recht dazu haben, sondern weil die Etablierung dieser Regel dazu beiträgt, dass das Glück aller bestmöglich gefördert wird. Ähnliches gilt für die Notwendigkeit eines Versicherungsschutzes, das Recht, jederzeit aus dem Versuch auszusteigen und andere Zusatzbedingungen. Patientenschutz würde in das regelutilitaristische Konzept aufgenommen, bleibt aber ein zweitrangiges Gut.

In der Praxis hat sich heute wohl letzteres durchgesetzt, ein Regelutilitarismus. Denn ansonsten wäre kaum zu verstehen, dass Forschungsfreiheit – als Recht zu forschen – von Forschungsseite aus als ein (mindestens) gleichrangiges Gut neben dem Persönlichkeitsschutz gesehen werden könnte.[37] Hier wird nicht die Einschränkung von Persönlichkeitsrechten als begründungspflichtig gesehen, sondern die Einschränkung der Forschungsfreiheit. In einem Modell, das ein Recht auf den eigenen Körper betont, wäre der Schutz der persönlichen Integrität stets das vorrangige Gut vor dem Freiheitsrecht, wissenschaftliche Forschung durchzuführen. Die Ergebnisse des Vernehmlassungsverfahrens sind diesbezüglich äusserst aussagekräftig. 18 forschungsnahe Vernehmlassungsparteien, wie etwa der Schweizer Nationalfonds, einschliesslich FDP und SVP, betonen in ihrer Antwort, dass «das Individuum und Menschenwürde im Entwurf zu sehr ins Zentrum gerückt wird, dass die Forschung als solche einen bedrohlichen Charakter erhalte.»[38] Ein Neuformulierungsvorschlag betont utilitaristisch, der Staat habe «unter Beachtung der Forschungsfreiheit und der Bedeutung der Forschung für die Gesundheit und Gesellschaft für den Schutz der Menschenwürde und der Persönlichkeit» Sorge zu tragen.[39] Diese regel-

37 Vgl. hierzu etwa die Vernehmlassungen zum Entwurf zur Verfassungsbestimmung über die Forschung am Menschen: <http://www.parlament.ch/text/homepage/do-dossiers-az/do-humanforschung/do-humanforschung-vernehmlassung.htm>.

38 Bericht des Eidgenössischen Departments des Inneren über die Ergebnisse des Vernehmlassungsverfahrens zum Vorentwurf einer Verfassungsbestimmung und eines Bundesgesetzes zur Forschung am Menschen (Bern Februar 2007), S. 5.

39 Ebd., S. 6.

utilitaristische Sicht prägt eine Gruppe der Gesellschaft, aber nicht die gesamte Gesellschaft. Kein Kanton stützt diese Sicht. 51 Stellungnahmen, einschliesslich derer von zwölf Kantonen, fordern die Vorrangigkeit der Menschenwürde, also des Persönlichkeitsschutzes. Im Vernehmlassungsbericht wird das quantitative Verhältnis nicht betont, sondern nur von «zwei grossen Gruppen»[40] gesprochen.

Auch die Art, wie man heute mit Placebos umgeht, kann dann als jene Regulierung gedeutet werden, die regelutilitaristisch – also zum Nutzen der Forschung und damit der Gesellschaft – gerechtfertigt ist. Dies gilt für die Bedingung, dass Placebos bei schutzwürdigen Personen (etwa Kindern) nur dann erlaubt sind, wenn keine sichere Therapie besteht. Selbst bei der Regel, nicht mehr das relative Risiko zu ermitteln, sondern die gruppenspezifische Nutzen-Risiko-Bilanz zu rechtfertigen, geht es darum, Forschung zu erleichtern und damit das grösste Glück aller zu ermöglichen. Ob die Birminghamer Versuche an betagten herzkranken Patienten zulässig sind, wäre in diesem Denkmodell nur zu beantworten, indem man prüft, ob sie die utilitaristisch begründeten Regeln erfüllen.

Führt ein Mediziner Versuche durch, muss er sein Tun eben nicht mehr nach den Massstäben des ärztlichen Ethos, sondern nach den Regeln guter wissenschaftlicher Praxis rechtfertigen. Auch die verantwortungsvolle Abwägung relativer Risiken und Chancen weicht im neuen Forschungsethos dem Einhalten allgemeiner Regeln. Dieser Gedanke hat auch Konsequenzen für die Arbeit von Ethikkommissionen. Sie können in diesem regelutilitaristischen Modell nur eine Verwaltungs- bzw. Polizeifunktion haben. Sie prüfen, ob die Regeln eingehalten werden, eine darüber hinausgehende Deliberation moralischer Fragen findet nicht mehr statt.[41] Selbst die Güterabwägung liegt nicht in ihrer Verantwortung, denn Ethikkommissionen arbeiten vor dem Hintergrund des Ergebnisses einer allgemeinen Güterabwägung: Wissenschaftlich sinnvolle Projekte befördern das Allgemeinwohl und sind damit, sofern sie bestimmte Bedingungen erfüllen, zu befürworten.

Damit hört ein in der Forschung Tätiger freilich endgültig auf, im alten Sinne ein guter Arzt zu sein. Regelutilitaristische Züge hatte bereits das erste Kriterium des alten Ethos der Forschung, dass die Durchführung an-

40 Ebd., S. 5.
41 Auch hierzu sei auf die diesbezüglich Diskussion der Vernehmlassung verwiesen. Das Humanforschungsgesetz hatte Ethikkommissionen genau jene Rolle zugewiesen, die ihnen im regelutilitaristischen Modell zukommt.

gemessener Tierversuche durchführte. Allerdings bestand durch das gemeinsame Lesser Harm-Reasoning eine stete Verbindung zwischen ärztlichem Ethos und Ethos der Forschung, Dieses seidene Band wurde durch die klinische Forschung zerschnitten. Wir dürfen freilich nicht denken, dass den beteiligten Forschenden und Medizinern diese Entwicklung selbst bewusst ist. Im Gegenteil neigen sie oftmals dazu, auf ein früheres Ethos zu verweisen, ohne zu sehen, dass dieses nicht mehr mit Praxis und impliziter Werthaltung der eigenen Gemeinschaft übereinstimmt. Die Verteidigung der Willowbrook-Versuche ist auch hierfür ein Beispiel. Man sollte moralischen Intuitionen medizinischer Wissenschaftler damit mit einer gewissen Skepsis begegnen. Sie selbst sind in Unkenntnis, ob sie im Sinne des alten oder neuen Forschungsethos oder als Ärzte sprechen. Zudem täuschen sich viele und denken, dass man weiter «Forscher und Arzt in einer Person» sein kann. Je mehr sich der Blick auf «die Patienten» oder «den künftigen Patienten» richtet, desto weniger ist man im Sinne des ärztlichen Ethos ein «guter Arzt». Die klinische Forschung ist, wie Sir Ogilvie sagt, etwas Unheimliches. Ihr Durchbruch zerstört das ärztliche Ethos.

Brigitte Ausfeld-Hafter

Die Farben von Yin und Yang: Östliches Denken und der Westen

Lerne die Regeln, damit du sie richtig brechen kannst.
5. Regel des Dalai Lama zum Jahr 2006

Der Titel dieses Beitrages zu dieser Vorlesungsreihe stand schon seit einiger Zeit fest. Und da es nun darum geht ihn mit Inhalt zu füllen, scheinen einige Vorbemerkungen unabdingbar.

Das Wort «Kontrast» bedeutet starker Gegensatz, es wurde aus der lateinischen Sprache (contrastare heisst entgegenstehen) entlehnt und war zunächst ein Fachausdruck der Malerei. Mit dem Wort Kontrast verband ich bei der Titelsuche also sinngemäss Farben und da mein Spezialgebiet die Traditionelle Chinesische Medizin ist, fiel mir das kontrastierende Symbol von Yin und Yang ein. Zweifellos sind «schwarz», das für Yin und «weiss», das für Yang steht, keine Farben im engeren Sinn des Wortes, dennoch stehen sie für einen Kontrast.

Mein Aufsatz gliedert sich in 12 Thesen (Behauptungen), die jeweils einen Kontrast oder Widerspruch enthalten. Einige dieser Thesen dienen zum besseren Verständnis der kulturellen Unterschiede von Ost und West. Andere beschreiben chinesische Diagnostikmethoden und Therapieverfahren sowie philosophische Überlegungen. Ich hoffe, diese damit lehrreich und die Zusammenhänge vergnüglich-erhellend gestalten zu können.

Denn bei Wilhelm Buschs «Max und Moritz» heisst es ja so treffend:

Also lautet der Beschluss:
Dass der Mensch was lernen muss.
Nicht allein das ABC
Bringt den Menschen in die Höh.
Nicht allein im Schreiben, Lesen
Übt sich ein vernünftig Wesen;
Nicht allein in Rechnungssachen
Soll der Mensch sich Mühe machen;
Sondern auch der Weisheit Lehren
Muss man mit Vergnügen hören.

Und so beginnen wir mit der 1. These, dem chinesischen Symbol für Yin und Yang, das ein Sinnbild allen Lebens und allen Seins darstellt.

1. These: Die Begriffe Yin und Yang

Abb. 1: Yin und Yang

Das möglicherweise älteste erhaltene Dokument philosophischen Denkens überhaupt ist das *Buch der Wandlungen*, das Yi Jing. Es soll von einem chinesischen Kaiser, der fast 3000 Jahre vor der Zeitenwende lebte, stammen. Diesem Buch lag schon der Gedanke zugrunde, dass in allem Bestehenden zwei entgegen gesetzte Prinzipien wirksam seien [1].

Im hellen aktiven Teil befinden sich ein dunkler Kern, quasi als Auge des Fisches gedacht – und umgekehrt im dunklen Flächenanteil ein heller Kern in der Farbe der Gegenfläche. So kann im aktiven Teil des Symbols der Keim der Passivität und im passiven Teil der Keim der Aktivität verdeutlicht werden. Yin und Yang sind abstrakte Begriffe, ich füge ein Beispiel zur Verdeutlichung an:

Der Tag ist Yang, die Nacht Yin, die sich nach der dunkelsten Zeit zunehmend in den Tag wandelt, so wie der Tag abends abnimmt, bis er zur vollständigen Nacht gewandelt ist. Auf Krankheiten bezogen heisst das folgendes: Frühlingskrankheiten (yang im yin) stehen für das Anfangsstadium einer Krankheit, zum Beispiel Rötung und Ausschläge; Sommerkrankheiten (yang im yang) für fortgeschrittene Stadien (-itis-Arten wie Dermatitis); massive Krankheitsformen wie Furunkulose oder Pneumonie entsprechen dem Herbst (yin im yang) und schwerste Krankheitserscheinungen stehen im Winter (yin im yin) an, so als Beispiel die Arthrosen.

So lange die beiden gleichberechtigten Kräfte im Einklang miteinander stehen, herrscht Harmonie, über die in der 3. These die Rede sein wird. Doch zunächst ein Ausflug in die Geographie der Gedanken.

2. *These: Das analytische Denken wird dem synthetischen Denken entgegengesetzt*

Wir im Westen sind es gewohnt, analytisch zu denken. Jemand mit Kopfschmerzen beklagt sich über den herrschenden Föhnwind, der seiner Meinung nach der Auslöser der Schmerzen ist. Wie kommt es dazu? Eine Gegebenheit wird auf mögliche Ursachen hin geprüft, zergliedert und aufgeteilt und schon bald steht der Föhn als Verursacher fest. Anders im chinesischen Denken, das eine Synthese, also eine Verbindung und Verschmelzung von verschiedensten Gegebenheiten anstrebt. So können die erwähnten Kopfschmerzen eine Folge von falscher Ernährung, von zu wenig Schlaf oder Überarbeitung, oder von einer ungeklärten Emotion wie Groll sein. Und natürlich spielen auch bei den Asiaten äussere Einflüsse eine Rolle, so zum Beispiel warmes und windiges Wetter.

Synthetisches Denken fördert die Intuition, kausal-analytisches Denken wirkt durch Klärung der Fakten. Erfolgreiche Ärzte brauchen jedoch ein anteilmässiges Handeln zwischen Intuition und Analyse.

Der amerikanische Psychologieprofessor Richard Nisbett von der Universität Michigan hat 2003 ein höchst lesenswertes Buch über *The Geography of Thought* (Die Geographie des Gedanken) veröffentlicht [2]. Er illustriert darin, wie Asiaten, Europäer und Anglo-Amerikaner verschieden denken … – und warum.

Asiaten leben in einer *Gemeinschaft*. Sie sind in einem kollektiv abhängigen Sozialsystem aufgehoben, das auf die Jahrhunderte alte Tradition der gelebten Lehre des Konfuzius zurückzuführen ist. Im alten Europa und in Amerika leben wir in einer *Gesellschaft*, einem individuell geprägten und unabhängigen Sozialsystem. Dieses geht auf die alten Griechen zurück, die das Individuum in den Mittelpunkt ihrer Philosophie stellten.

Interessanterweise gibt es immer Unterschiede zwischen traditionellen Fischer- und Jägerpopulationen und landwirtschaftlichen Gesellschaften. Fischer und Jäger, wie es die alten Griechen waren, kennzeichnen sich durch eine grössere Unabhängigkeit, die eine grössere soziale Toleranz erlaubt.

Landwirtschaftliche Gesellschaften wie die chinesische weisen dagegen eine festere Organisation auf und sind mehr auf Uniformität bedacht. Diese Rolle der Gesellschaft finden wir auch bei der Herausbildung der Seitigkeit beim Menschen, wie ich unter der 5. These beschreiben werde.

Dieser soziale Unterschied führt zwangsläufig zu kognitiven Unterschieden zwischen modernen Asiaten und Westlichen. Richard Nisbett hat ganz verschiedene Experimente durchgeführt, eines davon soll das Gesagte illustrieren:

Abb. 2: Aquarium

Ein Student aus Japan wollte seine Hypothese, dass Asiaten die Welt durch ein Weitwinkelobjekt betrachten, während die Anglo-Amerikaner und die Europäer eher zu tunnelartiger Sicht der Dinge neigen, in Zusammenarbeit mit Professor Nisbett verifizieren. Sie ersannen sich folgenden Versuch: Zweimal während zwanzig Sekunden durften die Probanden ein *Aquarium* mit fünf Fischen (einer davon grösser als die anderen), einem Frosch, einem Seepferdchen, Pflanzen und Steinen anschauen, dann wurden sie befragt, was sie gesehen hatten.

Die Antworten wurden kodiert in «zentral abgebildeter Fisch», «andere bewegliche Elemente», «Hintergrund», «unbewegliche Gegenstände», und andere mehr. Das Resultat zeigte, dass Asiaten sechzig Prozent mehr Antworten, den Hintergrund betreffend und zweimal so viele zu den Beziehungen der Objekte untereinander gaben. Amerikaner sahen dreimal so häufig den zentral abgebildeten Fisch. Es zeigt sich also, dass Asiaten mehr auf die Umgebung achten und die Verbindungen der Objekte häufiger wahrnehmen, während die Amerikaner sich signifikant häufiger dem Individuum zuwenden.

Bei anderen Experimenten waren die Resultate meist so ausgefallen, dass Asiaten sich selbst als abhängig oder im Kontext von grösseren Gemeinschaften sahen. Anglo-Amerikaner sahen sich selbst als frei Handelnde und die Europäer nahmen oft eine Zwischenstellung ein: Sie verbanden also individuelle mit kollektiven Wahrnehmungen. Zusammenfassend gesagt: Den am meisten ausgeprägten Tunnelblick haben die Anglo-Amerikaner, die Asiaten aber betrachten die Welt ganzheitlicher und die Europäer stehen ungefähr in der Mitte mit ihrer Art der Wahrnehmung.

3. These: Gesundheit und Krankheit stehen einander gegenüber (Harmonie)

Schon im 5. Jahrhundert v. Chr. entwickelten sich in China die beiden wichtigsten philosophischen Schulen: der *Taoismus* und der *Konfuzianismus.* Konfuzius lebte in einer politisch unruhigen Zeit, in der die Sitten und die Moral zusehends zerfielen. Aus dieser Situation heraus entwickelte er seine Moral- und Soziallehre und beschrieb Regeln für eine tadellose Lebensführung. Konfuzius versuchte also, Harmonie durch *gesellschaftliche* Massnahmen zu erreichen. Anders ausgedrückt heisst das: nur durch ein moralisch korrektes Leben ist eine körperlich-geistige Harmonie zu erreichen.

Lao Tse als Begründer des Taoismus wandte sich gegen die lenkenden Einflüsse des Konfuzianismus. Nur ein ausgeglichenes Verhältnis der Beziehung von Mensch und Umwelt kann seiner Meinung nach die zu erstrebende Harmonie herbeiführen. In der 7. These will ich mehr zum Verhältnis von Innen und Aussen, von Mensch und Umwelt beschreiben.

Wenden wir uns der *chinesischen Ernährung* zu, die durch die Zuordnung der Speisen zu einzelnen Geschmäckern gekennzeichnet ist. Eine vollständige Mahlzeit enthält alle Geschmacksrichtungen, nämlich süss, sauer, scharf, salzig und neutral. So helfen salzige Nahrungsmittel der Niere, bzw. was die Chinesen unter der Niere verstehen, nämlich den ganzen Funktionskreis. Beginnende Krankheiten wie etwa eine Erkältung werden mit scharfen Lebensmitteln wie Ingwer behandelt, der Zimt bringt die wärmende Komponente in die Nahrung. Kleinere Störungen der absoluten Harmonie, die Gesundheit bedeutet, können also diätetisch behoben werden.

Ein anderes Konzept der chinesischen Harmonielehre ist das *Feng Shui,* dessen Wurzeln im mythologischen Dunkel der Urzeit liegen. Feng hat die Bedeutung Wind und Shui die des Wassers. Diese auch Geomantie genannte Lehre soll helfen, durch Beobachtung der Naturkräfte eine optimale Ordnung zwischen dem Menschen und seiner Umwelt zu schaffen. Ein Leben gemäss Feng Shui führt nicht nur zu baulichen Veränderungen, es setzt auch innere Veränderungen des Menschen voraus. Das häusliche Glück und die eigene Gesundheit müssen erarbeitet werden, bauliche Massnahmen können diesen Prozess lediglich unterstützen. Als günstige Ausrichtung des Hauseingangs wird zum Beispiel die Südseite empfohlen, weil von dort am meisten positive Energie in das Haus fliessen kann. Aktive Farben wie rot, orange und gelb sollen mit den passiven Blau- und Grüntönen im Gleichgewicht sein. Auch heute noch wird in China die Hausplanung gemäss Feng Shui vorgenommen.

4. These: Frauen und Männer, weiblich und männlich

Vergleichen wir Frau und Mann nach dem Yin-Yang-Prinzip, so ist die Frau dem Yin, der Mann dem Yang zuzuordnen. Ein anderes Bild der Geschlechterdarstellung ordnet die Frau dem *Wasser* zu, den Mann dem *Feuer.* Wasser nimmt jeweils die Form seines Gefässes auf, will heissen, die Frau ist anpassungsfähig. Das männliche Feuer aber brennt mit viel Energie in einer Richtung und ist – einmal angezündet – ausser mit Wasser durch nichts einzudämmen.

Ein anderer Aspekt liegt im *kulturellen Unterschied* des Frauen- und Männerbildes. Im Westen hat sich die traditionelle Rolle der Frau in den letzten fünfzig Jahren dramatisch verändert – verbessert könnte ich auch sagen. Dass bei uns die Gleichstellung als reine Frauenförderung imponieren muss, stellt Professor Walter Hollenstein vom Institut für Geschlechter- und Generationenforschung der Universität Bremen in seinem Artikel «Gefangen im Korsett der Männlichkeit» [3] zähneknirschend fest. Und das nicht ganz zu unrecht. Denn

> […] die feministische Kritik an der prinzipiellen Unterprivilegierung der Frauen und der Überprivilegierung der Männer stimmt so nicht mehr.

Da die Asiaten einen anderen kulturellen Hintergrund als wir haben, gilt es, die Regeln der TCM, die nicht zuletzt auf den philosophischen Grundfesten von Konfuzius' Lehre stehen, auf westliche Patienten anzuwenden. Chinesische Ärzte, die in der Schweiz arbeiten, haben zum Teil Mühe, westliche Patientinnen zu verstehen, denn die Rolle der Frau ist in China eine andere.

Es gibt auch geschlechterspezifische Unterschiede im *Gehirn*: anatomisch gesehen haben Männer ein grösseres Hirngewicht, Frauen ein grösseres Corpus callosum (das heisst, der Balken, der rechte und linke Hemisphäre miteinander verbindet, ist grösser). Durch die neuen bildgegebenden Verfahren wie die Positronen-Emissions-Tomographie PET und das funktionelle Magnet-Resonanz-Imaging fMRI kann dem Menschen beim Denken und Fühlen zugeschaut werden und siehe da, man findet Unterschiede von Frau zu Mann: Frauen haben mehr Einfühlungsvermögen (Frauen diagnostizieren zu neunzig Prozent unglückliche Empfindungen auf männlichen und weiblichen Physiognomien richtig, Männer beim eigenen Geschlecht ebenfalls in neunzig Prozent, auf einem Frauengesicht aber nur in siebzig Prozent). Frauen nehmen Gedanken an betrübliche Ereignisse ernster, denn ihr limbisches System leuchtet achtmal mehr auf [4].

Welche Konsequenzen die moderne Hirnforschung ergeben kann, werde ich unter der 6. These, die sich mit der Einheit von Leib und Seele befasst, beleuchten.

5. These: Rechts und links, ein weiterer Kontrast

In China sind Haustüren traditionellerweise nach Süden ausgerichtet. Beim Blick aus dem Haus steht auf der linken – der aus der chinesischen Pulsdiagnostik bekannten Yang-Seite – die Skulptur des männlichen Löwen. Rechts steht die Löwin auf der Yin-Seite. Die linke Seite symbolisiert den Verstand, die Logik und das analytische Denken, die rechte das weibliche, intuitiv-kreative Prinzip. Dass die Löwin ihr Jungtier unter der linken Hand hält, symbolisiert die Yang-Seite ihrer Erziehung der Kinder, der männliche Löwe hingegen regiert die Welt mit seiner rechten, das heisst intuitiven Seite, da seine rechte Pranke auf der Weltkugel ruht. Die Löwenskulpturen symbolisieren also einmal mehr das Gleichgewicht zwischen Yin und Yang, zwischen rechts und links und zwischen männlich und weiblich.

Abb. 3: Die hier abgebildeten Löwen stehen in der Verbotenen Stadt, dem Kaiserpalast von Beijing. Aber auch vor dem Chinarestaurant um die Ecke werden Sie ein steinernes Löwenwächterpaar vorfinden.

Die Herausbildung der *Seitigkeit* beim Menschen ist wohl vor allem genetisch bedingt. Aber auch die Gesellschaft spielt eine nicht zu vernachlässigende Rolle, denn Agrargesellschaften, die auf Einheit und Normierung bedacht sind, weisen einen höheren Grad der Rechtshändigkeit auf als Fischer- und Jägerpopulationen, die eine grössere soziale Toleranz erlauben. Weltweit variiert die Häufigkeit der Rechtshändigkeit zwischen sechsundachtzig Prozent in den USA und siebenundneunzig Prozent im fernen Osten [5]. Die Lateralität ist übrigens für die *Aurikulomedizin* ein wichtiges Thema, sind doch viele Punkte nur auf einer Ohrmuschel zu finden wie zum Beispiel der Aggressionspunkt, der beim Rechtshänder rechts liegt.

6. These: Die Einheit von Leib und Seele

Im 11. Band unserer Reihe *(Medizin und Macht)* hat Frau Prof. Ursula Pia Jauch sich grundlegende Gedanken zu diesem Thema gemacht [6]:

> Gibt es im Menschen eine Scharnierstelle, in der Leib und Seele ineinander übergehen? Dazu muss man bedenken, dass solche Trennungen – also zwischen Geist und Materie [...] – sozusagen zu den grossen Altlasten der abendländischen Philosophie gehören. Klassisch formuliert und mit einer gewissen tragischen Folge für die neuzeitliche Auffassung des Körpers und dessen Krankheiten hat dies bekanntlich René Descartes. In seinen zwei berühmtesten Schriften, im «Discours de la Methode» (1637) und in den «Meditationen über die erste Philosophie» (1641) vertritt Descartes eine Position, die strikt scheidet zwischen der denkenden und der ausgedehnten Substanz. Diese Trennung zwischen dem Geistigen und dem Physischen hat schwerwiegende Folgen für die abendländische Ideengeschichte gehabt, aber auch für die Medizin, für das Nachdenken über den kranken Körper. Wenn der Körper nämlich als völlig frei von geistigen Elementen verstanden wird, so gibt es sozusagen auch keine psychophysische Einheit.

Das bedeutet:

> Der Körper ist dann eine mechanisch interpretierbare Grösse, eine Art Automat, der, wenn er gesund ist, bestens und zufrieden stellend funktioniert, wenn er hingegen krank ist, dann wird das verstanden als eine quasi technische Funktionsstörung, die mit äusseren, materiellen, mechanischen, chirurgischen oder medikamentösen Massnahmen auch wieder repariert werden kann. Dass Descartes zu Ende seines Lebens selbst Zweifel an dieser schematisch-mechanischen Sicht der körperlichen Organisiertheit des Menschen zu entwickeln begann, ist hingegen weniger bekannt. In seiner letzten Schrift – sie trägt den schönen Titel «Die Leidenschaften der Seele» (1649) – stellt sich Descartes die Frage, ob es nicht sein könne, dass seelische Stimmungen ganz wesentliche Auswirkungen auf den Körper haben. Oder anders formuliert: Dass es eine Scharnierstelle gibt zwischen seelischen und körperlichen Momenten. Für uns Zeitgenossen des psychologischen 21. Jahrhunderts tönt das natürlich wie Schnee von Vorgestern, etwas abgegriffen also. Auf der andern Seite aber – seien wir ehrlich – leben wir doch auch wieder in einem Zeitalter, das den Körper in einem ganz deutlichen Sinn als biologische «Maschine», als genetisch vorbestimmte Grösse sieht, deren Krankheiten bzw. Störungsanfälle schon längst in einem Erbprogramm angelegt sind, bevor sie ausbrechen und vom betroffenen Menschen als Krankheiten empfunden werden.

Das Bild, das Menschen sich von sich machen, wird von drei Selbstverständlichkeiten geprägt: Menschen haben *Bewusstsein* und *Selbstbewusstsein,* und sie tragen *Verantwortung* für ihr Tun. So sehen wir uns aus der inneren

Beobachterperspektive. Delfine, Menschenaffen, Elstern und nun auch die Elefanten haben nachgewiesenermassen ein Selbstbewusstsein. So wurde einer Elefantendame ein weisses Kreuz auf die rechte Schläfe gezeichnet. Nachdem sie das weisse Kreuz im Spiegel gesehen hatte, tastete sie immer wieder mit dem Rüssel nach der Bemalung.

Die naturwissenschaftliche Perspektive aber stützt sich auf die bildgebenden Verfahren PET und fMRI, die den Aufbau und das Funktionieren des Gehirns an lebenden Personen untersuchen. Diese neuere Forschung hat weitgehende Folgen, denn persönliche Merkmale von Individuen können nun abgebildet werden. Der Mensch kann gemäss naturwissenschaftlicher Ansicht nur Überzeugungen haben, wenn sich sein Gehirn in einem «entsprechenden» neuronalen Zustand befindet. Wichtig scheint mir hier aber festzuhalten, dass der *Inhalt* einer Überzeugung durch einen solchen Zustand allein nicht festgelegt wird.

Die Idee der Trennung des Geistigen und Physischen gemäss Descartes, die wir Komplementärmediziner immer als fragwürdig empfunden haben, wird zwar durch die neuere Forschung ebenfalls in Frage gestellt, aber um den Preis der absoluten Unfreiheit im Denken, Fühlen, Sprechen und Handeln! Fazit: Wir leben also in einem Zeitalter, das den Menschen zur biologischen «Maschine» erklärt!

7. These: Mikro- und Makrokosmos

Der Taoismus versteht den Menschen als Mikrokosmos, der den ihn umgebenden Makrokosmos bewohnt. Das Bild der «*Inneren Landschaft*» (Nei jing tu), das im Weisse-Wolke-Tempel in Beijing auf eine mannshohe Stele eingraviert wurde, zeigt den Körper als Landschaft angelegt. Die Natur ist also nicht eine Welt «da draussen», sondern sie wird spielerisch in den Menschen hineinprojiziert, etwa mit Ausdrücken wie «Augenstern» oder «Rückgrat».

Wir übertragen anatomische Bezeichnungen auch in unsere Umwelt, so zum Beispiel Formulierungen wie «Bergkopf»oder «Auge des Hurricans». Die «Innere Landschaft» ist mit Ebenbildern des Makrokosmos gefüllt, nämlich mit Sternen, Mond und Sonne, mit Bergen und Seen, mit Tieren und Menschen. Wenn sie alle miteinander in Harmonie leben, ist der Körper gesund. Leider ist es recht schwierig, diesen «korrekten» (chinesisch zheng) Zustand zu halten, der Körper wird «schief» oder «geneigt» (chinesisch xie). Dieses Ungleichgewicht kann durch äussere Einflüsse wie Wind, Hitze oder Kälte ausgelöst werden, die innere Reaktionen hervorrufen: Kalte Zugluft kann zu einer Er*kält*ung führen.

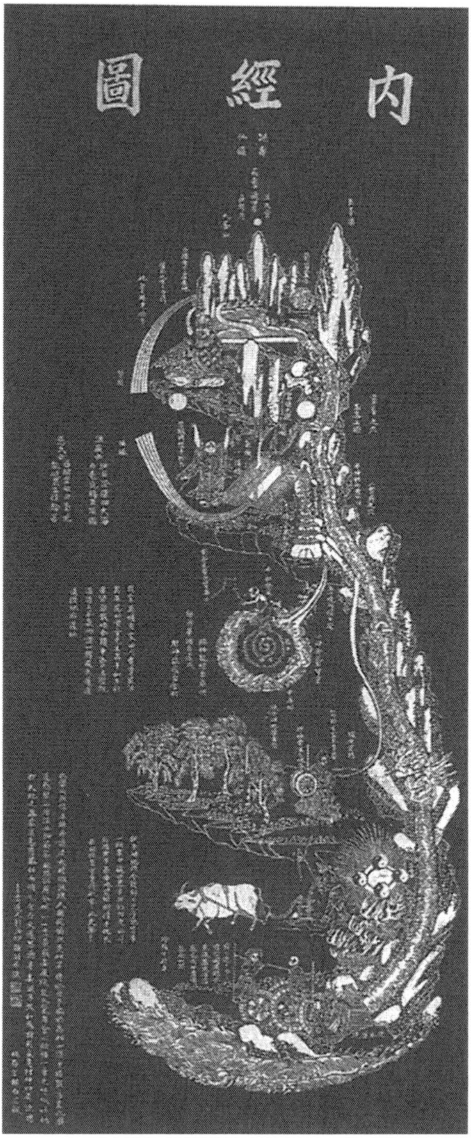

Abb. 4: Nei Jing Tu

8. *These: Die Schrift zwischen Symbol und Laut (Ideographie versus Phonographie)*

Chinesen denken anders! Und das liegt zum Teil auch an der Art, wie eine Sprache aufgezeichnet wird. Zwei Methoden bieten sich bei der Verschriftlichung der Sprache an: die *Ideographie*, die zumindest in der Anfangsphase einen Bezug zwischen dem Schriftbild und dem vom Wort bezeichneten Gegenstand herstellt; und die *Phonographie*, welche direkt den Wortlaut zu fixieren sucht [7]. Die chinesische Schrift besteht aus Ideographien, das heisst, sie bildet Ideen ab. Unser Alphabet bildet Laute ab und da die Zahl möglicher Laute, die wir hervorbringen können, beschränkt ist, kennt unser Alphabet weniger als dreissig Zeichen. Anders in China, wo ein Gelehrter ungefähr zehntausend Zeichen kennen muss, denn mit der Kenntnis von zweitausend Zeichen sind nur einfache Texte lesbar.

Vor Jahren war ich mit einem Kollegen, der gut chinesisch spricht, in Beijing im Taxi unterwegs. Wir unterhielten uns auf schweizerdeutsch, da fragte der Taxifahrer, wie viele Zeichen wir beherrschen würden. Der Kollege nannte die Zahl dreissig, diese Antwort überrumpelte den Taxifahrer in solchem Mass, dass er den Wagen anhielt und die nach seinem Verständnis unbeschreibbaren Banausen unumwunden bestaunte.

Abb. 5: 1. Chance 2. Krise

Oft werden zwei chinesische Zeichen zusammengestellt, um ein neues Wort zu kreieren und diese beiden Zeichen stehen manchmal in einem Gegensatz zueinander. Zur Verdeutlichung folgendes: Das Wort *Qualität* wird aus «gut» und «schlecht» (hao huai) zusammengesetzt. Die Zeichen für «viel» und «wenig» (duo shao) bedeuten zusammen *wie viel*. Und für die Wörter *Chance* und *Krise* wird das Zeichen für «Maschine» (das selten allein steht) benutzt. Allerdings ist es im Fall von *Krise* mit dem Zeichen für *Gefahr* verbunden. Eine *Krise* ist also –aus dem Chinesischen rückübersetzt – eine «gefahrvolle Gelegenheit». Insofern verständlich, da jede Krise auch eine Chance in sich birgt, die man nutzen muss, um das Blatt zu wenden.

Die Wortpaare «viel-wenig», «gut-schlecht», «Gefahr-Gelegenheit» zeigen die Anwendung des dualistischen Prinzips auch in der Sprache auf.

9. These: Schulmedizin und TCM, die dritte Art von Medizin

Die Integration von komplementärmedizinischen Methoden in die Schulmedizin ist zur politischen Notwendigkeit geworden. Ein Stück weit ist sie ja schon Tatsache, so im medizinischen Verrechnungssystem TarMed, das auch Positionen zur Akupunkturtherapie vorsieht.

Im Jahr 2009 werden wir über die Initiative «Ja zur Komplementärmedizin» abzustimmen haben, die unter anderem auch den Ausbau der universitären komplementärmedizinischen Lehre implementieren soll. Die langfristige Vision ist die einer *Integrativen Medizin*, die eine Verbindung zwischen der Schulmedizin und der Komplementärmedizin darstellt.

10. These: Schulmediziner und Komplementärmediziner

Eine als Dissertation eingereichte Studie stellt die grössere *Zufriedenheit* der Patienten mit einer Behandlung beim Komplementär- im Gegensatz zu einer solchen beim Schulmediziner fest. Diese Zufriedenheit wird unter anderem mit dem grösseren Zeitaufwand für die Anamnese (es handelt sich um 8.4 Minuten) erklärt [8].

11. These: Die Arzt-Patienten-Beziehung, das Arbeitsbündnis

Auch der Arzt und sein Patient stehen in einem gewissen Dualismus zueinander, der sich vor allem im medizinischen Wissen zeigt. Früher bestimmte der Arzt, was in einem Krankheitsfall zu tun sei, heute wird auch der Patient in den Entscheidungsprozess miteinbezogen. So entsteht ein *Arbeitsbündnis*, an dem beide mitarbeiten können.

12. These: Die Medizin ist philosophisch und naturwissenschaftlich begründet

Die Chinesische Medizin bezieht ihr Wissen vor allem aus philosophischen Überlegungen, die Schulmedizin gibt sich naturwissenschaftlich begründet. Auch hier ein festzustellender Dualismus des Denkens, der weiteren Ausführungen bedürfte.

Der Theologieprofessor Martin Luther nagelte einem Mythos zufolge am 31. Oktober 1517 seine 95 Thesen mit lauten Hammerschlägen an die Schlosskirche zu Wittenberg. Für meine Überlegungen zum Thema «Kontraste in der Medizin» liess ich mich von Luthers Tat inspirieren, Thesen – eben Behauptungen – aufzustellen. Heute will ich es bei meinen 12 Thesen belassen, auch wenn noch viel zu sagen wäre …

Literatur

[1] Erwin Gresser, Akupunktur-Physiologie und ihre therapeutische Anwendung bei Erkrankungen, Haug Verlag, 1981.
[2] Richard E. Nisbett, The Geography of Thought. How Asians and Westeners Think Differently… and Why, Free Press, New York, 2003.
[3] Walter Hollenstein, Institut für Geschlechter- und Generationenforschung, Universität Bremen, «Gefangen im Korsett der Männlichkeit», NZZ Nr. 221, 23.–24. September 2006.
[4] MMW Aktuelle Medizin, Kg «Wer bringt höhere geistige Leistung?» Medizin Verlag GmbH, München 1995.
[5] M. Reiss, «Herausbildung der Seitigkeit beim Menschen: Die Rolle der Umwelt», Münch. med. Wschr. 135 (1993), Nr. 21, 287–290.
[6] Ursula Pia Jauch, «Macht und Freiheit: ein Widerspruch?». In: Ausfeld-Hafter, B. (Hrsg.): Medizin und Macht, Lang Verlag Bern 2007, S. 163f.
[7] Florian Coulmas, «Wie wird dem Wort Gestalt gegeben?», NZZ Nr. 65, 18./29. März 2006.
[8] Brigitte Ausfeld-Hafter, «Der Weg ist das Ziel». In: Ausfeld-Hafter, B. (Hrsg.): Medizin und Macht, Lang Verlag Bern 2007.

Thomas Staubli

Amulette – Altbewährte Therapeutica zwischen Theologie und Medizin

Vorbemerkung 1: Der Triumph der modernen Medizin und die Misere der modernen Theologie

Die Medizin steht im Zenit, die Theologie im Nadir. Die medizinischen Fakultäten sind überfüllt, die theologischen werden geschlossen. War im Mittelalter die Kathedrale der Prestigebau einer Stadt, so ist es heute das Spital. Für Krankenkassen geben die Menschen jedes Jahr mehr, inzwischen einen beachtlichen Teil ihrer Einkünfte, aus, aus den Kirchen treten sie aus. Der menschliche Körper ist für Biotechnologie, Medizin, Pharmazie und Kosmetikindustrie eine offenbar unerschöpfliche Goldgrube. Das Aktienkapital der Pharmakonzerne wächst ins Gigantische, Kirchen werden geschlossen und verkauft, Bistümer gehen Konkurs.

Dieser eindrückliche gesellschaftliche Wandel wäre an sich kein Anlass zur Sorge, wenn damit nicht auch die Entstehung neuer Probleme verbunden wäre, von welchen ich nur einige wenige nenne:

- So findet die psychische oder moralische Dimension der Krankheit (früher häufig die einzig nennenswerte!) in der Medizin kaum oder nur beschränkte Beachtung. Seelische Probleme und Bedürfnisse werden, soweit sie nicht somatisch erklärt, behandelt und befriedigt werden können, verschämt in persönlich-familiären, kirchlichen und esoterischen Schattennischen behandelt, oft unter großem Einsatz von freiwilligen Helfern.
- Die moderne Medizin generiert oder verstärkt den Graben zwischen Reich und Arm beträchtlich. Der Zugang zu moderner Medizin ist in erster Linie, und in scharfem Kontrast zur traditionellen Volksmedizin, eine Frage des Einkommens.
- Die moderne Medizin fördert in Kombination mit einem allgemeinen Wertewandel (Individualismus) und neuen sozialen Organisationsformen (Altersvorsorgeversicherungen) überalterte Gesellschaften, die auf

die Dauer nicht überlebensfähig sind. Gleichzeitig wird der Sinn des Lebens zum Problem und die Kunst des Sterbens zu einer immer größeren Herausforderung.
- Die moderne Medizin führt in neue technologische Abhängigkeiten, die sich in einer stetig wachsenden Preisspirale niederschlagen. Diese Situation kann sich für ganze Volkswirtschaften zu einer tickenden Zeitbombe entwickeln.

Paradoxerweise hat daher gerade die naturwissenschaftlich orientierte Medizin einen riesigen Markt an medizinischen Alternativen provoziert. (Eine philosophische Erklärung bietet Vorbemerkung 3.) Dazu gehört auch der revitalisierte Glaube an Amulette.

Vorbemerkung 2: Die ungebrochene Popularität von Amuletten

Attraktiv und modern aufgemachte Bände mit Informationen über Amulette sprechen ein breites Publikum an. Die Innsbrucker Journalistin Ingelies Zimmermann tut es auf die lockere Art und spielt mit dem Reiz des Geheimnisvollen. «Die Themen dieses Büchleins befassen sich mit überlieferten Dingen – und wie es dabei so ist, viele Leute wissen ein wenig, ahnen eine Spur, haben irgendwo irgendwann von irgendwem etwas gehört. Genaues weiß man nicht, aber trotzdem, die Geschichten sind spannend, und sie reichen in eine Sphäre des Nichtbegreiflichen und Nichtsichtbaren – und das macht ihren Reiz aus. Man kann daran glauben oder nicht, und wer's glaubt wird selig – wer nicht, kommt übrigens auch in den Himmel. So einfach ist das!» (Zimmermann 2004: 7). Ihre Informationen lassen denn auch zu wünschen übrig. So erfahren wir über den Skarabäus alle möglichen Halbwahrheiten, vom eigentlichen Grund, weshalb dieses Amulett so bedeutend war, von seiner Beziehung zum Sonnenlauf und seinem ägyptischen Namen *Cheprer*, der mit dem Verb *cheper*, «werden, entstehen», assoziiert wurde, schreibt die Journalistin jedoch nichts. Obwohl ihr also die tiefere Bedeutung des Amuletts entgeht, schreibt sie mit Gewissheit: «Wer heute einen Skarabäus besitzt, hat damit einen Talisman, der vor vielerlei Gefahren schützt. Krankheiten und Verletzungen gehören dazu, Glück in Kriegen, was gottlob seltener benötigt wird, Glück in der Familie, im Leben ganz allgemein, bei Geschäften und Vergnügungen, auf Reisen und zu Hause» (Zimmermann 2004: 15). Nach Zimmermann funktioniert das Amulett also gleichsam *ex opere operato* als ein kontextarmes Zaubermittel.

Anders geht Nicola de Pulford ans Werk. Sie bindet die herkömmlichen, geheimnisumwitterten Methoden in sorgfältig durchdachte, moderne Amulettrezepte für alle Lebenslagen ein, wobei der Ästhetik und dem Naturbezug eine nicht geringe Bedeutung zukommt. Man könnte die Vorgehensweise als Versuch beschreiben, die uns abhanden gekommenen Weltzusammenhänge mit Ritualgegenständen magisch zu beschwören. «Die meisten Menschen haben nur noch wenig Kontakt zur Natur, doch mittlerweile besinnen wir uns wieder darauf, dass Körper, Geist und Seele eine Einheit bilden. Wenn wir uns die Lebenskraft zunutze machen, die alle Natur durchdringt, und unsere geistigen Kräfte einsetzen, können wir mit der Magie unser Leben bereichern» (de Pulford 2000: 7).

Schließlich gibt es aus dem Bereich der Volkskunde eine Reihe von Publikationen, die in populärwissenschaftlicher Weise, manchmal fast enzyklopädisch, die Welt der Amulette über die Veröffentlichung von berühmten Sammlungen (so z.B. die Sammlung Watteck in Watteck 2004 oder die Sammlung Dr. Edmund Müller in Schutz & Zauber 1999 und Wunderlin 2005 oder die ägyptischen Amulette des British Museums in Andrews 1994) erschließen.

Vorbemerkung 3: Die bleibende Bedeutung der Magie

Die Erfahrung der barbarischen Weltkriege sowie des heutigen Terrorismus und seiner nicht minder terroristischen Bekämpfung machen drastisch deutlich, dass Aufklärung kein Allheilmittel zur Zivilisierung der Kultur ist. Im Gegenteil. Erst die technischen Errungenschaften einer entfesselten Wissenschaft ermöglichten moderne Waffen, Massenvernichtungsmittel und Massenkommunikationsmittel als Voraussetzungen bislang unmöglicher Formen der Gewalt. Adorno und Horkheimer sahen die Ursache dafür bei der Aufklärung selbst, die in Furcht vor der Wahrheit erstarrt und dadurch recht eigentlich zum Mythos wird, während umgekehrt auch andere Mythen als die Aufklärung aufklärerische Funktion haben können (Adorno / Horkheimer 1969: 4–6). Was die beiden jüdischen Philosophen in Bezug auf das Verhältnis von Mythos und Aufklärung erkannten, lässt sich auf jenes von Wissenschaft und Magie übertragen. Schon Malinowski (1884–1942) hat die traditionelle Diffamierung der Magie zugunsten der Wissenschaft in Frage gestellt und damit eine Tendenz angezeigt, die in der Beurteilung der Magie bis heute anhält (für den Bereich Magie und Altes Testament sei auf Cryer 1991; Albertz 1991; Jeffers 1996 und Schmitt 2004 verwiesen). Er verstand jedoch Magie noch als eine Art Ersatzwissenschaft, wo jene versagt. «Zusammenfassend lässt sich also sagen, dass Magie in der Vorstellung der Menschen überall dort Erfolge ermöglichen kann, wo rationale Handlungsweisen versagt haben. Zusätzlich können magische Praktiken dort, wo sie gemeinschaftlich organisiert und ausgeübt werden, die Führung von Gruppen unterstützen, deren Zusammenhalt fördern und einen Beitrag zur Aufrechterhaltung von Disziplin, Ordnung und Gemeinschaftsgefühl leisten» (Malinowski 1961: 49, zitiert nach Fohrbeck / Wiesand 1983: 99). Heute wird diese kompensatorische Sichtweise, die auch der wichtigen Untersuchung von Evans-Pritchard über Zauberei bei den Zande (1937) zugrunde liegt, besonders von der Sprachphilosophie Wittgensteins her relativiert (Winch 1978). Man hat die Kontextgebundenheit wissenschaftlicher bzw. magischer Sprachspiele entdeckt. Magie wird nicht mehr als falsche Anschauung verstanden, sondern: «Magie zeigt die Relativität unserer Rationalität. Sie zeigt vor allem dies: unsere wissenschaftliche Borniertheit» (Kippenberg 1998: 94). Während somit der wissenschaftstheoretisch diffamierende Gebrauch des Wortes Magie obsolet geworden ist, bleiben die mit dem Begriff bezeichneten Phänomene von «Handlungen, die mit einer geheimen Sympathie zwischen Dingen rechnen, die einander ähneln (imitative Magie) oder die einst miteinander in Kontakt standen (kontagiöse Magie)» (ebd. 95) durchaus aktuell. Sie sind aber nur im Kontext des jeweiligen Weltbildes zu verstehen.

These: Amulette haben ein für die Bewältigung von Krankheit unausgeschöpftes theologisches, medizinisches und ökonomisches Potential.

Die Ethnographie hat eine Fülle von Beispielen beigebracht, die belegen, wie wichtig und wie weit verbreitet irrationale bzw. magische Praktiken auch innerhalb einer Gesellschaft sind, die sich als rational versteht (Fohrbeck / Wiesand 1983). Am wichtigsten sind sie nach wie vor im Bereich der Medizin bzw. im Angesicht des Todes. Nach dem Gesundheitsökonomen Gianfranco Domenighetti wird geschätzt, «dass die Wirksamkeit und Zweckmäßigkeit nur bei etwa einem Drittel aller medizinischen Leistungen wissenschaftlich bewiesen sind» (http://www.css.ch/602domelang_d.pdf). Im Falle der Placebo-Medikamente etwa ist der Glaube an den Arzt und an die Wirksamkeit des Pseudomedikamentes ein elementarer Bestandteil der Therapie. Genau dies leistet aber auch ein Amulett und zwar noch besser, denn zum einen stellt es eine Verbindung zur Weltanschauung des Patienten her und mobilisiert dadurch die im religiösen Glauben schlummernden, effizientesten Selbstheilkräfte besser als ein Placebo, und zweitens ist es mit weniger fragwürdigen Geldflüssen verbunden, denn die Glaubwürdigkeit des Placebo wird a) durch vergleichsweise hohe Arzthonorare und b) durch mehr oder weniger hohe Medikamentenpreise garantiert, also durch Geld, dem materialiter kein Gegenwert entspricht. Ein Amulett hingegen lässt man sich schenken oder man spendet dafür für einen guten, sprich sozialen Zweck, z.B. für ein Entwicklungsprojekt in der Zweidrittelwelt. Das Amulett steht also nicht nur für eine andere Auffassung von Heilung oder Wissenschaft, sondern auch für einen anderen ökonomischen Kreislauf, einen Kreislauf des Schenkens und Beschenktwerdens (siehe dazu ausführlich unten).

Die Erkenntnis des relativ hohen Wertes von Amuletten im Vergleich zu vielen pseudomedizinischen Präparaten hat im Kontext heutiger Gesundheitsökonomie weitreichende Konsequenzen für Theologinnen und Theologen als Heilende, denn sie und nicht die Mediziner wären eigentlich Fachleute für den Bereich der Amulette. Bevor ich diese Konsequenzen ausführen kann (B), soll an ausgewählten Beispielen das Funktionieren des Amulettwesens erläutert und seine Ausprägung in Judentum, Christentum und Islam – also in den Religionen, die für unseren Kulturraum besonders bestimmend geworden sind, historisch dokumentiert werden (A). Es gibt nämlich eine vertikale Ökumene der Amulette, d.h. einen traditionsgeschichtlichen Sinnzusammenhang in der Entwicklung des Amulettwesens innerhalb der abrahamitischen Religionen. Es ist aber darauf hinzuweisen, dass sich gerade im Amulettwesen in den Einflussbereichen dieser Religionen daneben auch «heidnische» Motive lokalen Ursprungs bewahrt haben ohne dass sie eine synkretistische Symbiose mit einer abrahamitischen Religion eingegangen sind (z.B. Bernstein, Tierkreiszeichen, Herz, Drudenfuß, Haifischzahn etc.). Der Grund dafür ist die tiefe Verwurzelung der Amulette im Volksglauben, der sich nie vollständig von den Hochreligionen transformieren ließ.

A Die Vertikale Ökumene der Amulette

1. Anfänge vor den Offenbarungsreligionen: Beispiel «Skarabäus»

Amulette gibt es seit prähistorischer Zeit. Aus dem südlevantinischen Natufium sind beispielsweise wohlkomponierte Bogenmuster bekannt (Abb. 1). Auch wenn sie sich einer genauen Deutung entziehen, so ist doch ein Bedürfnis nach der Vergegenwärtigung symmetrischer Ordnungen und Harmonien auszumachen. Speziell die Ägypter erwiesen sich in der Folge als Meister der Amulettkunst, da sie, wie keine andere Kultur, nicht nur die sprachliche, sondern auch die visuelle Prägnanz in hohem Grade pflegten. Wie ihre Bezeichnungen für Amulette, aber auch die Symbole selber zeigen, dienten Amulette dem Schutz vor negativen und der Förderung positiver Kräfte (Andrews 1994: 6; Keel 1995: 266). Das Auftreten der ältesten Siegelamulette in Frauen- und Kindergräbern verweist eindrücklich auf den Sitz im Leben dieser Heilmittel bei den am meisten gefährdeten Subjekten in einer Gesellschaft mit hoher Kinder- und Müttersterblichkeit (Keel 1995: 267; Wiese 1996: 34). Aus einer Fülle von Siegelamulettformen, die seit der 6. Dynastie (2350–2195 v.Chr.) belegt sind, setzt sich im Verlauf der 10./11. Dynastie (um 2000 v.Chr.) der Skarabäus mit Längsdurchbohrung und gravierter Unterseite als beliebtestes Amulett bis zum Ende der 26. Dynastie (525 v.Chr.) durch (Abb. 2). Nur noch das Udjat-Auge erfreute sich ähnlicher Popularität. Grund dafür ist nebst der metallischen Erscheinung des Mistkäfers die Eigenart der Männchen, aus Tierdung Kugeln auszuschneiden, die das Zwanzigfache des Körpergewichtes der Käfer betragen können, und die sie dann in ihr unterirdisches Nest rollen, wo sie entweder verzehrt oder von den Weibchen zu verfeinerten Dungbirnen weiterverarbeitet werden, in die die Eier abgelegt werden (Abb. 3). Im Rollen der Kugel und ihrem Verschwinden in der Erde sahen die Ägypter eine Metapher für den Sonnenlauf, nämlich für ihr Auftauchen aus dem unförmigen Horizontgebirge und für ihr geheimnisvolles Verschwinden in demselben auf der anderen Horizontseite. Der Käfer (*cheprer*) symbolisierte auch durch seine Namen die elementare Kraft, die das Werden (*cheper*) des täglichen Sonnenlaufs garantierte. An dieser Urkraft der permanenten Regeneration glaubte man durch das Tragen des Skarabäus intensiver zu partizipieren. Der apotropäische Charakter des Skarabäus liegt darin begründet, dass die aufgehende Morgensonne die Finsternis und alle sich in ihrem Schutz be-

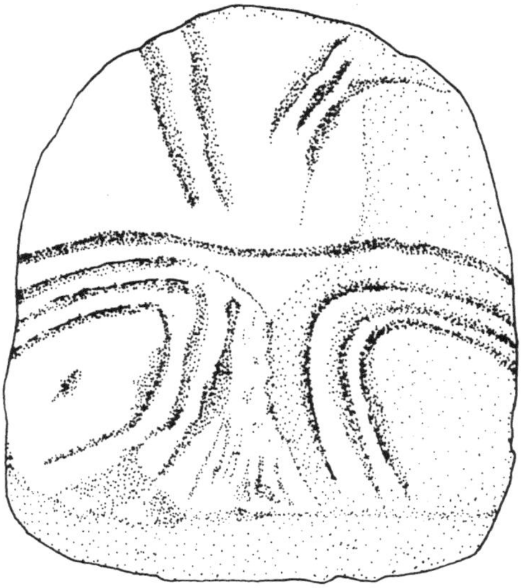

Abb. 1: Amulett aus Kalkstein mit symmetrischen Bogenmustern, Jordantal, ca. 10'000 v. Chr. [Schroer/Keel 2005: 43, Abb. 1]

Abb. 2: Amulett in Gestalt eines *Skarabäus sacer* L. (Mistkäfer) aus gebranntem Speckstein, Ägypten, Ramses II. (1279–1213 v.Chr.). Auf der Unterseite des Käfers ist zu sehen, wie der auch mit seinem Namen vergegenwärtigte Pharao Ramses II. dem Gott Ptah Gefäße mit einer Flüssigkeit darbringt. [Staubli 2003: 59, Kat. 69]

3a

3b

3c

3d

Abb. 3a: Udjatauge: das im Bruderkampf verletzte und von seiner heilkräftigen Mutter geheilte Auge des Gottes Horus; Amulett aus Megiddo, Südlevante [Herrmann 1994: Nr. 1188]
Abb. 3b: Patäke: Kleiner Ptah. Schöpfergott mit regenerativer Kraft; Amulett aus Megiddo, Südlevante [Herrmann 1994: Nr. 625]
Abb. 3c: Bes: Zwergenartiger Beschützer der Schwangeren und Wöchnerinnen; Amulett aus Lachisch, Südlevante [Keel/Uehlinger 2001: Abb. 224a]
Abb. 3d: Sachmet: eine ägyptische Heilgöttin mit Löwenkopf [Sammlungen BIBEL +ORIENT der Universität Freiburg Schweiz ÄA 1983. 1987]

wegenden gefährlichen Mächte vertreibt, wie es auch Ps 104,22 ausdrückt: «Die Sonne geht auf, da verschwinden sie (die gefährlichen Tiere) und lagern sich in ihren Höhlen.» Durch zusätzliche Zeichen auf der Unterseite der Skarabäen wurde ihr Amulettcharakter noch verstärkt. Diese Unterseite wird immer wichtiger, während die Skarabäenform besonders in der Südlevante mit der Zeit nur noch durch ein Oval angedeutet wird und so aus dem Skarabäus ein Skaraboid wird.

Die soteriologische Dimension des Skarabäus war noch dem Kirchenvater Ambrosius (gest. 397) bewusst, als er den Holzwurm in Hab 2,11 (Vetus Latina), der aus dem Holz Antwort gibt, als Skarabäus und diesen auf Christus deutete: «Als guter Skarabäus wühlte er mit den Spuren seiner Tugenden den bis dahin unförmigen und trägen Staub unserer Körper auf, als guter Skarabäus erhebt er den Armen vom Mist» (Expositio Evangelii secundum Lucam X 113; zit. nach Keel/Uehlinger 1996: 63).

2. Juda: Beispiel «Namenssiegel mit Palmette»

Die ägyptische Kompetenz im Bereich der Amulette hat weit über Ägypten hinaus gestrahlt. Bereits während der 11./12. Dynastie (um 2000 v. Chr.) werden Skarabäen in großer Zahl exportiert (Hortfund von Byblos; Keel 1995: 24f.). Die anthropomorphen und theriomorphen Amulette im südlevantinischen und phöniko-punischen Raum zeigen jahrhundertelang mehrheitlich ägyptische Motive (Herrmann 1994; 2002; 2006; Martini 2004). Die häufigsten, ägyptisch inspirierten Amuletttypen der Südlevante sind – in dieser Reihenfolge – das Udjatauge, Patäken, Bes und Sachmet/Bastet (Abb. 3a–d; Herrmann 1994: 45ff.).

Angeregt durch die Ägypter oder an alte einheimische Tradition anknüpfend gibt es aber auch lokale Amuletttypen. Typisch judäisch sind, neben den archäologisch leider nicht erhaltenen Lebensbeutelchen (1Sam 25, 29; Hld 1,13; 8,6; Sir 6,5; Jes 3,20; Schroer 1987: 415ff.) und den im 10.–8. Jh. häufigen Knochenstäben (Galling 1977: 10f.85; Herrmann 1994: 814–18), die im 8. und besonders im 7. Jh. v. Chr. aufkommenden Namenssiegel mit oder ohne ikonographische Elemente. Erst in dieser Zeit gewinnt in Juda die Schriftlichkeit in etwas breiteren Kreisen an Bedeutung. Der Name selber wurde bereits als eine Art Amulett verstanden. Er vergegenwärtigte einen göttlichen Segen in Gestalt eines Tieres (Jona = «Taube», Nahasch = «Schlange», Rahel = «Mutterschaf» etc.; Glatz 2001), einer Pflanze (Tamar = «Palme» etc.), eines Ahnen (Achi'ummihu = «Bruder seiner Schwester») oder – wie in den allermeisten Fällen – eines Satzes mit Gottesnamen (Natanael = «Gegeben von Gott»). Der geschriebene Name auf dem Siegelamulett verstärkte magisch den Schutzcharakter des Namens. Der Name selber wird als wirkmächtig empfunden. Er ist nie bloß Schall und Rauch. Besonders die theophoren Namen schaffen eine Beziehung zum persönlichen Schutzgott, dessen Name in seinem Tempel wohnt (Dtn 12,5; 26,5) und ebenda angerufen wird (Gen 4,26; 12,8; 13,4; 26,25). Im Falle der Judäer des 7. Jh. v. Chr. ist es in den meisten Fällen JHWH, der Gott des Jerusalemer Tempels.

Die Namenssiegel sind nur eine Facette der judäischen Siegelamulettproduktion. Daneben gibt es eine Fülle figürlicher Amulette. Nicht selten werden Text und Bild kombiniert, besonders raffiniert auf einem Stück aus Bet Schemesch (Abb. 4), das eine Text- und eine Bildseite aufweist. Die Bildseite zeigt eine Palmette. Diese verweist als abstrakte Kombination aus Palme und Lotos, den beiden häufigsten Pflanzenmotiven im judäischen

Abb. 4: Zweiseitig graviertes Siegelamulett. Siegel des Achi'ummihu ben 'Alajahu, «Bruder seiner Mutter, (Sohn des) «Erhaben (ist) Jahwe» aus der Nordwestnekropole von Bet Schemesch, frühes 7. Jh. v. Chr. Der Name des Siegelbesitzers ist ein sogenannter Ersatzname für den Onkel mütterlicherseits. Er kommt auch im biblischen Hebräisch (2Sam 23,33 par. 1Chr 11,35), im Phönizischen, Babylonischen, Aramäischen und Syrischen vor. Der Name seines Vaters ist ein Satzname, der auch auf Bullen verschiedentlich vorkommt und der wahrscheinlich auch der Kurzform Eli (1Sam 1,3–4,16; 14,3; 1Kön 2,27; 1Chr 24,3) zugrunde liegt. Die Bildseite zeigt eine Schalenpalmette, eine Kunstblüte, in die Palmen- und Lotosmotive eingegangen sind, und die auf die in der Vegetation sichtbaren Kräfte der Regeneration verweist (Mähner 1992). [Dauerleihgabe in den Sammlungen BIBEL+ORIENT der Universität Freiburg Schweiz]

Kunsthandwerk, auf die regenerativen Kräfte der Vegetation. Ähnliche Palmetten gehörten zum wichtigsten Dekor des Jerusalemer Tempels. Auf dem Amulett vergewisserten sie den Träger demnach, an den besonders im Tempel vergegenwärtigten Regenerationskräften Gottes zu partizipieren.

3. Frühjudentum: Beispiel «Psalm 91»

Nicht nur hat sich lokale Theologie im Motivrepertoire der Amulette niedergeschlagen, auch das Umgekehrte konnte der Fall sein: die Rezeption von Amuletttypen in Gebrauchstexten. Mit anderen Worten: Zwischen Bild und Text, zwischen Amulett und Gebet gibt es enge Wechselwirkungen. Ein gutes Beispiel ist Ps 91. Dieser Psalm ist ein Amulett in Gebetform. Umgekehrt wurde der Text wie nur wenig andere biblische Texte wiederum

Abb. 5: Baal-Seth als Bezwinger feindlicher Mächte in Gestalt von Schlange und Löwe; Rollsiegel vom Tell Zafi, 13. Jh. v. Chr. [Keel/Uehlinger 2001: Abb. 89]

für Amulette verwendet, was in der bisherigen Psalmenexegese jedoch noch kaum berücksichtigt wurde, wie Thomas J. Kraus in seiner kürzlich veröffentlichten, eindrücklichen Dokumentation zur apotropäischen Verwendung des Psalms (2005) bemerkt. Als Gründe für die Verwendung in Amuletttexten nennt Kraus 1. Inhaltliche Merkmale, besonders den Schutz- und Vertrauensgedanken in Vers 1, den Mittagsdämon in Vers 6 und die Tiere in Vers 13, 2. die Beliebtheit von Phylakterien (geweihte Gegenstände, Amulette) in der Zeit des frühen Christentums und 3. die unhinterfragte Realität von magischen Mächten. Eigentlich relevant ist nur der erste Punkt, denn Phylakterien waren praktisch zu jeder Zeit beliebt und Magie ist, wie wir gesehen haben, nur innerhalb eines fehlgeleiteten Rationalismus ein Problem. Einen wichtigen Grund nennt Kraus aber nicht, nämlich die Tatsache, dass einige Motive des Psalms unabhängig vom Psalm selber als Apotropaia bereits sehr populär waren, wie an zwei Motiven des Psalms verdeutlicht werden soll.

1. Vers 13: «Auf Löwen und Ottern trittst du,/du zertrampelst Junglöwen und Drachen.» In Gestalt eines Chiasmus, der gleichzeitig Löwen und Schlangen bzw. Drachen *(tannin)* parallelisiert, evoziert der Vers das Bild eines Tierbezwingers, das ikonographisch wohlbekannt war (Abb. 5). Mit den Drachen konnten sowohl Naturgewalten (Jes 27,1) als auch gesellschaftliche Desaster (Jer 51,34) assoziiert werden. Die in der zweiten Hälfte des 2. Jh. v. Chr. in Alexandria

Abb. 6:
Horus als Bezwinger feindlicher Mächte in Gestalt von Krokodil, Schlangen und Skorpionen, seinerseits beschützt von Bes (vgl. Abb. 3c); Ägypten, 2.–1. Jh. v. Chr. [Bickel 2004: Abb. 19a]

entstandene Septuagintafassung des Psalms betont die Schlangen zulasten der Löwen und spielt damit wahrscheinlich auf den dort damals bekannteren Bildtyp der sog. Horusstelen an (Abb. 6). Mit dem Drachen ist wohl auch hier das Krokodil genannt, das in der zweiten Gottesrede an Ijob als Leviatan bezeichnet wird. Tannin und Leviatan, des weitern noch Rahab und Tehom teilten als Monster denselben halbmythischen Lebensraum der Meere und Gewässer (vgl. Pss 33,7; 42,8; 74, 13; 77,18; 87,4; 89,11; 104,26; 107,26; 148,7) und wurden als auswechselbare Begriffe verwendet.

Hebräische Bibel:
Auf Löwen und Ottern trittst du,
du zertrampelst Junglöwen und Drachen.

Griechische Bibel:
Auf Viper und Otter wirst Du sitzen,
und du wirst zertrampeln Löwe und Drache.

2. Vers 3: «Mit seiner Schwinge beschirmt er dich,/ unter seinen Flügeln findest du Zuflucht,/ Schild und Schutz ist dir seine Solidarität.» Der dreifache, archaisierende Parallelismus hat beschwörenden Charakter und enthält eine Steigerung. Im ersten Versteil ist von einer einzelnen Schwinge die Rede, im zweiten von einem Flügelpaar, im dritten von Gottes Solidarität als einem Schildschutz. Für beide Metaphern, den einflügligen Schutz und den Schutz unter dem Flügelpaar, gab es ikonographische Vorlagen (Abb. 7 und 8). Dass diese Bildvorlagen in engem Zusammenhang mit Ps 91 gesehen wurden, zeigen die Veränderungen des Verses in der griechischen Übersetzung, die die Einflügelvariante weglässt und dafür von der göttlichen Wahrheit spricht, die mit einem Schild bewaffnet den Beter umgibt. Ebendiese Konstellation ist typisch für einen Amuletttyp aus Alexandria, wo die Septuaginta entstanden ist, wie der folgende Abschnitt zeigt.

   Hebräische Bibel:
   Mit seiner Schwinge beschirmt er dich,
   unter seinen Flügeln findest du Zuflucht,
   Schild und Schutz ist dir seine Solidarität.

   Griechische Bibel:
   Mit den Schulterblättern wird er dich überschatten,
   und unter seinen Flügeln wirst du Zuflucht nehmen,
   mit einem Schild wird dich einkreisen seine Wahrheit.

4. Ägyptisches Judentum: Beispiel «IAO»

Im Kontext des ägyptischen Kulturkreises erlebt das jüdische Amulettwesen einen neuen Höhepunkt. Den Sinn solcher Amulette veranschaulicht eine Sentenz bei Jesus Sirach, dessen Werk wahrscheinlich in Alexandria von seinem Enkel ins Griechische übersetzt worden ist (2. Jh. v. Chr.; 34,19 f.):

> Die Augen des Herrn ruhen auf denen, die ihn lieben, ein mächtiger Schutz und eine gewaltige Stärke, eine Bedeckung vor sengendem Wind und ein Schatten vor der Hitze des Mittags, ein Schutz vor dem Straucheln und eine Hilfe vor dem Fallen. Er erhöht den Menschen und erleuchtet die Augen, Heilung verleiht er im Leben und Segen.

Der allgegenwärtige, alles sehende und alles erleuchtende Gott wurde metaphorisch besonders durch die Sonne präsent gesetzt. Diese kann in der griechisch-römischen Ikonographie durch den sonnenkündenden Hahn vergegenwärtigt werden. Auf Gemmen aus dem judäoägyptischen Milieu (Abb. 9) tut er dies in kämpferischer Montur mit Schild, auf dem der jüdi-

Abb. 7: Geflügelte Isis beschützt ihren Gemahl Osiris; Detail aus einem Totenbuchpapyrus, Ägypten, um 1100 v. Chr. [Keel 1996: Abb. 262]

Abb. 8:
Nackte Göttin bzw. Himmelskönigin (Sterne!) mit doppeltem Flügelpaar beschützt den Namen des Siegelträgers; Levante, 7. Jh. v. Chr. [Keel/Uehlinger 2001: Abb. 331a]

Abb. 9a:
Iao als Schildträger mit Hahnenkopf, beschützt von Schlangen mit Sonnenscheiben auf dem Kopf auf einer alexandrinischen Gemme, 1. Jh. n. Chr. [Zwierlein-Diehl 1992: 65–68 mit Taf. 7]

Abb. 9b:
Gemme des 2. Jh. mit hahnenköpfigem IAO über Skarabäus (Sonnensymbol) und der Inschrift Akramacharei Ablanathanalb(a) Michael auf der einen, Harpokrates auf der Papyrusdolde und sieben Vokale in stets um 1 zunehmender Anzahl auf der anderen (nicht abgebildeten) Seite. Institut für Altertumskunde der Universität Köln [Zwierlein-Diehl 1992: 65–68 mit Tafel 7]

sche Gottesname in griechischer Aussprache, IAO, steht, der auch als Abrasax, ein Name für den Gott des Jahres mit Zahlenwert 365, angerufen werden konnte. JHWH ist hier «der mit seinem Schild schützende Vorkämpfer» (ὑπερασπιστὴς; Ps 27,1LXX; vgl. Ps 3,4LXX) für die seit alters mit der aufgehenden Sonne verbundenen Größen Recht und Gerechtigkeit. Auf die Morgensonne verweisen zusätzlich die beiden Schlangen mit der Sonnenscheibe (Zwierlein-Diehl 1992: 32ff.).

5. *Jüdische Schriftamulette*

Jüdische Gelehrte haben den Gebrauch von Amuletten immer schon mehrheitlich gutgeheißen und gegenüber rationalistischer Polemik, etwa eines Maimonides (Führer der Unschlüssigen 1,61), verteidigt. Während des berühmten Prozesses gegen den Kabbalisten Jonathan Eybeschütz (1690–1764), der in seiner Zeit als Rabbiner von Hamburg der Verwendung des Namens des falschen Messias Schabbatai Zwi in einem Amulett bezichtigt worden ist, wurde die Verwendung von Amuletten sogar mitten im Zeitalter der Aufklärung zu keinem Zeitpunkt in Frage gestellt (Posener 1972: 911).

Als typisch jüdische Amulette (Schrire 1966; 1972; Meissner 1991; 1993) können beschriftete Papiere, Pergamente, Silbertäfelchen oder Anhänger gelten. Sie enthalten nach einer einleitenden Anrufung meistens Kombinationen von Gottes und/oder Engelnamen und/oder Verse aus der Schrift, die zum Anliegen passen, dem das Amulett dienen soll, manchmal auch die Nennung zu vertreibender Dämonen (Abb. 10). Die Texte können mit Symbolen wie dem Salomonssiegel (Davidstern), der Menora oder der Fatimahand kombiniert werden. Manchmal handelt es sich auch um Akrosticha längerer Textpassagen aus der Tora. Am Ende werden der Name des Amulettträgers oder der Amulettträgerin und der seiner bzw. ihrer Mutter genannt.

Seit dem Fund der Silberröllchen mit dem Priestersegen vom Ketef Hinnom (Abb. 11) bei Jerusalem ist die in der Tora vorgeschriebene Praxis, Worte JHWHs auf dem Körper zu tragen (Ex 13,9; Dtn 6,8; 11,18), bereits für das 7. Jh. v. Chr. bezeugt. Das Tragen der Kopf- und Armtefillin wird im 2. Jh. v. Chr. als selbstverständlicher Ausdruck jüdischer Frömmigkeit im Aristeasbrief (159) thematisiert und durch die Funde von Qumran (Keel 1981: 168–171; Lincicum 2008) bezeugt (Abb. 12). Die Tefillin knüpfen an die uralte Tradition an, exponierte Teile des Körpers durch Schmuck bzw. Amulette zu schützen (Abb. 13). Zwar wird der Amulettcharakter der Tefillin gegenüber

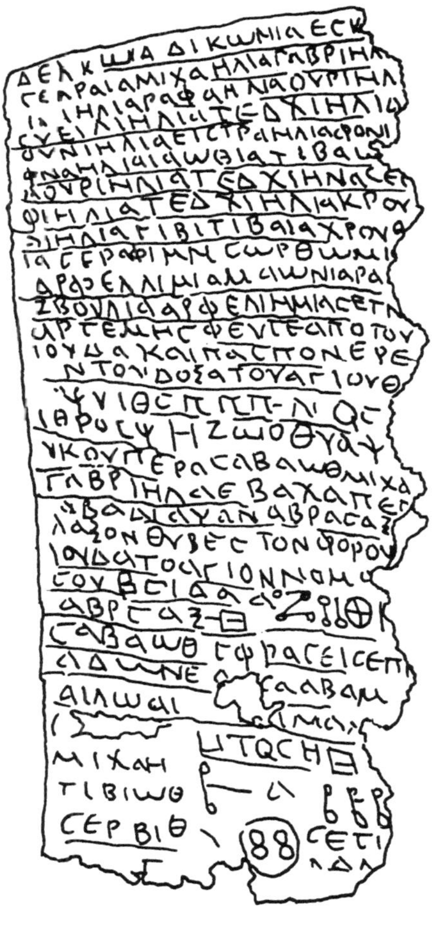

Abb. 10:
Jüdisches Bronzeamulett aus Mazzarino mit Engelnamen, Abrasax, Sabaoth und der Sentenz: «Artemis, fliehe aus Juda!». Sizilien; 3./4. Jh. n. Chr., Museo di Siracusa 82071 [Kotansky 1994: 155–166]

ihrer Erinnerungsfunktion in den Hintergrund geschoben, ihr apotropäischer Charakter wird aber nicht vollständig verdrängt. Der Talmud erlaubt, die Tefillin zum Schutz (vor Dämonen, wie Raschi erläutert), auch auf dem Abort zu tragen (Ber 23a), und der Targum bezeugt ausdrücklich die vor Dämonen beschützende Kraft von Tefillin und Mesusot (Targum Hld 8,3; nach Strack/Billerbeck IV/1, 275). Für die Zeit der Entstehung des Talmuds in Palästina und Mesopotamien sind aber nicht nur diese orthodoxen Phylakterien bezeugt, sondern auch Amulette und Zauberschalen, die in eine magische Welt führen, die durchlässiger ist für andere religiöse Traditionen als die Welt der Orthodoxie. So werden Namen wie Jah, Jahu, Sabaoth, El, Ich-bin-der-ich-bin und Formeln wie Amen und Selah auch in nichtjüdi-

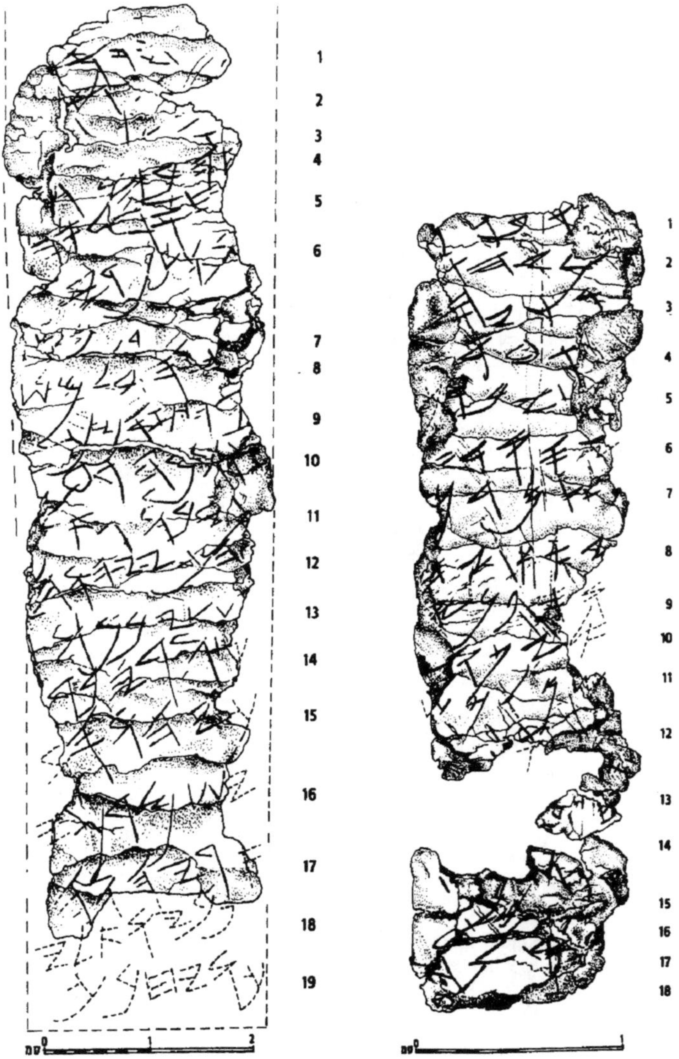

Abb. 11: Amulette in Gestalt von Silberröllchen mit einer Version des Priestersegens (Num 6,24–26) aus einem Grab im Hinnomtal bei Jerusalem, um 600 v. Chr. [Barkay 1989: 52 und 58]

Abb. 12:
Tefillin nennt man Lederriemen und lederne Gebetskapseln, die von Jüdinnen und Juden bei bestimmten Gebeten getragen werden und Texte aus der Tora (Ex 13,1–16; Dtn 6,4–9.13–21) enthalten. Beim Ledergehäuse auf dem Kopf wird der Text in vier Fächer aufgeteilt. [Zeichnung: Barbara Connell]

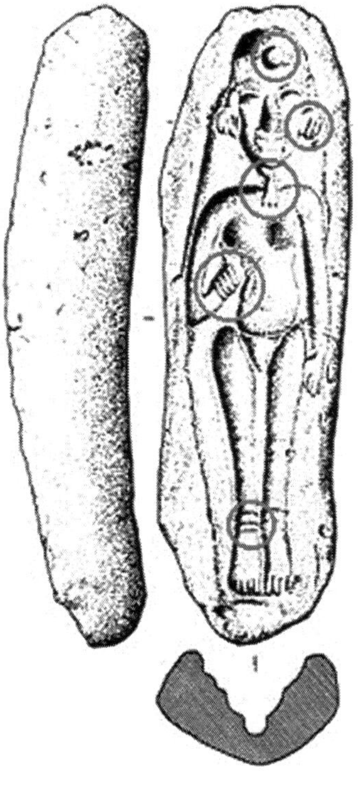

Abb. 13:
Model einer nackten Göttin mit Schmuck bzw. Amuletten an fünf Körperstellen; Kamid el-Loz (Libanon), um 1400 v. Chr. [Grafik des Autors unter Verwendung von Hachmann 1970: Taf. 17 Nr. 10]

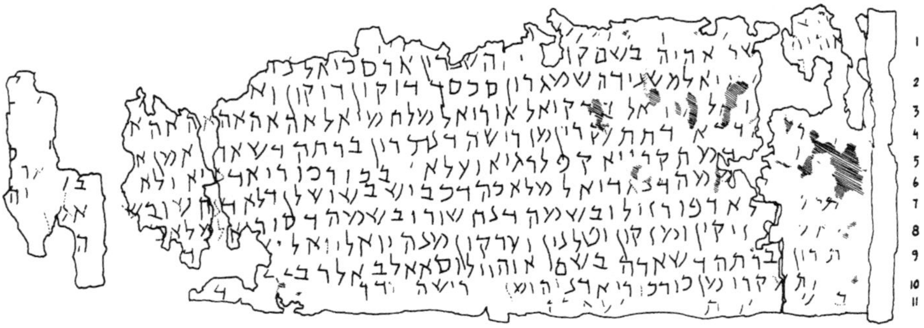

Abb. 14: Eines von 19 Metallamuletten aus dem Bereich des Toraschreins in der Synagoge von Ma'on/Nirin mit Engelnamen und Dämonennennung; 5./6. Jh. n. Chr.; IAA 57.733 [Naveh/Shaked 1985: 93 Fig. 13]

schen magischen Texten verwendet und umgekehrt Namen paganer Gottheiten wie Belti, Nereg, Schamisch, Dlibat, Mot, Anahid, Danahisch, Bagdana usw. in jüdischen (Naveh / Shaket 1985: 36 f.). Es wäre verfehlt, den Gebrauch solcher Formeln als typisch für eine nur schwach gebildete Unterschicht abzutun, denn, wie wir wissen, bildet der in solchen Texten ebenfalls angerufene Helios (Sefer ha-razim IV,3) das zentrale Motiv von mindestens drei bekannten Synagogen im Palästina des 4.–6. Jh. (Naveh / Shaket 1985: 37). In der Nähe des Toraschreins der Synagoge von Ma'on (5./6. Jh.) im Nordwestnegev wurden außerdem 19 Amulette gefunden, in welchen Dämonen und viele Engelsnamen genannt werden, die offenbar zur damals gängigen Alltagsfrömmigkeit gehörten (Abb. 14; Rahmani 1960; Naveh / Shaket 1985: 90–101). Ein Amulett aus Horvat Kanaf nennt außerdem einen Rabbi als seinen Schützling (Naveh / Shaket 1985: 38).

6. *Muslimisches Amulett*

Im islamischen Volksbrauchtum leben bis heute eine ganze Reihe altorientalischer, altägyptischer, jüdischer und christlicher Amuletttypen in muslimischer Ausprägung weiter (Kriss / Kriss-Heinrich 1962; Kalus 1981; 1986; Mershen 1982; Fodor 1990: 42–192; Maddison / Savage-Smith 1997: 132–147). Die weitverbreiteten Handamulette, die auf Arabisch *chamsa* («fünf») heißen, gab es schon im Alten Ägypten (Abb. 15). Die Juden haben die Hand als Hand Gottes verstanden, die orientalischen Christen als Hand Marias und die Muslime als Hand Fatimas. Die Übertragung auf die Frau-

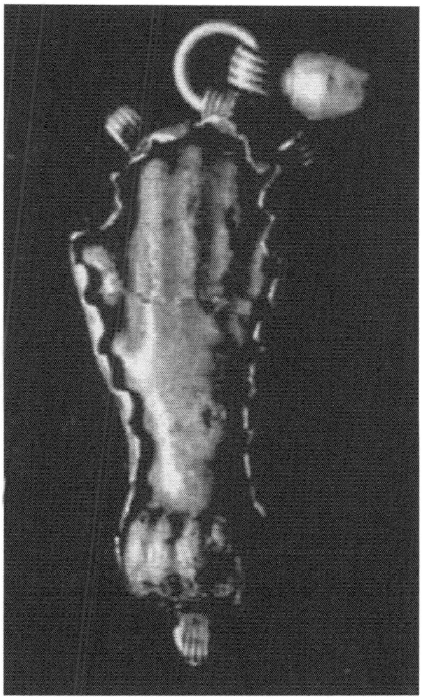

Abb. 15:
Altägyptische Fayencehand der 26. Dynastie (664–525 v. Chr.) in islamischer Silberfassung – Zeugnis einer langen Amuletttradition, unbeschadet christlicher und muslimischer Theologie, von Hand zu Hand. [Sammlungen BIBEL +ORIENT der Universität Freiburg Schweiz]

en hängt wohl damit zusammen, dass in der paganen Körpertheologie die Hand der Ischtar (Venus) zugeordnet worden war. Auch die Augenamulette gegen den bösen Blick sind ägyptischen Ursprungs. Im islamischen Bereich wurden sie zu sog. Lochscheibenamuletten stilisiert (Flinders-Petrie 1914: 38; Kriss/Kriss-Heinrich 1962: Abb. 2). Heute werden die beiden mächtigen apotropäischen Zeichen Auge und Hand meistens kombiniert.

Das Amulettwesen ist nach wie vor besonders eng mit dem weiblichen Lebenszyklus verbunden. Mershen (1982: 22) nennt als wesentlichste Sorgen, die nach einem Amulett rufen: Ehelosigkeit, Kinderlosigkeit, Krankheit, Tod (besonders von Kindern), Ungleichbehandlung in der polygamen Ehe, Scheidung(sandrohung). Weitverbreitet ist in den muslimischen Ländern mit anhaltend hoher Kindersterblichkeit die Furcht vor Qarina, einer Dämonin in der Tradition der mesopotamischen Kindbettdämonin Labartu. Nach muslimischer Auffassung gelang es Salomon, die Dämonin zu fassen und ihr unter Androhung eines Fluches die sie bezwingenden sieben Verträge abzutrotzen, die als Amuletttexte verwendet werden können (Abb. 16; Winkler 1931). In der vorislamischen Ikonographie der Levante wird diese Dämonin mit einem Mischwesen auf Bronzeanhängern identifiziert, das durch den Hl. Georg bzw. Salomon vom Pferd aus mit dem Speer getötet wird (Kriss/Kriss-Heinrich 1962: 23f.). Beim muslimischen Namensfest, das am Vorabend zum 7. Tag nach der Geburt des Kindes gefeiert wird, werden u.a. Bohnen ausgelegt (ebd. 25). Es geht um eine Art Dämonenfütterung, nämlich um die Befriedung der sieben Schutzengel des Kindes, die ihm andernfalls gefährlich werden können. Speziell mit Sperma und Menstruationsblut verbunden wird die Al-Kabsa, «Druck, Überfall», genannte Dämonin, vor der sich vor allem die Wöchnerin mindestens 40 Tage nach der Geburt zu schützen hat (Mershen 1982: 26f.). Eine ähnliche Dämonologie setzt wohl auch Lev 12 voraus, wo es um Vorschriften über die Reinigung der Wöchnerin geht.

Die Tradition der Schriftamulette im Islam knüpft an altägyptische Tradition an. Das zeigt bereits die Art der traditionellen zylindrischen Amulettbehälter, die sich über antike, punische und kuschitische Zeugen bis zu den Aktentaschen altägyptischer Schreiber zurückverfolgen lässt (Schienerl 1988:10–33). Das inhaltliche Spektrum reicht vom ganzen Korantext bis hin zu einzelnen Versen. Besonders beliebt sind auf Amuletten der Thronvers (2,256), die sieben rettenden Verse (9,51; 10,108; 11,57; 11,7; 35,3; 39,39; 9,129), die Verse des Schutzes (2,256; 12,65; 13,12; 15,18; 37,8; 85,21–23; 86,5), die Verse der Eröffnung (Bismillah, 6,60; 7, 87.97; 14,16; 15,15; 26,119; 35,3; 39,72; 48,2.19f.; 61,14; 78,20; 110,2), die Verse der Heilung (Bismillah, 9,14; 10,58; 16,70; 17,83; 26,79–81), die Verse der Rettung vor der Tücke der Ungerechten (Bismillah, 67,6; 6,65; 21,89.72); die Verse des Sieges (Bismillah, 2,215; 3,127), sowie die sog. Verse der Genügung (Bismillah, 9,129; 3,174; 8,41; 39,39; 7,197; 12,102).

Die Verse der Heilung: Im Namen Gottes, des Allerbarmers, des Allbarmherzigen. «Und er wird Heilung bringen für das, was in den Herzen eines gläubigen Volkes ist» (Sure 9,14). «O Ihr Menschen, nun ist eine Mahnung zu Euch gekommen von Eurem Herzen und Heilung für das, was Ihr in den Herzen habt, und eine Rechtleitung und Gnade für die Gläubigen» (10,58). «Aus ihren [der Biederen] Leibern kommt ein Trank in verschiedenen Farben, in welchem Heilung für die Menschen liegt» (16,70). «Und wir offenbaren aus dem Koran das, was Heilung für die Menschen ist» (17,83). «Der mich geschaffen hat, der ist es, der mich leitet und der mir Speis und Trank gibt, und wenn ich krank bin, ist er es, der mich heilt» (26,79–81).

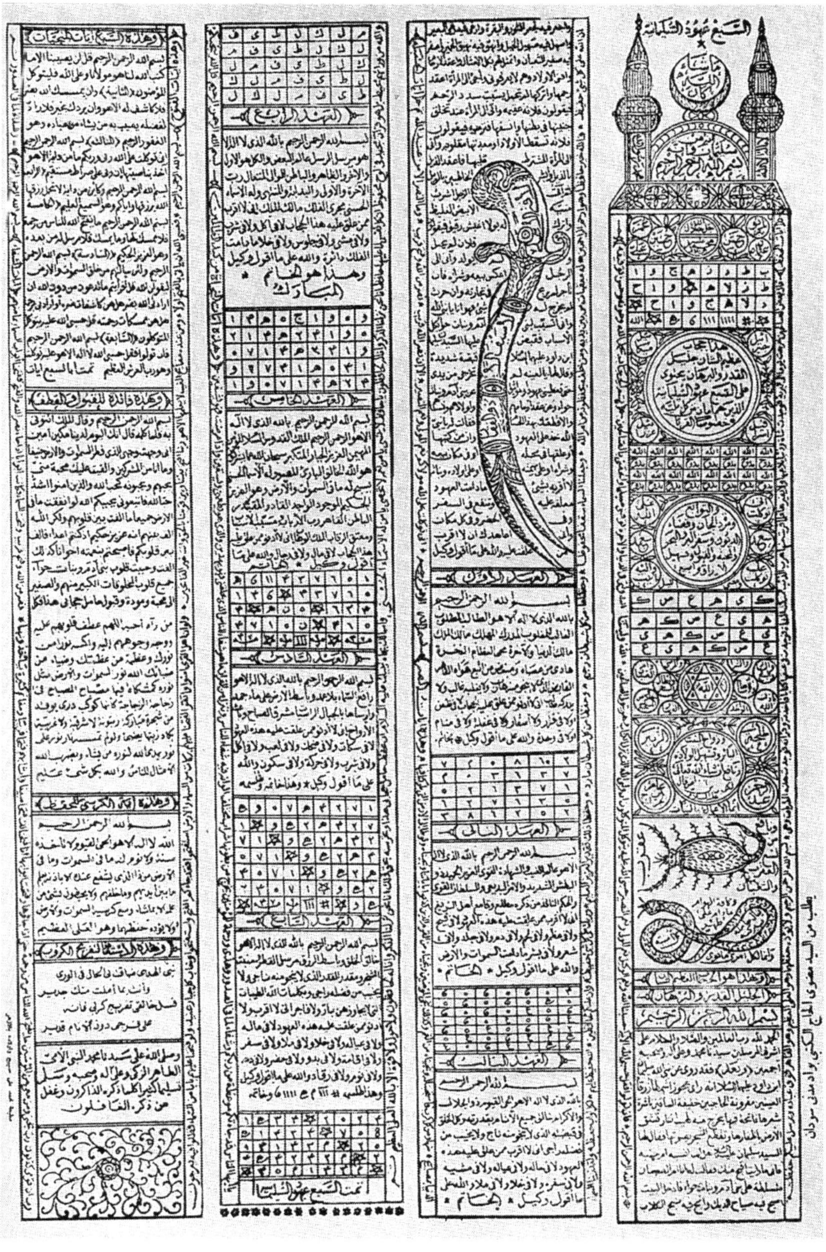

Abb. 16: Salomos sieben Verträge auf einem Amulettzettel aus Jerusalem; 20. Jh. n. Chr. [Kriss/Kriss 1962: Abb. 86]

Der Amulettschreiber oder die Amulettschreiberin muss unbedingt rein sein, d.h. die vorgeschriebenen täglichen Gebete verrichten und den Ramadan einhalten. Er oder sie benutzt altbewährte, immer neu aufgelegte Zauberbücher oder auf solchen beruhende, «moderne» Amulettratgeber (Macdonald 1934). Interessant scheint mir im Hinblick auf «Heilung» die von Mershen beschriebene Falldiskussion beim Amulettschreiber, oft gemeinsam mit anderen Ratsuchenden. Entscheidend für die Wirksamkeit ist die Kenntnis des Namens und des Mutternamens jener Person, die beeinflusst werden soll. Wo dieser nicht bekannt ist, wird manchmal der Name der Urmutter Eva eingesetzt (Mershen 1982: 50). Wo guter Rat teuer ist, werden divinatorische Praktiken, insbesondere die Zahlenwerte der Namensbuchstaben (Onomatomantik), zu Hilfe gezogen. Außer in seltenen Fällen, wo eine Behandlung abgelehnt wird, folgt im Anschluss an die Diagnose das Schreiben des Amuletts, was durch Koranrezitate begleitet werden kann, vorzugsweise mit roter Tinte, die an Blut erinnert, auf einen schmalen, länglichen Zettel, der zur Übertragung der *baraka* (Segenskraft) und zur Verscheuchung schädlicher Einflüsse angeblasen und anschließend zweimal längs und dann in der Breite so oft gefaltet wird, bis er ein kleines Rechteck bildet. Im Gegensatz zu den gut sichtbar angebrachten Amuletten gegen den bösen Blick werden die Schriftamulette als Geheimnis verborgen, heute oft eingeklebt in Klebestreifen oder eingenäht in Leder oder Stoff, vorzugsweise – wegen der damit verbundenen baraka – vom Grabmahl eines als Heiligen verehrten Scheichs, manchmal zusätzlich umwickelt durch eine Schnur, um den Hals gehängt und unter der Kleidung getragen, manchmal auch direkt über einem kranken Körperteil, falls das Amulett zur Heilung eines solchen verfasst worden ist. Vor der Verunreinigung des Amulettes soll sich, wer es trägt ebenso hüten wie vor der eigenen (rituellen) Verunreinigung.

Teure, juwelenartige Amulette in Gestalt von Gold- und Silberringen wurden und werden teilweise nur aus ästhetischen Gründen gekauft und getragen, auch wenn die Koranverse die alten geblieben sind (Reinaud 1828: I,VII; Kalus 1986: 47).

7. *Christliche Amulette*

Im Christentum leben Bild- und Schriftamuletttradition weiter. Zu den Bildamulettmotiven gehört etwa Jona, der aus dem Fisch ausgespuckt wird, das Kreuz, Fische oder das Christusmonogramm. Christliche Schriftamulette zitieren in der Regel Pss, Mt, Joh oder spielen auf Wunder Christi an. Die ältesten unter ihnen enthalten aber auch noch typisch jüdische Elemente. So beginnt ein Goldamulett gegen Augenleiden aus dem Tyrus des 3.–5. Jh. mit einer trinitarischen Formel, erwähnt im weiteren Verlauf aber auch Jao (Kotansky 1994: 301–305). Die Vermischung von Symbolwelten, die im Bereich der Apologetik fein-säuberlich voneinander geschieden werden, ist typisch für das christliche Amulettwesen. Es ist unmöglich, hier das regional sehr unterschiedlich ausgeprägte christliche Amulettwesen darzustellen. Hingegen möchte ich im Hinblick auf unsere Fragestellung nach der Anwendbarkeit von Amuletten als Therapeutica, die Problematik ihrer theologischen Deutung und Integration anhand der Artikel in den verschiedenen Auflagen des katholischen Standardwerks «Lexikon für Theologie und Kirche» zum Lemma aufzeigen.

LThK I (1930; J. Sauer): «Bezeichnung für Gegenmittel gegen bösen Zauber, Unholde und schädliche Einflüsse (Krankheit, Unglück und Unfälle), oder für Vermittlung geheimnisvoller übermenschlicher Kräfte.» Der Autor illustriert die Vielfalt des Amuletts samt 16 Abbildungen (Abb. 17). Er betont die (nutzlose) kirchliche Opposition gegen das Amulettwesen seit Irenäus Adv. Här. II 57 und versucht eine Abgrenzung gegen Devotionszeichen (Phylakterien, Enkolpien).

LThK II (1957; A. Closs/M. Hain): Die Autoren unterteilen den Artikel in einen religionswissenschaftlichen und einen volkskundlichen Abschnitt. Im religionswissenschaftlichen Teil werden Amulette von Talismanen abgegrenzt. Sie seien durch ihre Form wirksam, letztere aber durch ihr Material. Ziel des Amuletttragens sei es, «geheimnisvolle Kräfte in Besitz zu bringen.» Gegen eine sakramentale Funktion der Amulette, wie sie im Lexikon des Deutschen Aberglaubens behauptet werde, verwahrt sich der Artikel, da die Kirche keine «Einverleibung» gegenständlicher Sakramentalien kenne. Es folgen Hinweise auf historische Verurteilungen des Amulettwesens. Während so der erste Teil des Artikels die kirchliche Theorie beschreibt, spricht der zweite, religiös (!)-volkskundlich genannte Teil von der bis in die Gegenwart hinein anhaltenden Praxis und erstellt eine kleine Amuletttypologie. Bemerkenswert ist die den Artikel beschließende fünfte Gruppe: «Zahlreich sind die christlich-kirchlichen Analoga zum Amulett, die zugleich dessen Überwindung sein wollen (weil als Sakramentalien in ihrer Wirkung auf dem Segen der Kirche beruhend und die religiöse Einstellung des Trägers anregend, aber keine dinglich-magische Eigenmacht besitzend), wenn freilich auch sie nach Art von Amuletten missbraucht werden können: Agnus Dei, Skapulier, Medaille, Rosenkranz, Andachtsbild (an einem Gnadenbild berührt oder mit einer kleinen Reliquie versehen), Kreuze. Wenn gedruckte ‹Segen› an Körper, Wiege, Stall befestigt werden (derartige Schutzbriefe waren in den letzten Kriegen sehr verbreitet), gerät ein Sakramentale wieder in den Bereich des Aberglaubens.»

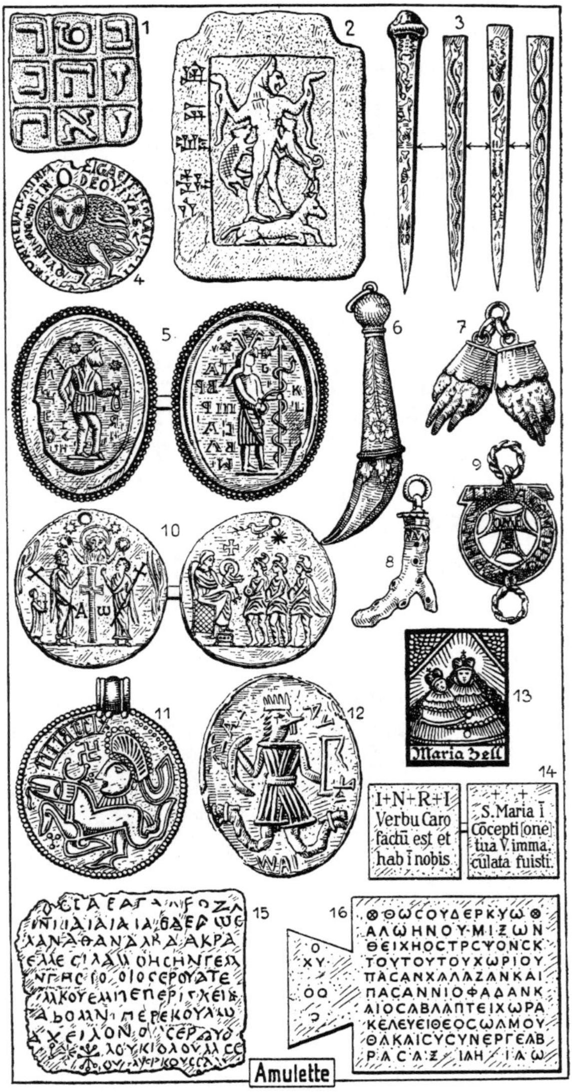

Abb. 17: Eine Zusammenstellung christlicher und nichtchristlicher Amulette in der Erstauflage des Lexikons für Theologie und Kirche. 1 Hebräisches Zahlenquadrat, 2 Babylonische Lamaschtutafel, 3 Magischer Nagel, 4 Nordafrikanisches Amulett, 5 ägyptisches Anubis-Gabriel-Amulett, 6 Zahnamulett, 7 Maulwurfskrallenamulett, 8 Weisser Korallenast, 9 Pestamulett, 10 Byzantinische Medaille, 11 Germanischer Goldbrakteat mit Swatiska, 12 Abraxas-Gemme (vgl. Abb. 9a/b), 13 und 14 Esszettel, 15 Gnostisches Amulett, 16 Bronzeamulett aus Avignon [LThK 1930: 1, 382]

LThK III (1993; P. Gerlitz/L. Kriss-Rettenbeck): Der jüngste LThK-Artikel behält die Zweiteilung der Vorgängerausgabe bei, kehrt aber fast zur Definition der Erstausgabe zurück und hebt die Unterscheidung der Vorgängergeneration zwischen Amulett und Talisman auf. «Die Grenzen sind vielmehr fließend, und man wird sagen müssen, dass es nahezu keinen Gegenstand gibt, der nicht zu irgendeiner Zeit als Amulett gebraucht worden wäre.» Einen Hinweis auf die kirchliche Kritik am Amulettwesen sucht man in diesem Artikel vergeblich. Stattdessen werden Amulette als typisch für eine sowohl im New-Age-Bereich wie im Fundamentalismus anzutreffende Frömmigkeit negativ bewertet: «Amulette dienen hier einer ebenso naiven wie unreflektierten Heilserwartung.» Der historisch (!)-volkskundliche Teil bietet eine kompakte Phänomenologie des Amulettwesens und enthält erstmals wertvolle Hinweise auf die unterschiedliche Qualität von Amuletten: «Für die Amulett-Praxis gibt es keine verbindliche Theorie (Orendismus, Dynamismus, Animatismus, Animismus, Analogie- und Signaturenzauber, Bildmagie). Vielmehr liegen unterschiedliche Erlebnisformen, Welt- und Gottesbilder, Begriffe und Spekulationen theologischer, kosmologischer, astrologischer, anthropologischer Art zugrunde, vor allem psychologische Verfassungen und moralische Haltungen wie Machtbesessenheit oder Demut, Hybris oder Frömmigkeit, Unsicherheit oder gläubiges Vertrauen. Es gibt Menschen, denen alles zum Amulett werden kann und die eine notwendige Lebenshilfe darin sehen. Nur die subjektive Verfassung lässt erkennen, ob Schmuck, Erinnerungsmal, Unterpfand, Trophäe, Meditationsmittel, Andachtszeichen, Bekenntniszeichen, Verständigungszeichen, Ausdruck der Freude am Skurrilen und Spielerischen, Jux vorliegen. Es gibt Epochen, Kulturen und Traditionskreise in allen Formen und Stufen der Zivilisation, in denen das Tragen von Amuletten eine entwickeltere Amulettkunst und ideen- und wortreichere Amuletttheorien als andernorts und zu anderen Zeiten überliefert sind, zum Beispiel im 16. und 17. Jh. an den Fürstenhöfen von Spanien bis Wien parallel zur Wissenskultur des Steinglaubens auch in bürgerlichen Kreisen.»

Die drei Artikel machen deutlich, dass die katholische Kirche sich mit dem Amulettwesen einer hochgradig synkretistischen Frömmigkeit gegenübersieht, die sich dogmatischer Eingrenzung entzieht. Sauer hat das eingesehen, indem er zwar die kirchliche Opposition gegen Amulette zitiert, gleichzeitig aber auch deren Nutzlosigkeit konstatiert. Dessen ungeachtet versucht sich Closs 27 Jahre später wieder in ein- und ausgrenzenden Definitionen, die 36 Jahre später von Gerlitz wiederum als verlorene Liebesmüh aufgegeben werden. Die phänomenologische Darstellung des Amulettwesens vollzieht sich im ersten Artikel noch innerhalb der Theologie, im zweiten innerhalb eines speziellen religiös-volkskundlichen Abschnittes und im letzten innerhalb eines historisch-volkskundlichen Abschnittes. Die methodologische Ausgrenzung hat die dogmatische teilweise ergänzt und/oder ersetzt.

Alternativ möchte ich in einem amulettologischen Entwurf versuchen, Amulette als Teil einer ernstzunehmenden Frömmigkeit und zugleich als Therapeutica zu würdigen.

B Amulettologie

Amulette sind nicht nur Relikte einer vormodernen Frömmigkeit bzw. Medizin. Sie sind – darauf beruht ihre dargelegte Langlebigkeit – innerhalb des Horizontes einer sakramental ausdeutbaren Welt in der Lage, wichtige menschliche Bedürfnisse im Schnittbereich von Glaube und Medizin immer wieder neu auszudrücken und zu binden. Dabei kommt ihnen insbesondere die Funktion eines materialisierten Gebetes zu, dessen Erfüllung sich in Dankbarkeit niederschlägt, die in caritativer Werktätigkeit einen wiederum sehr konkreten Ausdruck findet. In diesem Sinne verkörpert und beschwört das Amulett symbolhaft eine Allianz der positiven Mächte gegen die dem Leben feindlich gesonnenen Mächte – so noch heute in der Präventionsmedizin.

1. Amulette als Sakramentalien

Anders als beim Asyl, wo der Asylant den Altar berührt und sich durch diesen Kontakt in den Schutz der Gottheit eines Heiligtums begibt, wird beim Amulett, die Gottheit an die schutzbedürftige Person gebunden (Gladigow 1992: 16). Das Amulett ist Teil einer von institutioneller Bindung freien, persönlichen Frömmigkeit. Es kann geküsst oder anderweitig rituell beehrt werden. Handelt es sich um ein Miniaturgötterbild, kann ihm auch geopfert werden. Nach außen hin ist es Ausdruck eines Bekenntnisses und ein wichtiges Propagandamittel für eine Gottheit und ihren Tempel (Staubli 2003: 8–10) oder eine religiöse Zugehörigkeit. Der Sitz des Amulettes und seine Anbindung am Körper, seine Integration in die Kleidung, die Größe, das Material, aus dem es hergestellt wurde, die Autorität die es geschrieben, hergestellt oder geschenkt hat – all dies kann für die Wirksamkeit des Amulettes wichtig sein. Der intime Charakter des Amulettes lässt alle Abstufungen offen. Innerhalb einer offenen, multikulturellen Gesellschaft mit relativ schwachen religiösen Institutionen und entsprechender Kontrolle, hat grundsätzlich jedes Objekt von entsprechend kompakter Größe das Potential eines Amulettes, sofern es ein Objekt mit sakramentalem Charakter ist. Sakrament meint ein Zeichen, welches nicht nur aufgrund von Konvention oder Tradition auf das Bezeichnete verweist, sondern es aufgrund seiner Nähe zum Bezeichneten intuitiv vergegenwärtigt, bzw. eindringlich heraufbeschwört. Der lateinamerikanische Theologe Leonardo Boff bringt dazu ein eindrückliches Beispiel in seiner Sakramentenlehre (1976: 27 ff.). Sein Vater starb zu Hause in Brasilien, während er in Deutschland studierte. Da es ihm nicht möglich war, am Sarg von seinem Vater Abschied zu nehmen, schickte ihm seine Schwester in einem Briefumschlag den letzten Zigarettenstummel des Vaters. Der Duft des Stummels, die Materialität der abgebrannten südbrasilianischen Strohzigarette und die einer starken Intuition folgende Geste der Schwester vergegenwärtigten den Verstorbenen in größtmöglicher Intensität und machten aus dem Abfallprodukt eine unschätzbare Reliquie, die Boff fortan in einem Glasschächtelchen aufbewahrte, und die ihm in der Trauer um den Vater ein segensreicher Trost war. Das Beispiel verdeutlicht zugleich, dass Bewusstsein für Sakramentalien in gewisser Weise eine kulturelle Pflege und ein persönliches Sensorium voraussetzt.

2. *Materialisierte Fürbitte und sozialer Dank* (vgl. Fig. 1)

Amulette werden von Fachleuten (H), also Theologinnen und Künstlern im Umfeld eines Heiligtums bzw. qua Autorität in einem frommen Milieu hergestellt. Die Autorität dieser Person gründet in ihrer Gottesfurcht und der daraus resultierenden Begabung mit Weisheit. Das Amulett (A-Kreis) enthält notwendigerweise eine positive Vergegenwärtigung einer göttlichen Autorität (A-Dreieck) in Wort und/oder Bild, möglicherweise auch eine negative Anspielung auf das Übel bzw. die dämonische Macht, vor der das Amulett beschützen soll. Das Amulett wird von der bedürftigen Person (T) direkt bei den Herstellenden erworben oder – was besser ist, da es den Wert des Amulettes steigert – wird ihr von einer wohltätigen Person geschenkt. Die Tragenden vertrauen auf die Autorität der Herstellenden und deren Gebet. Sie halten sie in Ehren. Durch das Tragen des Amulettes werben sie für die auf dem Amulett vergegenwärtigte göttliche Macht. Die bekenntnishafte Werbung ist ein Ausdruck frommer Glaubenstreue. Die eintretende Heilung ist daher als göttlicher Dank an die Glaubenstreuen zu verstehen, wofür sich der oder die Geheilte ihrerseits durch eine caritative Gabe dank-

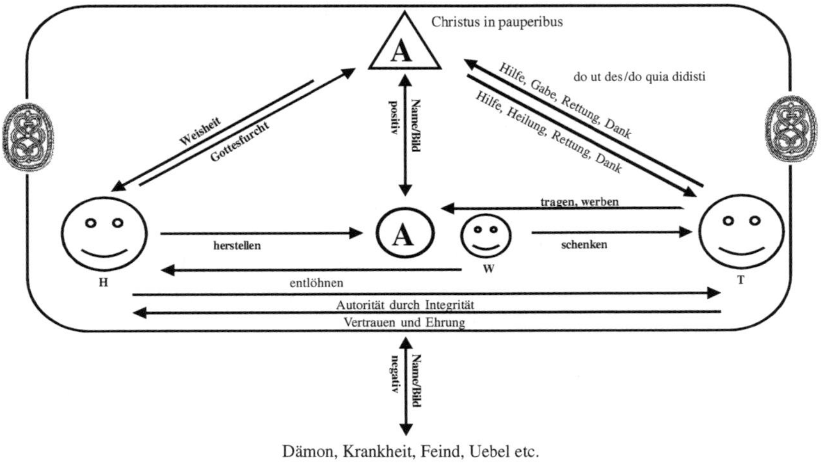

Fig. 1: H: Herstellende; T: Tragende; W: Wohltäter; A-Kreis: Amulett; A-Dreieck: (Göttliche) Autorität, Arme

bar erweist (ein Gleiches tun). Im bedürftigen Anderen, im Armen (A-Dreieck), ist Gott nämlich in besonderer Weise gegenwärtig. Heilung ist daher nie nur Heilung eines Individuums, sondern hinterlässt gleichsam eine caritative Segensspur, die noch mehr Heilung ermöglicht. Hergestellt und getragen von je einer gläubigen Person, ist das Amulett ein materialisiertes Gebet (Hinweis von Dörte Bester; vgl. dazu bereits Dussaud 1906 und im Zusammenhang des semitischen Haaropfers Henninger 1981: 304), nämlich inständig-permanentes Gebet bzw. Fürbitte sowohl des gerechten Wohltäters und/oder Amuletthherstellers (vgl. Jak 5,16) als auch der bedürftigen und gläubigen Amuletttträgerin.

3. *Symbol einer Allianz der positiven Mächte*

Das Amulett ist aber nicht nur materialisiertes Gebet, sondern auch sichtbarer symbolischer Ausdruck einer Allianz der guten Mächte gegen die dämonischen und damit Teil einer Präventionsstrategie. Die Dämonen werden nicht bekämpft, da sie letztlich ebenso unbesiegbar sind wie Gott (mit dem sie im strengen Monotheismus, der damit aber an seine theologischen Grenzen stößt, gleichgesetzt werden), sondern ausgeschlossen und damit marginalisiert. Auf diese wichtige Funktion verweisen besonders eindrücklich die weit verbreiteten Knotenamulette (Abb. 18a–b). Im Ägyptischen

Abb. 18a:
Unterseite eines Skarabäus mit Knotenmuster. Die Knoten symbolisieren magischen Schutz. Südlevante; um 1700 v. Chr. [Sammlung des Autors]

Abb. 18b:
Der einfachste Knoten ist die Schlaufe, hier eingemittet durch zwei Lebenszeichen. Diese Zeichen auf der Unterseite eines Skarabäus können als ägyptische Schriftzeichen mit der Bedeutung «Schutz des Lebens» *(z3 anch)* gelesen werden. [Keel 1995: 168 Abb. 248]

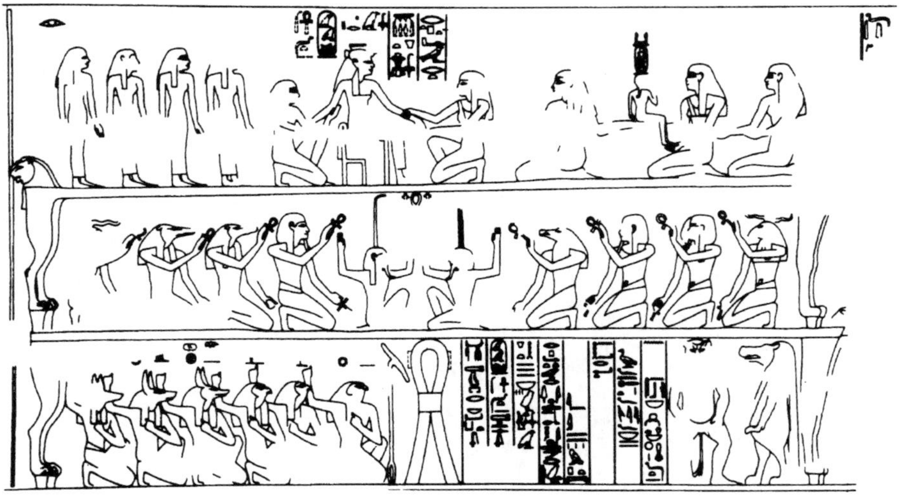

Abb 19: Geburtsszene aus dem Zyklus «Die Zeugung des Sohnes» vom Tempel in Luxor. Die gebärende Königin ist umgeben von Hebammen und unzähligen Schutzgöttern. In der Mitte des untersten Registers des Geburtsbettes steht das Zeichen *z3*, «Schutz». [Assmann 1982: 19 Abb. 9]

kann praktisch alles Lebenswichtige, was geschaffen wird und Bestand haben soll, mit dem Wort- und Bildfeld des Knotens verbunden werden (Keel 1995: 184). So wird bei der Schwangerschaft das Kind im Bauch der Mutter von Isis geknotet, die Geburt und wahrscheinlich auch die Zeugung wird mit dem Wort «knoten» ausgedrückt (Abb. 19), ja sogar das Land Ägypten stellt sich seinen Bewohnern als eine Verknüpfung zweier Ländern, Unter- und Oberägyptens, dar. Jeder Knoten lässt sich als eine Häufung von Schlaufen verstehen. Die einfache Schlaufe heißt ägyptisch *z3* und bedeutet «Schutz».

Im biblischen Hebräisch versteht man die schützende Stadtmauer als eine Verknotung von Steinen (Neh 3,38), die Sternbilder wurden von Gott verknotet (Ijob 38,31), vor allem aber sind Schmuck und Amulette bzw. Erinnerungszeichen Dinge, die man um einen Körperteil bindet (Dtn 6,5f.8; 11,18; Jes 49,18). Von daher ist das Knotenmuster auf dem Amulett eine tautologische Verstärkung der umgebundenen Schnur, der Kette oder des Ringes, an dem sich das Amulett befindet. Die Weisungen der Eltern, der Lehrer und Gottes soll man sich um Hände, Hals und Herz binden (Spr 3,3; 6,21; 7,3). Die Seelen (נפשים) sich liebender Menschen verbinden sich

(Gen 44,30; 1Sam 18,1), eine Bindung, die wiederum als Amulett gedeutet wird, wenn die Liebende zu ihrem Freund sagt (Hld 8,6): «Leg mich wie ein Siegel auf dein Herz,/ wie ein Siegel an deinen Arm!» Solcherlei Bündnisse sind Bastionen gegen Männerbündeleien, verschwörerische Gruppen, aber eben auch dämonische Mächte in Gestalt von Krankheit, Seuche oder Lüge.

In der modernen Medizin ist das Schmieden von erfolgreichen Knoten, bzw. Allianzen eine wichtige Strategie der Präventionsmedizin, sei es die für jede Heilung grundlegende Allianz zwischen Arzt und Patient, jene zwischen Lehrkräften, Eltern und Schülerinnen in der Suchtprävention, jene zwischen Regierungen, Umwelt- und Gesundheitsorganisationen, wenn es um einen umweltverträglichen Lebensstil geht und jene weltweit alerter Zeitgenossen im Kampf gegen lebensbedrohliche Seuchen wie AIDS. Nicht zufälligerweise ist das Zeichen der internationalen Anti-Aids-Kampagne seit 1991 eine rote Schleife (abgewandelt von den gelben Erinnerungsschleifen für die Opfer des ersten Golfkrieges, die nach alter Sitte um Bäume gebunden werden), also ein Knoten, der an den Segen eines verantwortungsbewussten, solidarischen Handelns erinnert und diesen durch Propaganda gleichzeitig fördert (Abb. 20).

Abb. 20:
Eine rote Schleife ist seit 1991 zum international bekannten Symbol der Solidarität mit AIDS-Opfern und der AIDS-Prävention geworden. [Weltaidstagssymbol]

Zusammenfassung

Die moderne Medizin ist zur unbestrittenen wissenschaftlichen Leitdisziplin der westlichen Zivilisation geworden. Die beeindruckenden medizinischen Fortschritte etwa im Bereich der Chirurgie oder der Seuchenbekämpfung und eine wachsende Lebenserwartung in entwickelten Ländern kontrastieren dabei mit der ökonomischen Krise des Gesundheitssystems und einer schlechten Ausnutzung der hohen Gesundheitskosten, einem zunehmenden Graben zwischen reichen und armen Ländern gerade punkto medizinischer Versorgung, sowie dem sehr krisenanfällig gewordenen Lebenssinn der Menschen mit vielen Auswirkungen im psychosomatischen Bereich. In diesem Kontext stellen Amulette als jahrtausendelang bewährte Therapeutica eine theologisch, medizinisch und ökonomisch interessante Möglichkeit dar, die im Diskurs über die Heilung von Krankheiten wissenschaftlich bisher kaum ernsthaft diskutiert worden ist, weil Magie aufgrund wissenschaftlicher oder kirchlicher Vorurteile negativ gewertet wurde.

Löst man sich von diesem Vorurteil, zeigen sich die ältesten Therapeutica der Menschheit in einer erstaunlichen Vielfalt. Im historischen Überblick wird die pagane Herkunft der Amulette und ihre Weiterentwicklung in den abrahamitischen Religionen und darüber hinaus, mit anderen Worten ihre Bedeutung für eine vertikale Ökumene der Religionen, deutlich. Im Gegensatz zu allopathischen Medikamenten wirkt das Amulett auf die gesellschaftliche Dimension der Krankheit ein. Es hat daher primär präventive Bedeutung. Darüber hinaus fördert es im Sinne eines materialisierten Gebetes die menschlichen Selbstheilkräfte und die Verbindung von Geist und Körper. Als Teil eines umfassenden Systems der Segnung, der Schenkung und des Ausschlusses lebensfeindlicher Mächte symbolisiert es zudem eine Gesundheitsökonomie, für die das Wohlergehen der anderen, insbesondere der Armen, zugleich zu einem Aspekt der eigenen Gesundheit wird. Darin erweist sich das Amulett als Therapeuticum den meisten Therapeutica der modernen Medizin noch heute als überlegen.

Literaturverzeichnis

Albertz, Rainer, 1991, Art. Magie II, TRE XXI, 691–695.

Andrews, Carol, 1994, Amulets of Ancient Egypt, London.

Assmann, Jan, 1982, Die Zeugung des Sohnes. Bild, Spiel, Erzählung und das Problem des ägyptischen Mythos, in: Assmann J./Burkert W./Stolz F., Funktionen und Leistungen des Mythos. Drei altorientalische Beispiele, OBO 48, Freiburg CH/Göttingen.

Barkay, Gabriel, 1989, The Priestly Benediction on the Ketef Hinnom Plaques, Cathedra 52, 46–59.

Bickel, Susanne, 2004, In ägyptischer Gesellschaft. Aegyptiaca der Sammlungen BIBEL + ORIENT der Universität Freiburg Schweiz, Freiburg Schweiz 2004.

Boff, Leonardo, 1976, Kleine Sakramentenlehre, Düsseldorf.

Conrad, Diethelm, 1993, Art. קשר, ThWAT VII, 211–217.

Cryer, Frederick H., 1991, Der Prophet und der Magier: Bemerkungen anhand einer überholten Diskussion, in: Liwak, R./Wagner, S. (Hrsg.), Prophetie und geschichtliche Wirklichkeit im alten Israel, FS. S. Herrmann, Stuttgart u.a., 79–88.

Dussaud, René, 1906, La matérialisation de la prière en Orient, Bulletins et Mémoires de la Société d'Anthropologie de Paris V/7, 213–220.

Evans-Pritchard, E. E., 1937, Hexerei, Orakel und Magie bei den Zande, London (dt. Frankfurt 1978).

Fodor, Alexander, 1990, Amulets from the Islamic world. Catalogue of the exhibition held in Budapest in 1988, Budapest Studies in Arabic, Budapest.

Fohrbeck, Klara/Wiesand, Andreas Johannes, 1983, «Wir Eingeborenen». Zivilisierte Wilde und exotische Europäer. Magie und Aufklärung im Kulturvergleich, Hamburg.

Gladigow, Burkhard, 1992, Schutz und Bilder. Bildmotiv und Verwendungsweisen antiker Amulette, in: K. Hauck (Hg.), Der historische Horizont der Götterbild-Amulette aus der Übergangsepoche von der Spätantike zum Frühmittelalter, AAWG.PH 3. Folge, Nr. 200, Göttingen.

Glatz, Ingrid, 2001, Tiernamen als Personennamen, in: Keel O./Staubli T., «Im Schatten Deiner Flügel.» Tiere in der Bibel und im Alten Orient, Freiburg, 27–31.

Hachmann, Rolf, 1970, Kamid el-Loz 1966/67, Saarbrücker Beiträge zur Altertumskunde 4, Bonn.

Heinrich, B./Bartholemew, G. A., 1979, The Ecology of the African Dung Beetle, Scientific American 241/5, 118–126.

Henninger, Joseph, 1981, Arabica Sacra. Aufsätze zur Religionsgeschichte Arabiens und seiner Randgebiete, OBO 40, Freiburg CH/Göttingen.

Herrmann Ch., 1994, Ägyptische Amulette aus Palästina/Israel. Mit einem Ausblick auf ihre Rezeption durch das Alte Testament (OBO 138), Freiburg CH/Göttingen.

Herrmann Ch., 2002, Ägyptische Amulette aus Palästina/Israel II, OBO 184, Freiburg CH/Göttingen.

Herrmann Ch., 2006, Ägyptische Amulette aus Palästina/Israel III, OBO.SA 24, Freiburg CH/Göttingen.

Horkheimer, Max / Adorno, Theodor W., 1986, Dialektik der Aufklärung. Philosophische Fragmente, Frankfurt / M.

Jeffers, Ann, 1996, Magic and Divination in Ancient Palestine and Syria (Studies in the History and Culture of the Ancient Near East VIII), Leiden / New York / Köln.

Kalus Ludvik, 1986, Catalogue of islamic seals and talismans in the Ashmolean Museum, Oxford.

Kalus, Ludvik, 1981, Catalogue des cachets, bulles et talismans islamiques, Paris.

Keel, Othmar, 1981, Zeichen der Verbundenheit. Zur Vorgeschichte und Bedeutung der Forderungen von Deuteronomium 6,8f. und Par., in: P. Casetti / O. Keel / A. Schenker, éds., Mélanges Dominique Barthélemy. Etudes bibliques offertes à l'occasion de son 60e anniversaire, OBO 38, Fribourg / Göttingen, 159–240.

Keel, Othmar, 1995, Corpus der Stempelsiegel-Amulette aus Palästina / Israel. Von den Anfängen bis zur Perserzeit. Einleitung, OBO.SA 10, Freiburg / Schweiz-Göttingen.

Keel, Othmar / Uehlinger, Christoph, 1996 (2. Aufl.), Altorientalische Miniaturkunst. Die ältesten visuellen Massenkommunikationsmittel, Freiburg CH/Göttingen.

Keel, Othmar / Uehlinger, Christoph, 2001 (5. Aufl.), Göttinnen, Götter und Gottessymbole. Neue Erkenntnisse zur Religionsgeschichte Kanaans und Israels aufgrund bislang unerschlossener ikonographischer Quellen, QD 134, Freiburg i. Br.

Kippenberg, Hans G., 1998, Art. Magie, in: Handbuch religionswissenschaftlicher Grundbegriffe IV, 85–98.

Kotansky, Roy, 1994, Greek Magical Amulets. The Inscribed Gold, Silver, Copper, and Bronze Lamellae. Part I: Published Texts of Known Provenance (Papyrologica Coloniensia XXII/1), Opladen.

Kraus, Thomas J., 2005, Septuaginta-Psalm 90 in apotropäischer Verwendung: Vorüberlegungen für eine kritische Edition und (bisheriges) Datenmaterial, in: BN.NF 125, 39–74.

Kriss, Rudolf / Kriss,-Heinrich, Hubert, 1962, Volksglaube im Bereich des Islam. Bd. II: Amulette, Zauberformeln und Beschwörungen, Wiesbaden.

Lincicum, David, 2008, Scripture and Apotropaism in the Second Temple Period, in: BN 138, 63–87.

Macdonald, D. B., 1934, Art. Siḥ, EI[1] IV,438–447.

Maddison, Francis / Savage-Smith, Emilie (ed.), 1997, Science tools and magic, Part 1: Body and spirit, mapping the universe, The Nasser D. Khalili Collection of Islamic Art 12, London.

Mähner, Sibylle, 1992, Ein Namen- und Bildsiegel aus ᶜĒn Šems (Beth Schemesch), in: ZDPV 108, 68–81.

Malinowski, Bronislaw 1961, The Dynamics of Culture Change. An Inquiry into Race Relations in Afrika, New Haven.

Martini, Debora, 2004, Amuleti Punici di Sardegna. La Collezione Lai die Sant'Antioco, Roma.

Meissner, Renate, 1991, Orientalisch-jüdische Amulette aus dem Museum für Völkerkunde in Wien, in: Archiv für Völkerkunde 45, 93–144.

Meissner, Renate, 1993, Ein jüdisch-persisches Amulett aus dem Museum für Völkerkunde in Wien, in: Archiv für Völkerkunde 47, 13–17.

Mershen, Birgit, 1982, Untersuchungen zum Schriftamulett und seinem Gebrauch in Jordanien, dargestellt am Beispiel der Stadt Jarash und ihres ländlichen Umfeldes, Mainz.
Naveh, Joseph / Shaked, Shaul, 1985, Amulets and Magic Bowls. Aramaic Incantations of Late Antiquity, Jerusalem / Leiden.
Petrie, W. M. Flinders, 1914, Amulets illustrated by the Egyptian Collection in University College, London.
Posner, Raphael, 1972, Art. Amulet, in: EJ 2,906–911.
Pulford, Nicola de, 2000, Rituale, Amulette, Zaubersprüche aus aller Welt, Neuhausen.
Rahmani, L.Y., 1960, The ancient synagogue of Ma'on (Nirim). B. The small finds and coins, in: Bulletin, L.M. Rabinowitz Fund for the Exploration of Ancient Synagogues 3, 14–18.
Reinaud, M., 1828, Monuments arabes, persans et turcs, du cabinet de M. le Duc de Blacas et d'autres cabinets, I–II, Paris.
Schienerl, Peter W., 1988, Schmuck und Amulett in Antike und Islam, acta culturologica 4, Aachen.
Schmitt, Rüdiger, 2004, Magie im Alten Testament, AOAT 313, Münster.
Schrire, Theodore, 1966, Hebrew Amulets. Their Decipherment and Interpretation, London.
Schrire, Theodore, 1972, Art. Illuminated Amulets, in: EJ 2,911–915.
Schroer S., 1987, In Israel gab es Bilder. Nachrichten von darstellender Kunst im Alten Testament (OBO 74), Freiburg CH / Göttingen.
Schutz & Zauber, 1999, Amulette und Talismane in der Sammlung Dr. Edmund Müller, Beromünster.
Staubli, Thomas u.a., 2003, Werbung für die Götter. Heilsbringer aus 4000 Jahren, Freiburg CH.
Strack H.L. / Billerbeck P., 1961, Kommentar zum NT aus Talmud und Midrasch, Bd. IV/1, München, 3. Aufl.
Watteck, Arno, Amulette und Talismane, Oberndorf.
Wiese, André B., 1996, Die Anfänge der ägyptischen Stempelsiegel-Amulette. Eine typologische und religionsgeschichtliche Untersuchung zu den «Knopfsiegeln» und verwandten Objekten der 6. Bis frühen 12. Dynastie, OBO.SA 12, Freiburg / Schweiz-Göttingen.
Winch P., Was heißt «eine primitive Gesellschaft verstehen»? in: Kippenberg H.G. / Luchesi B. (Hgg.), Magie. Die sozialwissenschaftliche Kontroverse über das Verstehen fremden Denkens, 73–119.
Winkler, Hans Alexander, 1931, Salomo und die Qarina, Stuttgart.
Wunderlin, Dominik, 2005, Mittel zum Heil. Religiöse Segens- und Schutzzeichen in der Sammlung Dr. Edmund Müller, Beromünster.
Zimmermann, Ingelies, 2004, Wer's glaubt wird selig! Haus- und Sympathiemittel, Aberglaube, Orakel, Alte Weisheiten, Liebeszauber, Amulette, Talismane, Lostage, Wetterregeln, Bruneck.
Zwierlein-Diehl, Erika, 1992, Magische Amulette und andere Gemmen des Instituts für Altertumskunde der Universität zu Köln, Papyrologica Coloniensia XX, Opladen.

Peter Heusser

Trinitarisch und tetraktisch, nicht dualistisch oder monistisch: die physische Organisation des Menschen

1. Monistische und dualistische Menschenbilder in der konventionellen und komplementären Medizin

Die Menschenbilder, die dem ärztlichen Handeln in der heutigen Medizin zu Grunde liegen, sind zumeist monistisch oder dualistisch. Und das gilt vor allem für die Schulmedizin, zum Teil auch für die Komplementärmedizin.

Am Ausgangspunkt der neueren Naturwissenschaft, die auch der modernen Schulmedizin zu Grunde liegt, steht das *dualistische* Menschenbild René Descartes' (1596–1650). Für Descartes ist der Mensch eine Art Maschine, in der der menschliche Geist tätig ist [1]. Dieselbe Auffassung vertritt Julien de La Mettrie (1709–1751) in seinem berühmten Buch «L'Homme Machine» [2]. Beeinflusst von den mechanischen Entdeckungen der Epoche von Galileo Galilei (1564–1642) stellten sich die damaligen Denker die Funktionsweise des menschlichen Körpers ganz mechanistisch wie die einer Maschine vor; und in diese Maschine soll dann der menschliche Geist irgendwie hineinspuken. Diese Ansicht hat die Medizin bis ins 20. Jahrhundert geprägt. So haben sich der Neurowissenschaftler John Eccles (1903–1997) und der Philosoph Karl Popper (1902–1994) in ihrem ebenfalls berühmt gewordenen Buch «Das Ich und sein Gehirn» von 1982 klar an Descartes orientiert: Das Ich ist wie ein «Gespenst» im Gehirn [3]. Es stehen sich so dualistisch entgegen: Geist und Körper.

Die offensichtliche Schwierigkeit, ja Unmöglichkeit, zu begreifen, wie ein gespenstartig gedachter Geist in eine Maschine eingreifen soll, hat dazu geführt, dass dieses dualistische Menschenbild in der Medizin meist ganz aufgegeben und durch ein *monistisches* ersetzt worden ist. Das begann besonders bei den Begründern der modernen Physiologie wie Emil Du Bois-Reymond (1818–1896), der 1842 an einen Freund schrieb:

> Brücke und ich wir haben uns geschworen, die Wahrheit geltend zu machen, dass im Organismus keine anderen Kräfte wirksam sind, als die gemeinen physikalisch-chemischen; dass, wo diese bislang nicht zur Erklärung ausreichen, mittels der physikalisch-mathematischen Methode entweder nach ihrer Art und Weise der Wirksamkeit im konkreten Fall gesucht werden muss, oder dass neue Kräfte angenommen werden müssen, welche, von gleicher Dignität mit den physikalisch-chemischen, der Materie inhärent, stets auf nur abstossende oder anziehende Componenten zurückzuführen sind. [4]

Dieses Programm einer kausal-mechanistischen Erklärung aller organischen Prozesse ist seither konsequent umgesetzt worden. Daraus resultierte einerseits die immer weiter gehende Aufklärung der materiellen Strukturen und Prozesse der pflanzlichen, tierischen und menschlichen Organisation mit ihren gewiss segensreichen praktischen Konsequenzen für die moderne Medizin, andererseits aber entstand daraus auch das mechanistisch-materialistische Menschenbild der heutigen Medizin, das nicht nur die Funktionen des Lebens, sondern auch die seelischen und geistigen Eigenschaften des Menschen reduktionistisch auf genetische, neurophysiologische und andere materielle Faktoren zurückführen will. In der Leib-Seele-Diskussion des letzten Jahrzehnts hat das dazu geführt, dass ein Dualismus, wie er noch von Eccles und Popper vertreten worden ist, strengstens verpönt ist, dass die Existenz einer eigenständigen, vom Körper letztlich unabhängigen menschlichen Seele abgelehnt oder zum mindesten für nicht mehr wissenschaftlich diskutabel gehalten wird [5]. In diesem Zusammenhang wird auch die Freiheitsfähigkeit, die letzte Bastion des Menschen abgelehnt.

> Die Entthronung des Menschen als freies denkendes Wesen – das ist der Endpunkt den wir erreichen. Nach Kopernikus, Darwin und Freud erleben wir hier den letzten grossen Angriff auf unser traditionelles Bild vom Menschen. [6]

Dass der materialistische Monismus nicht ohne Konsequenzen für die ärztliche Gesinnung, die praktische Medizin und die soziale und politische Handhabung medizinischer Kenntnisse bleiben konnte, ist spätestens anhand seiner ursächlichen Beteiligung an den grossen menschheitlichen Katastrophen des 20. Jahrhunderts, an den medizin-ethischen Problemen der letzten Jahrzehnte und am zunehmenden Bedürfnis in der Bevölkerung nach weniger mechanistischen, ganzheitlicheren und menschlicheren komplementär- und alternativmedizinischen Methoden deutlich geworden [7].

In der Tat zeichnen sich viele komplementär- und alternativmedizinische Verfahren dadurch aus, dass in ihren Konzepten und Praktiken nicht nur materielle, sondern *auch immaterielle* Wirkfaktoren im menschlichen Organismus geltend gemacht werden, ein Hauptgrund, warum sie von Vertretern der reduktionistischen Universitätsmedizin oft sogar dann grundsätzlich abgelehnt werden, wenn eine genügend grosse Anzahl von randomisierten, Placebo-kontrollierten Studien ihre Wirksamkeit belegen kann. Ein bekanntes Beispiel dafür ist die Homöopathie [8–12].

Auffallend ist an diesen ganzheitlicheren komplementärmedizinischen Verfahren, dass ihre Grundkonzepte oft ebenfalls *dualistisch* sind, wenn auch teilweise in anderer Art. Ein Beispiel dafür ist die Traditionelle Chinesische Medizin mit ihrer bekannten Kräfte-Balance zwischen den dualen Prinzipien von *Yin und Yang* [13]. Diese sind jedoch nicht analog dem Descartes'schen Dualismus zu denken, da im alten chinesischen Denken das Mechanistische noch nicht enthalten ist, und die dem Yin und Yang zugrunde liegende energetische Polarität als zwei gleichwertige, nicht physikalisch gedachte Wirkprinzipien vorgestellt wird. Mit den sogenannten fünf Wandlungsphasen enthält die chinesische Medizin zudem Vorstellungen von energetischen Metamorphosen, die das chinesische Menschenbild bedeutend komplexer erscheinen lassen als das dualistische des neueren Westens. Die Homöopathie Hahnemanns liegt diesem schon näher, indem sie neben dem im Sinne der abendländischen Vorstellungen gedachten physischen Körper noch eine immaterielle *Lebenskraft* geltend macht. Man stellt sich vor, dass die potenzierte Substanz auf diese Lebenskraft wirkt [14]. Die Neuraltherapie, deren physiologisch-körperliche Vorstellungen identisch sind mit denen der modernen Medizin, unterscheidet immerhin noch die materiellen Prozesskaskaden der neuronalen Vorgänge von der *Information*, die durch diese Vorgänge vermittelt wird, und macht dadurch ebenfalls ein immaterielles Prinzip geltend [15]. Daneben stellt sie sich jedoch die physiologischen Prozesse ebenso mechanistisch vor wie die Schulmedizin. Diese komplementärmedizinischen Methoden basieren also auf dualistischen Konzepten.

Aber es gibt auch *monistische* Erklärungsmodelle in der Komplementärmedizin, etwa wenn *energetische*, eigentlich als immateriell interpretierte Wirkungen organismischer Faktoren auf *quantenphysikalische* Prozesse zurückgeführt werden [16]. Dadurch schleicht sich der materialistische Monismus auch in eine scheinbar ganzeitliche medizinische Sicht ein.

Die anthroposophische Medizin fusst demgegenüber wieder auf einem komplexeren Menschenbild. Je nach betrachteten Aspekten enthält dieses dualistische, monistische, aber auch tetraktische (viergliedrige) oder trinitarische (dreigliedrige) Ordnungsgesichtspunkte.

2. *Die systemische Organisation des Menschen: das viergliedrige Menschenbild der anthroposophischen Medizin*

Das viergliedrige Menschenbild der anthroposophischen Medizin finden wir bereits beim Arzt und Philosophen Ignaz Paul Vital Troxler (1780–1866), der als erster Professor für Philosophie an der 1834 gegründeten Universität Bern gewirkt und bereits damals in Fortsetzung der Intentionen des Deutschen Idealismus eine geisteswissenschaftliche Anthroposophie gefordert hat [17,18]. Schon 1812 hatte Troxler in seiner auch von Goethe beachteten [19] Schrift *Blicke in das Wesen des Menschen* [20] ein viergliedriges Menschenbild entwickelt, das er in einem Aphorismus graphisch einmal folgendermassen dargestellt hat:

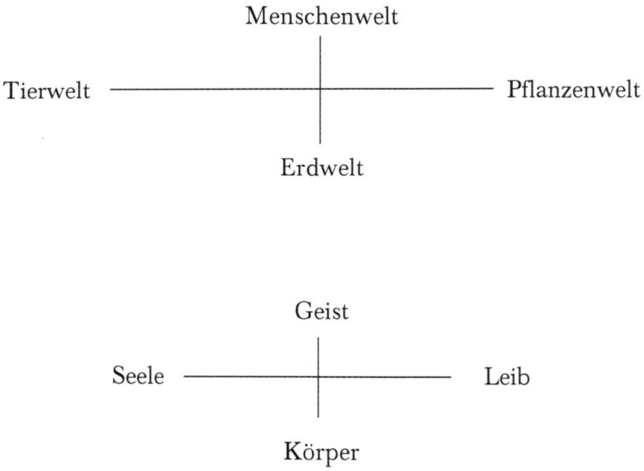

Abb. 1: Naturreiche und Mensch (nach Troxler)

Dem Menschen wird im Vergleich zu den Naturreichen eine viergliedrige Organisation zugemessen: der physische *Körper* bzw. dessen Materie hat der Mensch mit dem «Erdreich» bzw. dem Mineralreich gemeinsam. Mit den Pflanzen verbindet ihn die Tatsache des Lebens, und dieses schreibt Troxler einer zweiten Organisation, dem *«Leib»* zu. (Interessant ist, dass in der deutschen Sprache «Leib» und «Leben» etymologisch nahe verwandt sind und in diesem Sinn oft auch in einem Atemzug genannt werden.) Mit dem Tierreich ist der Mensch sodann durch seine *Seele* verwandt, denn nicht nur der Mensch, sondern auch das Tier hat eine Seele. Durch seinen *Geist* ist der Mensch nur noch sich selbst verwandt, dadurch unterscheidet er sich auch noch vom Tier.

Troxler benennt diese Viergliederung des Menschen mit dem Wortgebrauch der alten Pythagoräer «Tetraktys», und er macht darauf aufmerksam, dass bereits die griechische Antike ein viergliedriges Menschenbild hatte. Er verweist dabei insbesondere auch auf den Apostel Paulus, der den Unterschied zwischen «Sarx», «Soma», «Psyche» und «Pneuma» macht [20]: «Sarx» bedeutet das Fleisch bzw. der physisch-materielle Körper, der schlussendlich als Leichnam im «Sarg» landet («Sarg» kommt vom griechischen «Sarkophag», wörtlich der «Verschlinger/Aufnehmer des Fleisches/Körpers»). «Soma» ist der Träger des vegetativen Lebens, «Psyche» die Seele und «Pneuma» der Geist. Von diesen Ausdrücken ist in der Moderne nur noch «Psyche» und «Soma» übriggeblieben, um die körperliche und seelisch-geistige Seite des Menschen zu charakterisieren, ohne allerdings noch den Unterschied zwischen der physisch-materiellen Körperlichkeit und deren Leben einerseits und zwischen Seele und Geist andererseits zu machen. Im Sinne der *abendländisch-christlichen Kultur* ist deshalb mit der neueren «Psychosomatik» oder, wie das heute genannt wird, mit dem «Bio-psycho-sozialen Modell» noch kein volles ganzheitliches Menschenbild erreicht, sondern vorerst lediglich ein Dualismus, der dann unter dem Einfluss der Mechanik zum oben beschriebenen Maschinen-Gespenst-Modell von Descartes und de La Mettrie geworden ist.

Steiner hat dann die von Troxler und anderen Denkern des 19. Jahrhunderts geforderte geisteswissenschaftliche «Anthroposophie» (so zum Beispiel von I.H. Fichte [21]) um die Wende zum 20. Jahrhundert erkenntniswissenschaftlich begründet [22, 23], methodisch dargelegt [24, 25, 26] und unter Mitarbeit von Fachleuten für verschiedenste Arbeitsrichtungen wie Medizin, Pädagogik, Landwirtschaft, Sozialwissenschaften und Kunst inhaltlich ausgearbeitet. Damit wurde unter anderem eine völlig neue Grundlage für die wissenschaftliche Ausarbeitung eines modernen medizinischen Menschenbildes geschaffen, welches auch diesem Aufsatz zugrunde liegt. Wie in dem von Steiner und der Ärztin Ita Wegman gemeinsam geschriebenen Buch «Grundlegendes für eine Erweiterung der Heilkunst nach geisteswissenschaftlichen Erkenntnissen» (1925) dargestellt, handelt es sich bei der anthroposophisch orientierten Medizin nicht um eine Alternative, sondern eine *Erweiterung* der naturwissenschaftlichen Medizin nach geisteswissenschaftlichen Erkenntnissen [27]. Was damit gemeint ist, wird etwas deutlicher, wenn das viergliedrige Menschenbild nach Körper, Leben, Seele und Geist dargestellt wird, wie Steiner es versteht.

Denn auch für Steiner ist der Mensch zunächst ein viergliedriges Wesen, wie das von Troxler mit Rückblick auf die griechische und paulinisch-christliche Antike sowie auf Grund medizinisch-menschenkundlicher Überlegungen postuliert worden ist (Abb. 2).

Mineral	*Pflanze*	*Tier*	*Mensch*
			Geist
		Seele	Seele
	Leben	Leben	Leben
Materie	Materie	Materie	Materie

Abb. 2: Die vier Naturreiche und ihre wesentlichen Eigenschaften

Das erste Glied der menschlichen Gesamtorganisation ist der *physische Körper* des Menschen. Er besteht aus Materie. Und diese löst sich nach dem Tod des Menschen in die Materiewelt der umgebenden leblosen Natur, d.h. in das Mineralreich hinein auf. Während des Lebens haben wir diese Auflösung fortwährend verhindert; ja, es geschieht sogar das Gegenteil: die Substanzen werden im lebenden Organismus in eine hochkomplexe, sich stets aktiv und selbsttätig (autopoietisch) erhaltende und sich bei Störung wiederherstellende Ordnung gebracht, die das Spezifische eines Lebewesens ausmacht. Das beginnt bei den Mikroben und Pflanzen und setzt sich durch das Tierreich bis zum Menschen fort. Wachstum, Metamorphose, Ernährung, Atmung, Abwehr, Ausscheidung, Selbstheilung und Fortpflanzung sind spezifische Eigenschaften eines lebendigen Körpers, die ihn vom Leblosen des Minerals klar unterscheiden. Diese Eigenschaften sind nicht, wie der reduktionistische Materialismus glaubt, kausal durch chemisch-physikalische Kräfte hervorgebracht, denn wenn die physikalisch-chemischen Kräfte und Gesetze nach dem Tod voll wirken können, dann zerfällt der Körper entsprechend dem zweiten Hauptsatz der Thermodynamik in seine Bestandteile. Die Ordnung löst sich auf, die Entropie maximiert sich. Im Leben aber wird diese Ordnung nur *fernab* vom thermodynamischen Gleichgewicht und *entgegen* der Entropie aufrechterhalten. Das geschieht durch eine Kraft, die den physikalisch-chemischen Gesetzen *entgegengesetzt* ist und ihnen seine eigenen aufzwingt, eben die Gesetze und Gestaltungen des Lebendigen.

Während des Lebens ist also der Körper durchdrungen von einer *zweiten Kräfte-Organisation*, die man entsprechend ihrer Funktion «Lebenskräfte»-

oder «Bildekräfte-Organisation» nennen kann und die Steiner *«Ätherleib»* oder *«Lebensleib»* nennt [26, 27]. *Pflanze, Tier und Mensch* haben also eine physische Organisation und einen Ätherleib, und zwischen ihnen herrscht eine ständige Wechselwirkung, und je nach Gleichgewichtslage dieser Wechselwirkung bilden sich die zur Verfestigung und zum Absterben neigenden Organe wie Rinde und Holz bei der Pflanze bzw. Zahnschmelz und mineralisierendes Knochengewebe bei Tier und Mensch, oder dann die der Vitalisierung, dem Aufbau und dem Wachstum dienenden Organe wie die Wachstumszonen (das Meristem) bei den Pflanzen oder die Stoffwechsel- und Regenerations-aktiven Gewebe wie die Leber oder das Knochenmark bei Tier und Mensch.

Aber *Mensch und Tier* sind nicht nur belebt wie die Pflanze oder die Mikroben, sondern zudem *beseelt*, d.h. sie haben Bewusstsein, Schmerz, Lust, Angst, Freude, Trieb, Instinkt usw. Diese seelischen Eigenschaften sind bedingt durch eine dritte Klasse von Kräften und Gesetzen, die inhaltlich nicht auf diejenigen des Lebens oder der Materie zurückzuführen, sondern diesen gegenüber emergent sind. Zwar ist nicht zu bezweifeln, dass bestimmte materielle Vorgänge im Nervensystem oder etwa im Hormonsystem notwendig sind, damit Bewusstseinsphänomene auftreten können. Aber die Beobachtung zeigt nicht, dass das Bewusstsein bzw. die psychischen Phänomene durch die physischen Prozesse *verursacht* werden, sondern nur, dass sie durch sie *bedingt, ermöglicht* sind. Der eigentliche Träger des Bewusstseins ist die seelische Organisation von Mensch oder Tier, bzw. deren *Seele* oder *Astralleib*, wie Steiner dieses dritte Wesensglied in Anlehnung an einen älteren Wortgebrauch auch bezeichnet [25–27].

Und ähnliches gilt für den *menschlichen Geist*, der den inneren Wesenskern der menschlichen Seele, das eigentliche *«Ich»* des Menschen bildet. Auch dieses ist seinen Eigenschaften, seinem Wesen nach nicht zu erklären aus den Gesetzen und Kräften der Lebensvorgänge als solchen oder aus den Substanz-Gesetzen von Biochemie, Molekularbiologie oder Genetik, sondern diese liefern nur die nötigen materiellen oder lebensmässigen *Bedingungen* für die geistige Aktivität des Menschen. Seinem Geist verdankt der Mensch seine Selbstbewusstheit, seine Fähigkeit zu denken und aus Einsicht, d.h. aus Freiheit zu handeln, und sich dabei auch seinen bloss seelischen Impulsen, seinen Emotionen oder Trieben, entgegenzustellen. Nur der Mensch, aber nicht das Tier, ist dazu in der Lage. Das Tier ist seelisch gesprochen in jedem Augenblick ganz das Resultat seiner Triebe, Empfindungen und Instinkte und kann sich seinem Seelenleben nicht erkennend oder handelnd gegenüberstellen. Das ist nur einer Instanz möglich, die der Seele noch übergeordnet ist. Deshalb verfügt das Tier auch nicht über das, was man die bewusste Krankheitsverarbeitung oder das Coping nennt. Das Tier ist der Angst oder dem Schmerz vollständig ausgeliefert, der als seelische Begleiterscheinung einer Erkrankung oder Verletzung auftritt. Der Mensch ist dem nicht völlig ausgeliefert, sondern kann sich durch Besinnung auch darüber erheben. Ja, er kann der Krankheit und dem Leiden sogar einen Sinn abgewinnen und sein Leben und Leiden, aber auch seine Freuden, Aufgaben und Ziele bewusst in einen spirituellen oder religiösen Zusammenhang einordnen; als Geistwesen kann er die Verbindung zum Geistigen im Weltall knüpfen.

So gesehen kann der Mensch als ein viergliedriges Wesen verstanden werden, aber diese vier Glieder sind nicht ausser einander, wie das Descartes'sche Gespenst in der Maschine, sondern in einander. Sie bilden eine *Einheit*, und insofern *monistisch* den Menschen. Aber diese Einheit ist eine tetraktisch in sich *differenzierte* – aus vier Wesensgliedern bestehende – Einheit: Körper, Leben, Seele und Geist sind dabei nicht wie «Schubladen» einer Kommode übereinander geordnet, sondern, wie bereits gesagt, *ineinander*. Der ganze Körper ist belebt, d.h. überall durchdrungen vom Ätherleib, und dieser vom Astralleib, und dieser vom Ich.

Die anthroposophische Medizin hat also eine *systemische* Sicht des Menschen und stimmt darin mit dem Grundprinzip der Systemtheorie von Nicolai Hartmann (1882–1950) überein. Hartmann differenziert einerseits die vier Ebenen des physischen, lebendigen, seelischen und geistigen Seins des Menschen, anderseits liefert er die begrifflichen Kategorien dazu, dass diese vier Schichten dennoch als eine – allerdings in sich differenziert – Einheit zu verstehen sind.

> Die vier Hauptstufen des physischen, organischen, seelischen und geistigen Seins sind deutlich [...] erkennbar.
> So erhebt sich die organische Natur über der anorganischen. Sie schwebt nicht frei für sich, sondern setzt die Verhältnisse und Gesetzlichkeiten des physisch Materiellen voraus; sie ruht auf ihnen auf, wenn schon diese keineswegs ausreichen, das Lebendige auszumachen. Ebenso bedingt ist seelisches Sein und Bewusstsein durch den tragenden Organismus, an und mit dem allein es in der Welt auftritt. Und nicht anders bleiben die grossen geschichtlichen Erscheinungen des Geisteslebens an das Seelenleben der Individuen gebunden, die seine jeweiligen Träger sind. Von Schicht zu Schicht, über jeden Einschnitt hinweg, finden wir dasselbe Verhältnis des Aufruhens, der Bedingtheit «von unten» her, und doch zugleich der Selbständigkeit des Aufruhenden in seiner Eigengeformtheit und Eigengesetzlichkeit.

> Dieses Verhältnis ist die eigentliche Einheit der realen Welt. Die Welt entbehrt bei aller Mannigfaltigkeit und Heterogeneität keineswegs der Einheitlichkeit. Sie hat die Einheit eines Systems, aber das System ist ein Schichtensystem. Der Aufbau der realen Welt ist ein Schichtenbau. Nicht auf die Unüberbrückbarkeit der Einschnitte kommt es hierbei an [...], sondern auf das Einsetzen neuer Gesetzlichkeit und kategorialer Formung, zwar in Abhängigkeit von den niederen, aber doch in aufweisbarer Eigenart und Selbständigkeit gegen sie. [44]

3. Bewusstsein und Vitalität: ein antagonistischer Dualismus

Der im vorherigen Kapitel dargestellte Aufbau der menschlichen Gesamtorganisation als hierarchisch geordnete Einheit von ineinander wirkenden Systemen ist jedoch als *funktionelle* Organisation nicht als ein *gleichförmiger* Schichtenbau zu denken, sondern als eine *Polarität, die sich stets zum Ausgleich bringt.* Die als *Vierheit* gebaute eine *Einheit* von Körper, Lebenskräften, Seele und Geist ist in gewisser Hinsicht eine innerlich sich opponierende *Zweiheit.*

Zur *Zweiheit* wird die Vierheit dadurch, dass zwischen den Funktionen der *Vitalität* (bzw. des *Lebens*) und des *Bewusstseins* ein *fundamentaler Antagonismus* besteht. Das ist eine Tatsache, die für das Verständnis der menschlichen und tierischen Gesamtorganisation und insbesondere für das Verständnis des Verhältnisses von Leib und Seele von der allergrössten Bedeutung ist, aber bis heute nicht in angemessener Weise gewürdigt wird.

Worin zeigt sich dieser Antagonismus? Zunächst zeigt ein Vergleich der phylogenetisch höheren mit den niedereren Tierformen der Evolution, dass die niederen Formen hinsichtlich Generation und Regeneration viel vitaler sind als höhere, dass aber diese ein bedeutend höheres Bewusstsein haben als jene. Der Reduktionist mag einwenden, dass höher entwickelte Organismen auch ein höher entwickeltes Nervensystem haben und dass *dadurch* ihr höheres Bewusstsein zu erklären sei. Dem ist beizupflichten, wenn es um die Erklärung der organischen *Bedingung*, nicht aber, wenn es um die Erklärung des durch diese Bedingung ermöglichten *Bewusstseins* geht. Denn wären Bewusstseinsfunktionen von gleicher Art wie Generations- und Regenerationsfunktionen, dann müsste die Vitalität eines Nervensystems der Stufe des durch es vermittelten Bewusstseins analog sein, d.h. ein höher geartetes Nervensystem müsste auch eine höhere Regenerationskapazität aufweisen als ein niedrigeres.

Das Gegenteil ist aber der Fall: Je höher entwickelt das Nervensystem bzw. die durch es vermittelte Bewusstseinsfunktion ist, desto *geringer* ist seine regenerative Potenz. Deshalb können Nervenzellen primitiverer Entwicklungsstufen sich noch teilen, vermehren, regenerieren, und zum Teil noch wandern, aber das durch sie allenfalls vermittelte Bewusstsein bleibt völlig unbewusst. Bespiele dafür sind die embryonalen Nervenzellen aller Organismen, und bei adulten Organismen etwa das primitive Ganglien-Nervensystem von einfachen Strudelwürmern (die charakteristischerweise auch noch ihren ganzen Organismus vollständig regenerieren können, wenn er in irgend einer Richtung entzwei geschnitten wurde [28]) oder die Ganglien des vegetativen Nervensystems bei Tier und Mensch. Umgekehrt ermöglichen die Nervenzellen des sogenannten Neocortex des Menschen höchste Bewusstseinsfunktionen wie vollbewusstes mathematisches Denken und anderes, aber die regenerative Potenz dieser Zellen ist vollständig verloren gegangen: sie sind immobil und können sich nicht mehr regenerieren oder fortpflanzen. Gleichzeitig sind sie diejenigen Zellen des Organismus, die dem Tod am nächsten stehen: sie sterben bei Sauerstoffverlust (zum Beispiel durch Ausfall der arteriellen Blutzufuhr zufolge Embolie) bekanntlich schon nach drei Minuten ab, früher als alle anderen Zellen des Organismus.

Man vergleiche damit die gewaltige Regenerationspotenz der Leber, deren Zellen nach operativer Entfernung einer Leberhälfte sich vermehren und – ähnlich wie das bei den Strudelwürmern für den ganzen Organismus geschieht – das Organ wieder bis zu seiner ursprünglichen Grösse auswachsen lassen. (Die Leber verdient deshalb ihren Namen, nämlich ein Produzent von «Leben» zu sein, auch aus diesem Grund zu Recht, und nicht nur weil sie einen Grossteil derjenigen Stoffe liefert, die für die Aufrechterhaltung von Lebensprozessen im ganzen Organismus verantwortlich ist.) Aber die durch die Leber vermittelten Funktionen bleiben vollständig unbewusst. Hier wiederholt sich in der Ontogenese des einzelnen Organismus das, was schon in der Phylogenese festzustellen ist: *die Polarität zwischen Vitalität einerseits und Bewusstsein andererseits.*

Dem entspricht auch die innerhalb des Nervensystems selbst festzustellende Tatsache, dass die dem Bewusstsein dienenden Nervenfunktionen nicht *aufbauender*, sondern *abbauender* Natur sind. Bei der Sinneswahrnehmung findet zum Beispiel im Auge ein Abbau des vorher aufgebauten Sehpurpurs (Rhodopsin) statt; das den Wahrnehmungseindruck weiter bis ins Zentralnervensystem vermittelnde Aktionspotential stellt einen geregelten Zusammenbruch des vorher unter Aufwendung von Energie aufgebauten

Membranpotentials des Nerven dar; und die Neurotransmitter, die zum Beispiel einen exzitatorischen Nervenimpuls über die Synapsen zu leiten haben, sind neurotoxisch, d.h. sie führen zu einer Zerstörung des Nervengewebes, wenn sie nicht sofort verstoffwechselt werden. So sind die Nervenschäden bei einem Hirnschlag durch Embolie nicht nur durch den Sauerstoffverlust, sondern auch durch die Anhäufung von Neurotransmittern bedingt [29].

Mit anderen Worten: *Das Bewusstsein ist erkauft durch einen Verlust von Vitalität.* Das ist eine Tatsache, auf die bereits Fortlage 1869 in seinen «Acht psychologischen Vorträgen» hingewiesen hat:

> Wenn wir uns *lebendige Wesen* nennen, und so uns eine Eigenschaft beilegen, die wir mit Tieren und Pflanzen teilen, so verstehen wir unter dem lebendigen Zustand notwendig etwas, das uns nie verlässt, und sowohl im Schlaf als im Wachen stets in uns fortdauert. Dies ist das vegetative Leben der Ernährung unseres Organismus, ein unbewusstes Leben, ein Leben des Schlafs. Das Gehirn macht hier dadurch eine Ausnahme, dass dieses Leben der Ernährung, dieses Schlafleben bei ihm in den Pausen des Wachens überwogen wird von dem Leben der *Verzehrung*. In diesen Pausen steht das Gehirn einer überwiegenden Verzehrung preisgegeben, und gerät folglich in einen Zustand, welcher, wenn er sich auf die übrigen Organe miterstreckte, die absolute Entkräftigung des Leibes oder den Tod zu Wege bringen würde. [30]

Auf die grundsätzliche Bedeutung dieser organischen «Herablähmung» [31, S. 168] für das Gesamtverständnis der menschlichen Organisation und insbesondere des Leib-Seele-Verhältnisses hat dann als erster Rudolf Steiner hingewiesen, so 1917 in seinem bedeutenden, auf Fortlage Bezug nehmenden Buch «Von Seelenrätseln» [31], und 1925 in «Grundlegendes für eine Erweiterung der Heilkunst nach geisteswissenschaftlichen Erkenntnissen» [27, S. 17]:

> Der Geist entfaltet sich nicht auf der Grundlage aufbauender Stofftätigkeit, sondern auf derjenigen abbauender. Wo im Menschen Geist wirken soll, da muss der Stoff sich von seiner Tätigkeit zurückziehen.

Dem könnte entgegnet werden, dass sämtliche Bewusstseinsleistungen mit einer *Zunahme* der metabolischen Leistungen entsprechender Areale des Zentralnervensystems assoziiert seien, und dass gerade darauf die Zuordnung von Bewusstseinleistungen und Gehirnarealen beruhen, die durch moderne bildgebende Verfahren wie Positronen-Emissions-Tomographie PET sichtbar gemacht werden können. Dem ist sicher zuzustimmen, aber dieser Metabolismus ist *reaktiv*, zur *Kompensation* der durch die Bewusstseinsleistung bewirkten Konsumption. Bewusstheit kommt also nicht durch den Metabolismus zustande, sondern in gewisser Weise im Gegensatz zu ihm. Gewiss ermöglicht das Gehirn das Bewusstsein, aber nicht als dessen Verursacher, sondern als dessen *Widerpart* [32]. Der Mensch denkt nicht *durch* das Gehirn, sondern *gegen* das Gehirn.

Diese Erwägungen zeigen, dass die im vorangehenden Kapitel dargestellte, aus Körper, Lebensleib, Seele und Geist bestehende *Vierheit* des Menschen funktionell in eine *Zweiheit* zerfällt. Denn Träger von Bewusstheit und Selbstbewusstheit sind Seele und Geist, und Träger der aufbauenden vegetativen Vitalität ist der den physischen Leib durchdringende Ätherleib. Und indem Bewusst- und Selbstbewusstsein das Aufgebaute wieder verzehren, stehen sich funktionell das Geistig-Seelische und der belebte Körper *dualistisch* entgegen. In diesem Punkt besteht eine gewisse Verwandtschaft mit dem Descartes'schen Dualismus, jedoch mit dem Unterschied, dass im anthroposophischen Menschenbild der Körper nicht als Maschine, sondern als belebter Leib, und das Seelisch-Geistige nicht als ausserhalb, sondern als den Leib innerlich überall durchdringend gedacht wird.

4. *Polarität und Ausgleich: Die funktionelle Dreigliederung des menschlichen Organismus*

Aber bei diesem Dualismus zwischen seelisch-geistigen und leiblichen Funktionen bleibt es nicht, denn diese antagonistische Polarität wird ständig ausgeglichen. *Polarität und Ausgleich* sind ein fundamentales Prinzip einer *beseelten, mit Bewusstsein begabten* Organisation. Und insofern der Ausgleich im Nacheinander stattfindet, ergibt sich die biologische Notwendigkeit einer *rhythmischen Organisation*: die Bewusstseinsleistung muss von einer Erholung gefolgt sein, die den durch das Bewusstsein bedingten Abbau in der das Bewusstsein vermittelnden Organisation wieder ausgleicht. Daraus wird auch verständlich, warum die höheren Säugetiere und insbesondere der Mensch in rhythmischer Folge *schlafen* und so die höheren Bewusstseinsfunktionen regelmässig ausgeschaltet werden müssen; denn dank regenerierter leiblicher Grundlage sind Bewusstseinsfunktionen später wieder möglich.

Dadurch wird aus der *Zweiheit* eine *Dreiheit:* denn der fortwährende Ausgleich von Bewusstseins- und Regenerationsfunktionen wird, wie das für alle organischen Prozesse der Fall ist, vom Organismus *aktiv* reguliert. Das Regulier*ende* ist von dem durch es Regulier*ten* stets zu unterscheiden; als das die Regulierung aktiv Bewirkende ist es ihm hierarchisch sogar übergeordnet. *Funktionell* kommen also nicht nur das Bewusstsein vermittelnde, mit Abbau assoziierte Nerventätigkeit und der aufbauende Stoffwechsel, sondern noch eine dritte Organisation in Betracht: die *rhythmische Organisation.* In dieser Hinsicht ist *der menschliche Organismus funktionell dreigegliedert.*

Die funktionelle Dreigliederung des menschlichen Organismus ist eine Entdeckung Rudolf Steiners, die er erstmals 1917 in seinem Buch «Von Seelenrätseln» publiziert hat [31, S. 150–163]. Für das Verständnis von Anatomie und Physiologie und insbesondere für eine differenzierte Lösung des Leib-Seele-Problems ist sie von einer weittragenden Bedeutung, ist aber bisher von Fachkreisen der Anatomie und Physiologie kaum rezipiert worden. Eine Ausnahme sind der bekannte Erlanger Anatom Johannes Rohen und der Marburger Arbeits- und Rehabilitationsphysiologe Gunter Hildebrandt. Beide haben ihre Arbeit auf der von Steiner entdeckten funktionellen Dreigliederung aufgebaut [33], ohne das allerdings in ihren Lehrbüchern genügend zu deklarieren [34–36].

	Elementare Lebensprozesse	Teilprozesse			Organsysteme
A	Stoffwechsel (Metabolismus)	Stoffaufnahme	Stoffumsatz	Stoffausscheidung → Exkretion / Reproduktion	Digestions- u. Urogenitalapparat
B	Atmung (Respiration)	Sauerstoffaufnahme	Gaswechsel	Kohlensäureausscheidung	Respirationsapparat
B	Kreislauf (Zirkulation)	Substanzeinstrom	Transport u. Verteilung	Substanzabstrom	Zirkulationsapparat
C	Informationswechsel u. Steuerung	Reizaufnahme	Erregungsverarbeitung	Reizbeantwortung	Sinnesorgane, Nervensystem, u. endokrine Organe

Abb. 3: Funktionell anatomische Grundlagen der physiologischen Dreigliederung. Darstellung nach Rohen (Genehmigte Abbildung aus [34, S. 3])

Dem Konzept der funktionellen Dreigliederung gemäss lassen sich alle organismischen Funktionen abschliessend in drei Kategorien einteilen, nämlich in solche der *Nerventätigkeit, des Rhythmus und des Stoffwechsels.* Die physiologischen Vorgänge sämtlicher Organsysteme des Körpers sind letztlich das Resultat eines differenzierten Wechselwirkens von Prozessen des Stoffwechsels, des ausgleichenden Rhythmus und der ordnenden, informationsgebenden Nerventätigkeit. Bezogen auf den ganzen Organismus handelt es sich dabei um drei relativ selbständige, aber überall zusammenwirkende *Systeme.* Steiner bezeichnet sie als das *Nerven-Sinnes-System*, das *rhythmische System* und das *Stoffwechsel-Gliedmassen-System* [31].

Anatomisch zeigt der Aufbau des menschlichen Körpers ein Abbild dieser drei Systeme und ihrer gegenseitigen Interaktion: Das hauptsächlich der Informationsvermittlung und Steuerung dienende Nerven-Sinnes-System ist im *«oberen» Menschen, d.h. in Kopf und Wirbelsäule* zentriert, aber Nerven durchziehen natürlich auch Thorax, Bauch und Gliedmassen, und die dazu gehörigen Sinnesorgane sind im Inneren und an der Peripherie des ganzen Organismus verteilt. Es handelt sich um dieses System, in dem der oben beschriebene, durch die Bewusstseinsfunktionen des Seelisch-Geistigen bedingte Abbau geschieht [33].

Polar dazu sind die vorwiegend der Ernährung, dem Aufbau, der Regeneration, dem Stoffwechsel, und damit auch der Ausscheidung dienenden Organe im *«unteren» Menschen* konzentriert, im Bauchraum unterhalb des Zwerchfells. Freilich spielen sich Stoffwechselfunktionen in *allen* Organen ab, sehr intensiv sogar im Zentralnervensystem (vergleiche oben). *Insofern* sind alle Organe Teil des Stoffwechselsystems. Aber die *primären oder hauptsächlichen* Aufgaben sind für das Nerven-Sinnes-System die Versorgung des Körpers mit Information, und für die eigentlichen Stoffwechsel-Organe eben die Bereitstellung von Substanz.

Zwischen dem Stoffwechsel-betonten «unteren» und dem Informationsgebenden «oberen» liegt der *«mittlere»* Mensch, der im Brustraum die beiden Zentralorgane der rhythmischen Organisation beherbergt, nämlich Herz und Lunge. Auch diese Organe haben ihren Stoffwechsel und ihre Versorgung mit Sinnesrezeptoren und Nerven, wodurch sich in sie das Stoffwechsel- und das Nerven-Sinnes-System erstreckt. Aber diese Organsysteme und deren Funktionen sind dort Diener der primären oder Hauptfunktion der *rhythmischen Organisation*: dem steten bzw. periodischen *Ausgleich* durch Transport von Sauerstoff und aufbauenden Metaboliten einerseits und durch Wegschaffen von Kohlensäure und auszuscheidenden Stoffwechsel-Abbauprodukten andererseits.

Funktionell-physiologisch gesehen ist der menschliche Organismus also gegliedert in *Nerven-Sinnes-, Stoffwechsel-Gliedmassen- und rhythmisches System.* Durch die Tatsache ihrer je eigenen spezifischen Gesetze sind diese Systeme und ihre Funktionen *relativ selbständig* voneinander; sie sind aber nirgends getrennt, sondern wirken in ihrem Wechselverhältnis überall zusammen und bilden dadurch wieder die höheren Einheit, die den Organismus ausmacht. Das *«Drei»* ist also *«Eins»*.

Was ist nun der Zusammenhang zwischen der Viergliederung des Menschen in Körper, Leben, Seele, Geist und der Dreigliederung in Nerven-Sinnes-System, rhythmisches System und Stoffwechsel-Gliedmassen-System? Grundsätzlich ist *jedes* Organ des physischen Körpers vom Lebensleib, vom Astralleib und vom Ich durchdrungen, aber in unterschiedlichem Ausmass und mit unterschiedlichen Aufgaben. Insofern die Organe des *Nerven-Sinnes-Systems* dem Bewusstsein dienen, sind in ihnen vornehmlich *Ich und Astralleib* tätig. Insofern die *Stoffwechsel-Organisation* den organischen Aufbau bewerkstelligen, wirken in ihnen vorwiegend die Kräfte des *physischen und des Ätherleibes.* Und die dazwischen liegenden Funktionen des *rhythmischen Systems* sind durch das Ineinanderwirken von *Ätherleib und Astralleib* bewirkt [37].

	Geist (Ich)
Nerven-Sinnes-System (Denken)	
	Seele (Astralleib)
Rhythmisches System (Fühlen)	
	Leben (Ätherleib)
Stoffwechsel-Gliedmassen-System (Wollen)	
	Materie (Physischer Leib)

Abb. 4: Der Zusammenhang der dreigliedrigen und viergliedrigen Organisation des Menschen

5. Systemische Viergliederung, funktionelle Dreigliederung und Leib-Seele-Verhältnis

Eine fundamentale Entdeckung Steiners im Zusammen mit der funktionellen Dreigliederung ist, dass das Seelisch-Geistige des Menschen nicht nur «im Oberstübchen» zu Hause ist, wie das etwa in der dualistischen Sicht von Eccles und Popper noch angenommen wird. Diese Autoren stellen sich hypothetisch vor, das geistige Ich des Menschen würde über Nervenzellmodule des Zentralnervensystems gewissermassen wie ein Klavierspieler in die Tasten eines Klaviers eingreifen, also durch eine äusserlich, d.h. mechanisch gedachte Interaktion, und von dort aus würden die so ausgelösten Impulse durch die entsprechenden nervalen Vermittlungen rein mechanisch in die entfernteren Teile das Organismus geleitet, von wo aus ebenso mechanisch gedachte Signale an das Ich im Zentralnervensystem zurückgemeldet würden. Das seelisch-geistige Leben als solches würde jedoch ganz im Bereich des ZNS abgewickelt. Diese – im Übrigen völlig spekulative – Auffassung des Leib-Seele-Verhältnisses liegt implizit oder explizit überall dem konventionellen Menschenbild der heutigen Medizin zugrunde, wenn man überhaupt noch ein «Ich» oder eine «Seele» gelten lassen will.

Ganz anders sind die von Steiner dargelegten Darstellungen zum Leib-Seele-Verhältnis. Diesen gemäss ist das Leib-Seele-Verhältnis erstens nicht mechanisch zu denken, und zweitens ist die Tätigkeit des Seelisch-Geistigen nicht nur ins Zentralnervensystem zu lokalisieren, sondern in den *ganzen Körper* [31].

Mechanisch ist das Leib-Seele-Verhältnis deshalb nicht, weil das Seelisch-Geistige keineswegs in eine starre, feste Maschine einzugreifen hat, wie das Descartes'sche Gespenst suggeriert. Das gilt bereits für die Lebenskräfte. *Leben* ist bekanntlich nur im *flüssigen* Zustand möglich. Alles, was im Körper den vollen festen Aggregatszustand erreicht, fällt dabei aus dem Lebendigen heraus und bleibt als kristalline, rein mineralische Bildung als etwas pathologisches abgelagert. Überall, wo im Körper noch Leben ist, ist stofflich gesehen ein *Fliess*gleichgewicht vorhanden. Und 80–90% des Körpermaterials befindet sich ohnehin in einem flüssigen oder quasi-flüssigen Zustand. Gemäss Steiner wirkt das Ätherische über das Flüssige in den Körper, das *Seelische* über den *gasförmigen* Zustand, und der *Geist*, das menschliche Ich, über die *Wärme*. Daher auch die der Pflanze entgegengesetzte Atemorganisation von Tier und Mensch, und daher auch die zunehmende Wärmeabhängigkeit der höheren Tiere bis hinauf zum Menschen. Es handelt sich also nicht um ein mechanisches, sondern ein viel feineres Leib-Seele-Geist-Wechselverhältnis.

Ich	–	Wärme
Astralleib	–	Luftförmiges
Ätherleib	–	Flüssiges
Physischer Leib	–	Festes

Abb. 5: Wesensglieder und 4 Elemente

Zudem ist das Seelisch-Geistige nicht nur mit dem Nervensystem, sondern mit dem ganzen Körper verbunden. Die funktionelle Tätigkeit des Nervensystems liefert lediglich die materielle Grundlage des *Vorstellens und Denkens.* Und dazu dient nicht nur das Zentralnervensystem, sondern zum Beispiel bei der Sinneswahrnehmung die *gesamte*, auch den peripheren Nerv umfassende und über diesen hinaus bis in das Sinnesorgan hinein lokalisierte Nerventätigkeit. Dem Zentralnervensystem fällt dabei die entscheidende Aufgabe zu, das Vorgestellte *bewusst* zu machen, aber die Nerventätigkeit als solche dient auf der *ganzen* Strecke, vom Sinnesorgan bis in das ZNS, der Vermittlung der entsprechenden Sinnesvorstellung. Das Schmerzerlebnis wird nicht, wie das heute meist geglaubt wird, aufgrund seelenloser Nervensignale erst *im Gehirn erzeugt* [38], sondern dort, wo es in der Peripherie tatsächlich erlebt wird; nur braucht es die Weiterleitung der entsprechenden Nervenimpulse bis in das ZNS, damit das periphere Erlebnis *bewusst vorgestellt* werden kann. Das *Erleben* des Schmerzes, also das Seelische dieses Vorganges, erstreckt sich jedoch über die ganze Strecke der physiologischen Prozesskaskade [39]. Diese Prozesskaskade *ist* nicht das Empfinden, sondern liefert lediglich dessen materielle Vermittlung. Deshalb ist das Seelenleben schon hinsichtlich seiner sensorischen und kognitiven Leistungen nicht nur mit dem Gehirn, sondern als mit dem *ganzen* Körper verbunden zu denken.

Nerven-Sinnes-System	–	Denken
Rhythmisches System	–	Fühlen
Stoffwechsel-Gliedmassen-System	–	Wollen

Abb. 6: Funktionelle Dreigliederung und Seelentätigkeiten

Das Seelenleben besteht jedoch nicht nur aus Sinnesempfinden und Vorstellen bzw. Denken, sondern auch aus *Fühlen* und *Wollen.* Diese Seelentätigkeiten haben ihre physiologische Grundlage nicht in den funktionellen Prozessen des Nerven-Sinnes-Systems, sondern in denjenigen des rhythmischen und des Stoffwechselsystems. Das Nervensystem dient hinsichtlich Fühlen und Wollen nur dazu, die entsprechenden *Vorstellungen* von Gefühlen und Willensimpulsen zu vermitteln, das *Erleben* des *Fühlens* hat seine materielle Grundlage in den Prozessen des *rhythmischen Systems*, und das *Wollen* in denjenigen des *Stoffwechsel-Gliedmassen-Systems.* Deswegen ist auch die Auffassung inkorrekt, der sogenannte «motorische» Nerv vermittle den Willensimpuls der Bewegung. Der Nerv vermittelt nur die *Zielvorstellung* für die intendierte Willenshandlung; der die Bewegung bewirkende *Wille als solcher* hat sein physiologisch-materielles Korrelat in den entsprechenden Stoffwechsel-Prozessen des Gliedmassensystems [31].

Mit anderen Worten: das Seelisch-Geistige des Menschen ist leiblich nicht nur im zentralen Nerven-Sinnes-System «lokalisiert», sondern in seinem *ganzen* Körper. Durch das Zentralnervensystem erreicht er im Zusammenhang mit dem dort vermittelten Vorstellungs- und Denkbewusstsein lediglich seine grösste Bewusstheit, nämlich die Bewusstseinsstufe der *Wachheit.* Das durch das rhythmische System vermittelte *Fühlen* erreicht jedoch lediglich die Stufe des *Träumens*, und das durch das Stoffwechsel-Gliedmassen-System ermöglichte *Wollen* die Stufe des *Schlafens.* Dadurch entfallen diese Erlebnisse dem Tagesbewusstsein, ausser wenn es gelingt, sie vorstellungsbewusst zu machen.

Denken	–	Wachen
Fühlen	–	Träumen
Wollen	–	Schlafen

Abb. 7: Seelentätigkeiten und Bewusstseinszustände

6. Konsequenzen für Prophylaxe und Therapie

Gesundheit und Krankheit sind unter diesen Gesichtspunkten nicht eine blosse Frage des Wechselwirkens von Molekülen unter sich oder der ebenso mechanisch gedachten Wechselwirkung mit einer gespenstartig gedachten Seele im Gehirn, sondern – wenn man die Viergliederung zugrunde legt – eine Auswirkung des harmonischen oder unharmonischen Zusammenwirkens von physischem Körper, Lebensleib, Astralleib und Ich in einem Organ, Organsystem oder im Ganzen des Organismus, oder – wenn man die funktionelle Dreigliederung beachtet –, eine Frage von harmonischen oder dissonanten Verhältnissen von Funktionen des Nerven-Sinnes-Systems, des rhythmischen Systems und des Stoffwechsel-Gliedmassensystems in irgend einem Funktionszusammenhang des Organismus. Was dann pathologisch-anatomisch im physischen Körper festgestellt wird, ist das äussere Gesamtresultat dieses Zusammenwirkens auf der physischen Ebene.

Und auch die *Ursachen* von Krankheiten können auf verschiedenen Ebenen liegen. Sie können auf der physischen Ebene liegen (zum Beispiel als

Krebs erregende Teerstoffe aus Zigaretten), aber auch auf der Lebensebene (zum Beispiel als ein fehlgeleiteter, durch einen evtl. anderweitig geschädigten Ätherleib bewirkten Selbstheilungsversuch von Zellen, die durch jene Teerstoffe chronisch irritiert werden), ferner im seelischen Bereich (zum Beispiel durch Depression nach plötzlichem Verlust eines Lebenspartners mit nachfolgender Schwächung von Immunfunktionen), oder sie können auch auf der geistigen Ebene liegen (zum Beispiel durch schicksalsmässige Gründe bedingt, die mit dem über Geburt und Tod hinaus gehenden weiteren Schicksalsgang des Menschen zusammenhängen). Krankheiten sind bekanntlich meist multifaktoriell bedingt, aber das Multifaktorielle ist nicht nur im physischen Bereich zu suchen, sondern liegt auf verschiedenen Ebenen der menschlichen Gesamtorganisation und in deren physischen, lebendigen, seelischen oder geistigen Umgebung.

Und entsprechend kann die Therapie unter solchen Gesichtspunkten multimodal gestaltet werden, d.h. sich auf alle diese Ebenen richten: auf die *geistige Ebene* durch kognitive, Sinn- und Schicksalsfragen, Biographisches, auch Spirituelles berücksichtigende Gesprächstherapie, auf die *seelische* Ebene durch emotionell stützende Psychotherapie, durch künstlerische Therapien wie Malen, Musik, Sprache u.a., auf die Ebene der *Lebenskräfte* durch pflanzliche oder homöopathische Präparate, welche Vitalfunktionen wie immunologische Abwehrfunktionen, Organtätigkeiten usw. unterstützen und stärken, und auf der *physischen* wirken die üblichen konventionellen pharmakologischen, chirurgischen und anderen Verfahren. Die anthroposophische Krebstherapie zum Beispiel ist in diesem Sinne gestaltet [41,42]. So ist die Sache von der systemischen Viergliederung aus betrachtet.

Vom Gesichtspunkt der funktionellen Dreigliederung aus gesehen kann zum Beispiel eine seelisch-geistige Überlastung zufolge chronischem Berufsstress zu einer Überlastung von Nervenfunktionen führen, die bei fehlender Erholung ungenügend durch regenerierende Stoffwechselfunktionen kompensiert werden (zum Beispiel bei zuwenig Schlaf) und so zu Organschädigungen führen. Wenn gleichzeitig das Stoffwechsel-System durch falsche oder übermässige Ernährung überlastet wird, dann kann auch das rhythmische System seine ausgleichenden Leistungen nicht genügend aufrecht erhalten, und eine entsprechende Dekompensation bis hin zum Herzinfarkt kann die Folge sein.

Prophylaktisch und therapeutisch kann deswegen auf verschiedenen Ebenen angesetzt werden: Bereits in der Erziehung, aber auch in der weiteren

Lebensführung ist auf ein gesundes Verhältnis von Denken, Fühlen und Wollen, zu achten, in der Schule zum Beispiel auf eine physiologisch sinnvolle Abwechslung von kognitiven, künstlerischen und bewegungsmässigen Fächern [40], und im Leben auf ein gesundes Wechselverhältnis von ergotropen, das Bewusstsein und die organische Konsumption verursachenden Tätigkeiten mit trophotropen, Ernährung und Erholung ermöglichenden Ausgleichsphasen. Es ergibt sich daraus eine «therapeutische Physiologie» wie Hildebrandt das bezeichnet hat [36]. Gesundheit ist dann nicht als eine statische bzw. statistische Grösse mit Abwesenheit von Krankheit zu verstehen, sondern ein stets neu und aktiv zu erringendes individuelles Gleichgewicht zwischen Aufbau und Abbau, Stress und Erholung, Wachen und Schlafen, Erkranken und Genesen, ganz wie Troxler, der erste Vertreter der geisteswissenschaftlichen Anthroposophie an der Universität Bern, das verstanden hat [43]. Das ist aber nur dann zu verstehen, wenn der Mensch nicht monistisch als Maschine, sondern tetraktisch als Einheit von Körper, Leben, Seele und Geist aufgefasst wird.

Literatur

[1] Damasio A. R.: Descartes' Irrtum. List, München, Leipzig 1997.
[2] De La Mettrie J.: Der Mensch als Maschine. LSR, Nürnberg 2002.
[3] Popper K. R., Eccles J. C.: Das Ich und sein Gehirn. Piper, München, Zürich 1982.
[4] Du Bois-Reymond E. (Hrsg.): Jugendbriefe von Emil Du Bois-Reymond an Eduard Hallmann. Reimer, Berlin 1918, S. 108.
[5] Metzinger T. (Hrsg.): Bewusstsein. Beiträge aus der Gegenwartsphilosophie. Schöningh, Paderborn 1996.
[6] Roth G.: Zitat aus: Es geht ans Eingemachte. Neue Erkenntnisse der Hirnforschung verändern unser Bild vom Menschen. Spektrum der Wissenschaft 2000; 10: 22–75.
[7] Schweizerische Akademie der Medizinischen Wissenschaften (SAMW). Expertenbericht «Zukunft Medizin Schweiz. Ziele und Aufgaben der Medizin im Beginn des 21. Jahrhunderts». SAMW, Basel 2004.
[8] Kleijnen J., Knipschild P., Ter Riet G.: Clinical trials of homeopathy. BMJ 1991; 302: 316–323.
[9] Linde K., Clausius N., Ramirez G., Melchart D., Eitel F., Hedges L.V., Jonas W. B.: Are the clinical effects of homeopathy placebo effects? A meta-analysis of placebo controlled trials. Lancet 1997; 350: 834–843.
[10] Vandenbroucke J. P.: Homeopathy and «the growth of truth». Lancet 2005; 366: 691–692.

[11] Shang A., Huwiler-Müntener K., Nartey L., Jüni P., Dörig S., Sternen J. A. C., Pewsner D., Egger M.: Are the clinical effects of homeopathy placebo effects? Comparative study of placebo controlled trials of homeopathy and allopathy. Lancet 2005; 366: 726–732.
[12] Heusser P.: EBM: Durch Fakten oder Annahmen? Gedanken zum Lancet-Artikel über Homöopathie. Schweiz Zschr Ganzheitsmedizin 2005; 17: 374–375.
[13] Vergleiche Beitrag von Ausfeld-Hafter B. in diesem Band, S. 51
[14] Vergleiche Beitrag von Thurneysen A. in diesem Band, S. 9.
[15] Vergleiche Beitrag von Fischer L. in diesem Band, S. 169.
[16] Kaucher E.: Energie, Information und transphysikalische Wirkungsmechanismen. In: Heusser P. (Hrsg.): «Energetische» Medizin. Gibt es nur physikalische Wirkungsprinzipien? Lang, Bern 1998, S. 43–64.
[17] Troxler IPV.: Naturlehre des menschlichen Erkennens oder Metaphysik [1828]. Nach der Erstausgabe neu hrsg. von Aeppli W., Troxler, Bern 1944.
[18] Troxler IPV.: Vorlesungen über Philosophie [1835]. Neu hrsg. von Eymann F., Troxler, Bern 1942.
[19] Honegger R.: Goethe und Hegel. In: Jahrbuch der Goethegesellschaft, Weimar 1925; B. 2, S. 38–111.
[20] Troxler IPV.: Blicke in das Wesen des Menschen [1812]. Nach der Erstausgabe Aarau 1812 neu hrsg. von Lauer H. E., Der kommende Tag, Stuttgart 1921.
[21] Fichte H.: Anthropologie. Die Lehre von der menschlichen Seele. Begründet auf naturwissenschaftlichem Wege für Naturforscher, Seelenärzte und wissenschaftlich Gebildete überhaupt. Brockhaus, Leipzig 1856.
[22] Steiner R. [1886]: Grundlinien einer Erkenntnistheorie der Goetheschen Weltanschauung. Rudolf Steiner Verlag Dornach, 7. Aufl. 1979.
[23] Steiner R. [1892]: Wahrheit und Wissenschaft. Rudolf Steiner Verlag Dornach, 5. Aufl. 1980.
[24] Steiner R. [1904/05]: Wie erlangt man Erkenntnisse der höheren Welten? Rudolf Steiner Verlag, Dornach, 24. Aufl. 1993.
[25] Steiner R. [1910]: Die Geheimwissenschaft im Umriss. Rudolf Steiner Verlag, Dornach, 30. Aufl. 1989.
[26] Steiner R. [1904]: Theosophie. Einführung in übersinnliche Welterkenntnis und Menschenbestimmung. Rudolf Steiner Verlag, Dornach, 31. Aufl. 1987.
[27] Steiner R., Wegman I. [1925]: Grundlegendes zur Erweiterung der Heilkunst nach geisteswissenschaftlichen Erkenntnissen. Rudolf Steiner Verlag, Dornach, 7. Aufl. 1991.
[28] Gross J. R.: Regeneration. Thieme, Stuttgart, 1974, S. 59.
[29] Olvieg J. W.: Glutamate. In: Adelmann G.: Encyclopedia of Neuroscience. Vol. I. Birkhäuser, Boston, Basel, Stuttgart 1987, S. 468–470.
[30] Fortlage C.: Acht psychologische Vorträge. Jena 1869, S. 35–39.
[31] Steiner R. [1917]: Von Seelenrätseln. Rudolf Steiner Verlag, Dornach, 5. Aufl. 1983, S. 168.
[32] Heusser P.: Goethe, die moderne Sinnesphysiologie und das Leib / Seele-Problem. In: Heusser P. (Hrsg.): Goethes Beitrag zur Erneuerung der Naturwissenschaften. Haupt, Bern 2000, S. 435–456.

[33] Rohen J.W.: Morphologie des menschlichen Organismus. Freies Geistesleben, Stuttgart 2000.
[34] Rohen J.W., Lütjen-Drecoll E.: Funktionelle Anatomie des Menschen. Schattauer, Stuttgart, 10. Aufl. 2001.
[35] Rohen J.W., Lütjen-Drecoll E.: Funktionelle Histologie. Schattauer, Stuttgart, 4. Aufl. 2000.
[36] Hildebrandt G., Moser M., Lehofen M.: Chronobiologie und Chronomedizin. Hippokrates 1998.
[37] Heusser P.: Anthroposophie als Geisteswissenschaft und die naturwissenschaftliche Medizin. In: Heusser P. (Hrsg.): Akademische Forschung in der Anthroposophischen Medizin. Lang, Bern 1999, S. 21–38.
[38] Besson J.M.: Der Schmerz. Artemis & Winkler, München 1994.
[39] Heusser P.: Über die Leib-Seele-Interaktion beim Schmerz. In: Fischer L. (Hrsg.): Der chronische Schmerz – eine interdisziplinäre Herausforderung. Lang, Bern 2006, S. 113–120.
[40] Zdradil T.: Praktische Gesundheitsförderung in der Erziehung. Das Beispiel der Waldorfpädagogik. In: Heusser P. (Hrsg.): Gesundheitsförderung – eine neue Zeitforderung. Lang, Bern 2002, S. 155–171.
[41] Heusser P., Berger Braun S., Ziegler R., Bertschy M., Helwig S., von Wegberg B., Cerny T.,: Palliative in-patient cancer treatment in an anthroposophic hospital: I. Treatment patterns and compliance with anthroposophic medicine. Forsch Komplementärmed 2006; 13: 94–100.
[42] Heusser P., Berger Braun S., Bertschy M., Burkhard R., Ziegler R., Helwig S., van Weberg B., Cerny T.: Palliative in-patient cancer treatment in an anthroposophic hospital: II. Quality of Life during an after stationary treatment, and subjective treatment benefits. Forsch Komplementärmed 2006; 13: 156–166.
[43] Heusser P.: Der Schweizer Arzt und Philosoph Ignaz Paul Vital Troxler (1780–1866). Seine Philosophie, Anthropologie und Medizintheorie. Schwabe, Basel/Stuttgart 1984.
[44] Hartmann N.: Der Aufbau der Realen Welt. Grundriss der allgemeinen Kategorielehre. 3. Aufl., Walter de Gruyter, Berlin 1964, S. 177–183.

Danielle Lemann

Medizin zwischen Liberalismus und Menschlichkeit – Ist die Zweiklassenmedizin noch vermeidbar?

Einleitung

Ich möchte zuerst etwas ausholen, weil unsere Gesellschaft eine lange Geschichte hat, von der ich einige Aspekte beleuchten möchte.

Wir alle kennen die drei Grundwerte unserer heutigen europäischen Kultur, wie sie sich während der Aufklärung und der französische Revolution herausgebildet haben. Seit dem Beginn der Aufklärung, also seit 400 Jahren, hat die Menschheit für diese Grundwerte gekämpft, nämlich für:

Freiheit
Gleichheit
Brüderlichkeit.

Für mich stellte sich da zunächst die Frage: wie konnte es kommen, dass «Liberté» als höchstes Kulturgut zu einem «Neo-Liberalismus» verkam, welcher die Freiheiten des Bürgers immer mehr einzuschränken droht?

Am Ende des zweiten Weltkrieges, 1948, deklarierte die neue Völkergemeinschaft UNO feierlich ihr Bekenntnis zu den Menschenrechten. Dort heisst es zum Beispiel:

> Alle Menschen sind frei und gleich an Würde und Rechten geboren. Sie sind mit Vernunft und Gewissen begabt und sollen einander im Geiste der Brüderlichkeit begegnen ... Jeder Mensch hat das Recht auf Leben, Freiheit und Sicherheit der Person. (Art. 1 und 3)

Die Liste der Rückschläge in dieser Bemühung ist lang, aber immer gab es auch Fortschritte. Immerhin hat der Siegeszug der Menschenrechte z.B. dazu beigetragen, dass in den 70-er Jahren die Militärdiktaturen in Lateinamerika und 1989 die totalitären Regimes in Zentral- und Osteuropa überwunden werden konnten. Und heute steht die Menschenrechtsfrage immerhin weit oben auf der Agenda des EU-Beitritts der Türkei oder der europäischen Markterweiterung Chinas.

Wir müssen uns ins Bewusstsein rufen, dass die Menschenrechte aus den Werten der westlichen europäischen Kultur entstanden und mit dem Wesen des Nationalstaates geschichtlich eng verbunden sind. Andere Kulturen und Religionen müssen sich dieses Bewusstsein erst noch erkämpfen. Kälin, Müller und Wyttenbach von der Universität Bern stellen in ihrem Buch «Das Bild der Menschenrechte» [1] die Frage, ob sich angesichts von Völkermord, weltweiter Folter oder Unterdrückung von Minderheiten anfangs des 21. Jahrhunderts die internationalen Bemühungen zum Schutz der Menschrechte nicht als wirkungslos erwiesen haben, kommen aber zum Schluss:

> Auch wenn sie noch nicht überall gelten: nie sind die Menschrechte von grösserer Bedeutung als im Moment ihrer Verletzung. Einem gefolterten Menschen bleibt in seinem Elend zumindest die Gewissheit, dass Recht und Moral auf seiner Seite stehen, und dass der Folterer gegen jedes Recht und jede Moral verstösst.

1. Die Geschichte der Freiheit

Die Menschen der Aufklärung waren beflügelt vom Glauben, Vernunft und Freiheit werde die Menschheit aus Unterdrückung und Armut erlösen. Voraussetzung zu diesem Positivismus waren bahnbrechende neue Entdeckungen und das daraus entstehende neue Weltbild, wie etwa die Neu-Entdeckung Amerikas, die Erfindung des Teleskops und des Mikroskops, die Papierherstellung und die Buchdruckkunst.

Die Faszination des Wissens und der Vernunft hat seither, bis in unsere Zeit, die Entwicklung von Wissenschaft und Technik, gerade auch in der Medizin, massgeblich geprägt. *«Man muss die Natur zerschneiden, um sie kennen zu lernen»,* forderte Francis Bacon um 1600 und konstatierte gleichzeitig: *«Wissen ist Macht.»* Zur gleichen Zeit warnte jedoch Thomas Hobbes vor dem wolfartigen Charakter des Menschen, wenn der Bürger nicht durch den Staat geschützt wird *(«Homo homini lupus»).*

John Locke erklärte schon 1690, dass jeder Mensch ein Recht auf Gleichheit (gleiche Behandlung ungeachtet der Herkunft), Freiheit und Unverletzlichkeit seiner Person und seines Eigentums habe. Im Zentrum stehe das Individuum, dessen Freiheit es zu sichern gelte. Das Volk sollte die Regierungsform selbst bestimmen können.

Zur gleichen Zeit hielt – gleichsam mit einem Ruck – die «reine Vernunft» des Immanuel Kant auch in der Medizin Einzug. Von Persien-Arabien via Spanien beeinflusste die arabische Medizin zunehmend auch die Europäer. Durch den ersten Pathologen Giovanni Battista Morgagni wurde 1750 der Leichenbefund in der Medizin ausschlaggebend. Damit begann in der Medizin der Siegeszug des schon von Bacon geprägten reduktionistischen Weltbildes.

Warum konnten diese Ideen, ausgehend von England, dann Amerika und Frankreich von der ganzen Bevölkerung Europas aufgenommen werden? Sie waren reif, sie waren geschichtlich so gewachsen. Die Bevölkerung hatte durch die arbeitsteilige Wirtschaft und die Industrialisierung freie Valenzen für selbständiges Denken gewonnen. Man kann sich auch leicht vorstellen, dass diese ansteckenden Gedanken Kraftfelder bildeten, wie sie Rupert Sheldrake [2] vor einigen Jahren als *«morphische Felder»* beschrieb. Solche Kraftfelder können sich weiterverbreiten und verstärken. Sie führten dann zu den grossen politischen Umwälzungen, den Revolutionen und zu den ersten demokratischen Nationalstaaten.

Die freiheitlichen Ideen und Ideale der Aufklärung fanden auch im Wirtschaftsleben ihren Niederschlag, was gemeinhin mit «Liberalismus» bezeichnet wird. Vom *«freien Spiel der Kräfte»* und der individuellen unternehmerischen Initiative erwartete man automatisch auch eine harmonische Entwicklung für das gesellschaftliche Ganze. So z.B. bei Adam Smith, welcher dem «eigennützigen» Streben hervorragende Bedeutung zumass, welches dann durch eine *«unsichtbare Hand»* zum Wohl der ganzen Gesellschaft beitragen würde. Im Mittelpunkt der liberalen Ökonomie steht jedoch zunehmend die Idee von Eigenrecht und Vorrang des Einzelnen gegenüber der Gesellschaft. Damit war der Entwicklung eines rücksichtslosen Egoismus im Wirtschaftsleben der Weg gewiesen – das soziale Verständnis von Hobbes: «Homo homini lupus» wurde zur ökonomischen Maxime. Die undifferenzierte Übertragung des Freiheitspostulates der Aufklärung auf das Wirtschaftsleben musste somit zum Heraufkommen eines Systems der schonungslosen Konkurrenz führen.

2. Der Wertewandel des Gleichheitspostulats

Gleichheit bezeichnet das demokratische Grundprinzip, dass alle Menschen vor dem Gesetz gleich sind. Die Idee, dass es angeborene unveräußerliche individuelle (Menschen-)Rechte gibt, konnte sich, wie wir gesehen haben, nur in langen historischen Prozessen entwickeln, noch heute muss für diese Idee Überzeugungsarbeit und Unterstützung geleistet werden. Die persönlichen Grundrechte mussten immer gegen die Interessen der jeweils Herrschenden durchgesetzt werden. Die US-amerikanische «Bill of Rights» von 1776 betonte: «Alle Menschen» sind von Natur aus in gleicher Weise frei und unabhängig. Frei und gleich – und damit vollwertige Menschen – waren aber nur die weissen Männer; die schwarzen Sklaven, die indianischen Völker und die Frauen konnten von Grundfreiheiten nicht profitieren. Bis ins 20. Jahrhundert galt das Gleichberechtigungsprinzip auch bei uns nur für die männliche Hälfte der Menschheit – selbst heute ist in der Schweiz die Gleichstellung der Frau bekanntlich nicht durchgehend realisiert.

Wichtig ist, dass die Gleichheit, wie auch in Artikel 8 der Bundesverfassung der Schweizerischen Eidgenossenschaft immer im Zusammenhang mit dem Gesetz genannt wird: alle Menschen sind *vor dem Gesetz* gleich.

Der Gleichheitsgedanke hat sich in der Schweiz so weit entwickelt, dass wir in den 80er-Jahren für kurze Zeit tatsächlich eine *Einklassengesellschaft* hatten: Erinnern Sie sich? Es gab während ein paar Jahren nur 2. Klass-Abteile in den Zügen und keine Privatzimmer in den Spitälern. Wenig später wurde dann die erste Klasse wieder eingeführt, weil die neuen «neoliberalen» Vorstellungen verlangten, dass auch der Service Public rentieren musste.

In der Charta zur ärztlichen Berufsethik, die 2004 den Eid des Hippokrates als Grundlage der ärztlichen Ethik abgelöst hat, die aber dessen Inhalte im Wesentlichen übernommen hat, steht in Artikel 3:

> Die Ärzteschaft ist aufgerufen, die Gerechtigkeit im Gesundheitswesen zu fördern. Dies schließt die faire Verteilung der zur Verfügung stehenden Mittel ein. Ärzte sollen sich aktiv daran beteiligen, Diskriminierungen im Gesundheitswesen auszumerzen.

Mit ihrer Maxime «Health for all», welche an der Weltgesundheitskonferenz vom 1978 in Alma Ata erhoben wurde, hatte die WHO in erster Linie die Dritte-Welt-Länder mit ihrem enormen Defizit an medizinischer Versorgung im Auge. Gleichzeitig wurde das Postulat des *«Empowerment»* gestellt: die Konferenz forderte für alle medizinischen Programme «maximale Eigenverantwortlichkeit der Bevölkerung und des Individuums sowie Teilnahme an Planung, Organisation und Kontrolle.»

In der englischen Sprache bedeutet «Health» nicht nur «Gesundheit», sondern auch «Gesundheitsversorgung», also Zugang zu den Ressourcen der Gesundheit. Wie wir sehen werden, sind die humanitären Postulate der WHO heute weltweit gefährdet, und steuern wir in der Schweiz mit erschreckender innerer Konsequenz auf ein Zweiklassensystem hin.

Paradoxerweise steht am Anfang dieses Prozesses ein verhängnisvoller Wertewandel im Verständnis des Gleichheitspostulates.

Die Gleichheitsprätention erfuhr im Laufe der Zeit jedoch einen eigenartigen Wertewandel von der Idee der Chancengleichheit hin zur *Uniformierung*. Das lässt sich auf allen Feldern der sozialen Gestaltung erkennen, allen voran wiederum im Wirtschaftswesen, deutlich aber auch im Schul- und Bildungswesen und im Gesundheitswesen.

- Die Gleichschaltungstendenz in der *Wirtschaft* können wir tagtäglich bei unserem Einkaufsbummel, oder beim Sonntagsspaziergang in der schönen Schweizer Landschaft konstatieren. Stichworte: EU-Normen, Produktions-, Verarbeitungs-, Verpackungs-, Vermarktungsvorschriften, Lädelisterben, Bauernhofsterben usw. Es ist leicht einsehbar, dass in dieser Uniformierungsmanie auch ein Hauptproblem der Globalisierung liegt.
- Für den Bereich des *Schulwesens* bringt der kritische Pädagoge Jürg Jegge die Problematik in seinem neuen Buch «Die Krümmung der Gurke – Menschen, nicht stapelbar» [3] auf den Punkt. Der Titel bezieht sich auf die EU-Norm Nr 1677/88, welche die Klasse 1-Gurken definiert: «Klasse 1 Gurken müssen gut entwickelt sein, gut geformt und praktisch gerade sein, maximale Krümmung 10 mm auf 10 cm Länge der Gurke [...]»

Jegge kommentiert dazu:

> Die Idee, sich an der Norm zu orientieren, ist [...] noch gar nicht sehr alt. Man kann sie verstehen als einen vorläufigen Höhepunkt im «Prozess der Zivilisation» (Norbert Elias), einem Prozess, in dessen Verlauf die Menschen ihre Affekte zunehmend unter Kontrolle zu bringen vermochten. Endgültig begann sich diese Sicht ab Mitte des 19. Jahrhunderts durchzusetzen. Das Wort normal, Norm, Abweichung, Durchschnitt, Normalität taucht um diese Zeit in den europäischen Sprachen auf. Zugleich setzt sich die Vorstellung durch, dass diese Normalität beschreibbar und messbar sei. So lässt sich auch die Abweichung von der Norm bestimmen ...

Die Gleichschaltung in der Schule ist heute weit gediehen, wird aber häufig übersehen. Etwa, wenn unter der Bezeichnung «Harmonisierung» ein Gesetz zur Normierung des Schweizer Schulunterrichts eingeführt wird, vielleicht auch im Bologna-Modell der Universitäten?

3. Die Entwicklung der Brüderlichkeit

Die Verwirklichung des dritten gesellschaftspolitischen Postulates der Aufklärung, der Brüderlichkeit, hat sich bis heute als besonders schwierig erwiesen. Das zeigt nicht nur die Kriegsgeschichte, sondern auch die weitere Entwicklung des Wirtschaftsliberalismus.

Die Neuformulierung liberaler Gesellschaftsentwürfe im Sinne des Neoliberalismus begann in den 30er-Jahren des letzten Jahrhunderts unter dem Einfluss von Männern wie Keynes, Lippmann und Hayek. 1947 wurde die Mont Pélerin-Society (MPS) gegründet, in der sich die «internationale Avantgarde des militanten Wirtschaftsliberalismus» zusammenfand. Im «Newsletter of the Mont Pélerin Society» 1990 schreibt Milton Friedman, der 2006 94-jährig verstorben ist:

> I believe a relative free economy is a necessary condition for freedom. But there is evidence that a democratic society, once established, destroys a free economy.

Sie kennen die Hauptforderungen des Neoliberalismus: die Unterordnung weiter gesellschaftlicher Bereiche unter die Dominanz des Marktes.

- Angebot und Nachfrage sollen den Preis bestimmen, Markt als Steuerungsinstrument
- Durch Deregulierung werden einschränkende Gesetze und Verordnungen abgeschafft. Der Staat hat vor allem für funktionierende Märkte zu sorgen.
- Globalisierung, die ganze Welt muss den gleichen Gesetzen gehorchen und dem gleichen Weltbild untergeordnet werden.
- Niedrige Besteuerung, leere Staatskassen
- Privatisierung von Staatsbetrieben, des Service Public
- Abbau des Sozialstaates
- Das Arbeitsrecht muss wieder den Unternehmen angepasst werden, also: Abschaffung des Kündigungsschutzes, der Arbeitszeitgesetze, der betrieblichen Mitbestimmung

Diese Forderungen bestimmten in den letzten zehn Jahren unsere gesamte Politik.

Der wissenschaftspolitische Durchbruch gelang mit einer Reihe von Nobelpreisen für Wirtschaftswissenschaften, welche, gestiftet von der schwedischen Reichsbank, 1969 erstmals verliehen wurden. Als Preisträger wurde eine Vielzahl neoliberaler Ökonomen geehrt. Die Mont Pélerin-Society fungierte als tragendes Netzwerk: zwischen 1974 und 1992 wurden sieben ihrer Mitglieder ausgezeichnet. Als langjähriger Präsident des Nobelpreis Komitees für Ökonomie amtierte Erik Lundberg, selbst Mitglied der MPS. Die repetierte Nobelpreisverleihung verhalf dem Neoliberalismus schliesslich zur weltweiten Anerkennung als Leitwissenschaft der Sozialwissenschaften.

Demgegenüber hat der SP-Soziologie-Professor Jean Ziegler vor einigen Jahren (2002) folgende Analyse gegeben [4]:

> In der Epoche, als die Welt in zwei antagonistische Blöcke zerfiel, standen der Globalisierung (noch) Hemmnisse entgegen [...] Mit dem Fall der Berliner Mauer, dem Auseinanderbrechen der UdSSR und dem partiellen Abgleiten der chinesischen Bürokratie in die Kriminalität konnte die kapitalistische Wirtschaft ihren ungehemmten Aufschwung nehmen [...] Die kapitalistische Produktionsweise breitet sich über die ganze Erde aus, ohne auf ihrem Weg noch auf nennenswerte Gegenkräfte zu stossen.

Als UNO-Sonderberichterstatter für das Recht auf Nahrung richtet Jean Ziegler sein Augenmerk vor allem auf die Länder der 3. Welt [5]:

> Die Realität der globalisierten Welt besteht in einer Kette von Inseln des Wohlstandes und des Reichtums, die aus einem Meer des Völkerelends herausragen.

In seinen neuen Werken «Die neuen Herrscher der Welt – und ihre globalen Widersacher» (2002) und «Das Imperium der Schande – Der Kampf gegen Armut und Unterdrückung» (2005) prangert Ziegler die katastrophalen Folgen des Neoliberalismus, von ihm «Dschungel-Kapitalismus» genannt, an:

> Zum ersten Mal in ihrer Geschichte geniesst die Menschheit einen Überfluss an Gütern. Der Planet bricht schier unter seinen Schätzen zusammen. Die verfügbaren Güter übertreffen um ein Vieltausendfaches die nicht einschränkbaren Bedürfnisse der Menschen. Aber auch die Leichenberge wachsen [...] Tag für Tag sterben auf unserem Planeten ungefähr 100'000 Menschen an Hunger [...] Alle zehn Sekunden verhungert auf der Erde ein Kind unter zehn Jahren [...]

Gleichzeitig gibt Ziegler zu bedenken:

> Die Grundprinzipien des neoliberalen Dogmas – Profitmaximierung, unbeschränkter und regelloser Wettbewerb, Universalisierung des Warenaustauschs und Vernichtung autochthoner Kulturen – widersprechen radikal allen unseren aus dem Jahrhundert der Aufklärung ererbten Werten. Diese Werte aber bilden das Fundament der heutigen europäischen Kultur.

4. Neoliberalismus in der Medizin

Ziegler ortet die schlimmsten Auswirkungen des Neoliberalismus gerade auf dem Felde der Medizin:

> Die zunehmende Ungleichheit, die den Planeten beherrscht, zeigt sich in einer disproportionalen Kaufkraftverteilung. Zu deren schmerzlichsten Aspekten gehört die Ungleichheit in punkto Gesundheit. So machen die Länder der Dritten Welt, die 85 Prozent der Bevölkerung des Planeten aufweisen, nur 25 Prozent des pharmazeutischen Weltmarktes aus.

Die aktuellen Probleme der Medizin liegen also in erster Linie in der Entwicklung der Medizin zur profitorientierten Gesundheitsindustrie, womit die medizinische Versorgung überhaupt erst zur Handelsware verkommen ist. Die moderne technische Medizin lässt sich als vorläufige Kulmination des naturwissenschaftlichen Reduktionismus verstehen, der bei Francis Bacon angefangen hat. Die Entwicklung hat zwar unbestreitbar zu grossartigen Errungenschaften im Bereich der technischen Medizin geführt, gleichzeitig aber zu einer bedenklichen Verarmung der Medizin als Heilkunde und Heilkunst. Das medizinische Denken droht immer enger und starrer und materialistischer zu werden. Dazu müssen wir uns immer wieder das Bild von Jean Ziegler ins Bewusstsein bringen: «die Inseln des Wohlstandes, die aus einem Meer der Völkerelends herausragen».

Die Verarmung des medizinischen Denkens, des Menschbildes hat die Genfer Philosophin Jeanne Hersch in ihrem Buch «Die Unfähigkeit, Freiheit zu ertragen» analysiert:

> Nun versuchen die Sozial- und Geisteswissenschaften heute, das Menschliche auf einen biologischen, soziologischen oder psychologischen Determinismus zu reduzieren und sich auf diese Weise den Naturwissenschaften zu nähern [...] Auf dem Weg dahin neigen sie dazu, die spezifisch menschlichen Seinsebenen, die unredu-

> zierbaren, nicht zu vereinfachenden Paradoxe, welche wesentlich zum Menschen gehören, [...] zu leugnen, und Leugnen kommt in diesem Bereich dem Zerstören gleich. [6]

Der medizinische Materialismus übersieht, dass gerade jene Forscher, welche sich am intensivsten mit der *Materie* befassen, die Kernphysiker nämlich, längst den Rückweg angetreten haben. Hanspeter Dürr, ein Schüler Heisenbergs (der Teil und das Ganze [7]), bis 1997 Direktor des Werner Heisenberg-Instituts am Max Planck Institut in München, schreibt 2000 in seinem Buch «Für eine zivile Gesellschaft» [8] unter dem Titel: «Emanzipation des Lebendigen im Lichte der modernen Physik» (dazu ist zu erwähnen, dass auch heute in der Medizin das «Lebendige» nicht als wissenschaftlicher Begriff existiert):

> Die Physik hat nämlich im ersten Drittel des 20. Jahrhunderts einen tief greifenden Wandel erfahren, der meines Erachtens von den Biologen bisher kaum wahrgenommen worden ist.

Dürr schreibt weiter:

> Es ist dieses radikal veränderte neue Weltbild der modernen Physik, das aus meiner Sicht auch in der heute dominanten naturwissenschaftlich ausgerichteten Biologie eine entsprechend veränderte Sichtweise nach sich ziehen könnte.

5. Der Wertewandel im Gesundheitsverständnis

Was haben wir heute für eine Gesundheitsdefinition?

Die Weltgesundheitsdefinition (WHO) formulierte 1946:

> Gesundheit ist ein Zustand vollkommenen körperlichen, geistigen und sozialen Wohlbefindens und nicht allein das Fehlen von Krankheit und Gebrechen.

Im Aufbruch des 21. Jahrhunderts hat die WHO 1998 [9] in ihrem programmatischen Entwurf «Health 21» «Gesundheit für alle im 21. Jahrhundert» eine neue Definition der Gesundheit erlassen. Diese neue Definition wurde von der Öffentlichkeit noch nicht zur Kenntnis genommen, enthält jedoch in exemplarischer Weise alle Elemente, um Not und Chance unserer heutigen Medizin und damit die Zwiespältigkeit der aktuellen Bioethik aufzuzeigen. Im Rahmen des weit gediehenen Materialismus und der Industrialisierung der westlichen Länder trägt die Definition die Signatur der Entwicklung in Richtung eines bedenklichen medizinischen Nützlichkeitsdenkens.

Die neue Definition lautet: *«The reduction in mortality and disability due to detectable disease or disorder* (Reduktion von Sterblichkeit, Erkrankungshäufigkeit und Invalidvisierung zufolge aufdeckbarer Krankheiten).

Gleichzeitig wird die Gesundheit zum «Menschenrecht» *(«human right»)* erklärt, und es wird «Gleichheit in der Gesundheit» *(«equity in health»)* gefordert.

Solche Postulate mögen durchaus humanistisch klingen, ihre Handhabung im Rahmen der westlichen Industriemedizin trägt jedoch bedenkliche Züge:

1. Der einzelne Kranke geht als Individuum verloren. Die Definition basiert ausschliesslich auf abstrakten statistischen Grössen: Mortalität, Morbidität, Invalidisierungsrate. Wir können nicht mehr selbst entscheiden, ob wir gesund sind, sondern sind abhängig von der Medizin und ihrer Diagnostik. Ebenfalls verloren geht die konkrete ärztliche Beobachtung. Die Krankheit basiert auf einer Labor- oder technischen Diagnostik, z.B. auf pränatalen Untersuchungen mit den entsprechenden Konsequenzen.
2. Die Forderungen nach Gesundheit als Menschenrecht tönen in diesem Zusammenhang bedenklich: Krankheit darf nicht mehr sein, es widerfährt mir Unrecht, wenn ich krank bin. Dementsprechend muss Krankheit und Behinderung grundsätzlich ausgerottet werden. Auch normale Entwicklungsstadien des Lebens wie Schwangerschaft und Geburt, Menopause, Altersbeschwerden, normale Osteoporose, werden zu Krankheiten.

Ein kritischer Spiegelartikel aus dem Jahr 2003 beschreibt diese bedenklichen Tendenzen unter dem Titel «Die Abschaffung der Gesundheit» bezugnehmend unter anderem auf ein Buch von J. Blech [10]:

> Systematisch erfinden Pharma-Firmen und Ärzte neue Krankheiten. Darmrollen, sexuelle Unlust oder Wechseljahre – mit subtilen Marketingtricks werden Phänomene des normalen Lebens als krankhaft dargestellt. Die Behandlung von Gesunden sichert das Wachstum der Medizinindustrie. Ärzte und Konsumenten erliegen zunehmend der Vorstellung, dass jeder irgendetwas hat, dass jeder und alles behandelt werden kann.

Die Grenzen zwischen Gesundheit und Krankheit sind also in den letzten Jahren durch Definitionen der Medizin viel enger geworden. Es schleicht sich eine neue Gleichheit ein: Es ist so, dass bei uns die vorherrschenden Krankheiten der westlichen Zivilisation, bedingt durch mangelnde Bewegung und das zu grosse und falsche Angebot an Nahrung einheitlicher geworden sind: Verfettung, Verkalkung, Arteriosklerose mit ihren Folgen: Diabetes, Hypertonie, Herz und Gefässkrankheiten.

Die Medizin verlangt heute eindringlich, dass wir alle den gleichen Blutdruck haben müssen. Wenn der Druck über 120/80 ist, sind wir schon krank. Wenn wir einen Body Mass Index über 25 haben oder einen Bauchumfang von mehr als 102 cm als Frau oder 88 cm als Mann haben, sind wir zu dick, die Normwerte für Cholesterin werden regelmässig am grünen Tisch der Pharmaforscher tiefer festgelegt.

Diese einseitig pathogenetische, d.h. krankheitsbezogene Sicht führt dazu, dass die Menschen immer kränker werden und stellt damit die wichtigste Ursache der Kostenexplosion im Gesundheitswesen dar. Leider bestimmt diese Sicht derzeit die gesamte Diagnostik (ICD-10-Code) und die daran geknüpften Vergütungssysteme (DRG, Diagnose Related Group)). Ein Spital wird umso höher entschädigt, je mehr Krankheitsdiagnosen das speziell ausgebildete DRG-Personal von jedem Patienten herausfindet. Die Spitäler werden finanziell umso besser dastehen, je bessere DRG-Leute sie angestellt haben.

Dabei ist längst erwiesen, dass eine neue ressourcenorientierte Krankheitserfassung nicht nur den Patienten gesünder macht, sondern auch massiv Kosten senkt. Am Anfang dieser gesundheitsbezogenen Sichtweise steht Aaron Antonowsky's Salutogenese [11].

Antonowsky wurde in dieser Vorlesungsreihe schon oft erwähnt. Den zentralen Punkt des salutogenetischen Modells bildet das Kohärenzgefühl (Gefühl für einen grösseren Zusammenhang, Stimmigkeit). Dieses Gefühl der Zuversicht entsteht, wenn die Welt für einen Menschen verstehbar ist, handhabbar ist, und wenn die Zusammenhänge stimmen. Es ermöglicht Menschen, Lebenskrisen oder schwere Krankheiten besser zu meistern und gesund zu bleiben.

6. Das Nützlichkeitsdenken, der Utilitarismus in der Medizin

Wie erwähnt, musste der naturwissenschaftliche Reduktionismus zwangsläufig zur Einbindung der Medizin in den aufkommenden Utilitarismus führen: die Gesundheitsversorgung wurde immer mehr zum Markt, der Patient zur Ware, der Arzt zum Unternehmer. Seit dem zweiten Weltkrieg geriet die Medizin zunehmend unter das Diktat der Nützlichkeitsanalyse, deren ungeheure Problematik besonders im Bereiche der Bioethik klar zu Tage tritt. So raisonniert z.B. der radikale Vordenker Peter Singer in seiner «Praktischen Ethik» (1984) [12]:

> Sofern der Tod eines geschädigten Säuglings zur Geburt eines anderen Kindes mit besseren Aussichten auf ein glückliches Leben führt, dann ist die Gesamtsumme des Glücks grösser, wenn der behinderte Säugling getötet wird.

Und eine Bioethiker-Gruppe der Universität Kopenhagen kommt zum Schluss:

> Nach unserer Auffassung scheint es ganz natürlich, zu sagen, dass die Organe lebenswichtige Gesundheitsressourcen sind, die wie andere lebenswichtige Ressourcen gerecht verteilt werden müssen. Wir könnten uns daher gezwungen sehen, darauf zu bestehen, dass alte Menschen getötet werden, damit ihre Organe an jüngere, kritisch kranke Personen umverteilt werden können …

Das sind extreme Beispiele, doch bereits der Jargon verrät eine rein auf das Nützlichkeitsdenken und die Güterabwägung verkommene Einstellung.

Die Brisanz dieser Entwicklung wird aktuellerweise in der Schweiz sichtbar im Entwurf zum *Humanforschungsgesetz (HFG)*. In diesem Entwurf wird der Forschung klar Vorrang gegenüber der Menschenwürde eingeräumt. Bisher war in unserer Bundesverfassung der Grundsatz verankert, dass die Patientenautonomie über der Nützlichkeitserwägung der Forschung stehen muss, dass also im Falle eines Interessenskonfliktes dem menschlichen Lebewesen grundsätzlich der Vorrang vor Wissenschaft und Gesellschaft einzuräumen ist. Der Entwurf sieht eine Anpassung in der *Bundesverfassung* vor, ein neuer Artikel 118a soll lauten:

> Art. 118a Forschung am Menschen
> 1 Der Bund erlässt Vorschriften über die Forschung am Menschen im Gesundheitsbereich.
> Er sorgt dabei unter Beachtung der Forschungsfreiheit für den Schutz der Menschenwürde und der Persönlichkeit.
> 2 Er beachtet folgende Grundsätze:
> […]
> c. Niemand darf zur Teilnahme an einem Forschungsprojekt gezwungen werden. *Vorbehalten bleiben Forschungsprojekte mit urteilsunfähigen Personen, die eine Verbesserung ihrer Gesundheit erwarten lassen.*

Gilt Forschung mehr als Menschenwürde?

Im Gesetzesentwurf findet sich nicht weniger als 22 mal das Wort «Nutzen». Es wird unterschieden zwischen «direktem Nutzen» (für die Person selber) und «indirektem Nutzen» (für die Forschung). Für urteilsunfähige Personen sollen Ethikkommissionen über den Nutzen entscheiden. Artikel 10 geht so weit, dass gar «unvollständige oder irreführende Aufklärung» zulässig ist, «soweit dies aus methodischen Gründen zwingend ist.» Auch wenn bereits in der Vernehmlassung ein breiter Protest zum Ausdruck kommt, muss der Gesetzesentwurf dennoch als symptomatisch für das Denken in der Biomedizin gesehen werden. Entscheidend ist dabei, dass bereits die Nutzenabwägung per se, unabhängig vom Resultat, die unveräusserlichen Rechte der Menschenwürde eben veräusserlicht und somit verletzt. Die Eigenständigkeit des Menschen wird abgelöst durch die Fremderwägung der Experten.

7. *Auf dem Wege zur Zweiklassenmedizin?*

Wie wir in der Sprache Jean Zieglers gehört haben, gehören wir in der Schweiz zu den wenigen «kleinen Inseln, die aus dem Meer des Elends herausragen». Zwar haben auch wir Probleme, aber unsere Probleme liegen alle auf einem sehr hohen Niveau. Dennoch gilt es sie ernst zu nehmen. Aktuellerweise müssen wir die Frage stellen, ob wir uns – allen Errungenschaften unserer sozialen Sicherheit zum Trotz – wieder auf dem Wege zu einer Zweiklassen-Medizin befinden. Kaum ein Tag vergeht, an dem wir nicht entsprechende Beiträge in den Medien finden.

Was erlebe ich derzeit in meiner eigenen Praxis?

Zunächst immer mehr Patienten, welche in ihrer beruflichen Laufbahn verunsichert oder geknickt sind. Die chronische Überforderung hat im Zeitalter des computerisierten Neoliberalismus System: Man kommt nie mehr ganz nach, versteht die Zusammenhänge nicht mehr (keine Kohärenz), gerät unter zunehmenden Leistungsdruck in einem Netz von unklaren Kompetenzstrukturen, was zu einer breiten Palette von psychischen und somatischen Symptomen führt. Die Medizin hat diesen Zustand unter der Diagnose des «Burn-out» in den Rang einer eigenständigen Krankheit erhoben. Während die Wirtschaft den Aufschwung lobt, findet volkswirtschaftlich gesehen hier eine riesige Kostenverschiebung in den blauen Sektor statt, d.h. die überforderten, älteren oder arbeitslosen Menschen werden krank oder sogar invalid.

So dekompensiert natürlich unser Sozialversicherungssystem. Korrekturen finden nicht bei den wahren Ursachen statt: bei unserer Arbeitssituation, sondern als Sparrunden am Versicherungssystem. Die Grundversicherung wird geschwächt, die Zusatzversicherungen gedeihen prächtig, und im ganzen Krankenkassendschungel geht der sozial Schwächere verloren. Gleichzeitig, das ist einschneidend, wird die Pflegefinanzierung abgebaut, die Invalidenversicherung baut Leistungen ab und sucht trotzdem verzweifelt nach neuen Finanzierungsmodellen.

Die meisten meiner Patienten können sich keine Zusatzversicherung leisten. Vor allem aber können viele meiner Patienten gar keine solche abschliessen, weil sie zu alt sind oder vorbestehende Krankheiten haben. Wir behandelten in unserer Praxisgemeinschaft eine Patientin mit Burn-out; Grund: sie arbeitete in einer grossen renommierten Krankenkasse, wo sie vollamtlich am Telefon alle schlechten Risiken abwimmeln musste. Sie musste dann jeweils behaupten, die Anmeldung sei gar nicht oder zu spät angekommen!

Ich betreue immer mehr Patienten, welche, um Prämien zu sparen, hohe Franchisen in Kauf nehmen. Das hat tatsächlich bereits dazu geführt, dass dann der Arztbesuch so lange aufgeschoben wird, bis es zu spät ist, der Tumor fortgeschritten ist und die Behandlung jetzt ungleich teurer zu stehen kommt. Die Arztrechnungen werden nur noch teilweise bezahlt. Falls jedoch die Franchise in einem Jahr überschritten wird, verspüren viele Patienten das Bedürfnis, jetzt noch zu profitieren und bis Jahresende noch möglichst viele ärztliche Leistungen «einzukaufen». Was sich natürlich wiederum kostensteigernd auswirkt.

In der *Hausarzt-Medizin* gab es in der Schweiz seit Jahrzehnten eigentlich nur *einen* Tarif. Demgegenüber ist die Zweiklassenmedizin in den Spezialgebieten, im Besonderen den chirurgischen Spezialitäten, eine Realität. Der Chirurg verdient bei einem Privatpatienten zwei- bis dreimal mehr als bei der Behandlung Allgemeinversicherter. Dementsprechend sehe ich beim Untersuch Privatversicherter signifikant mehr Operationsnarben. Mittlerweile haben zahlreiche Studien aufgezeigt, dass ein grosser Teil der Operationen unnötig ist [13, 14]. Privatversicherte Patienten sind heute seltener geworden. Sie sind in den Spitälern sehr begehrt, weil sie dem Spital und den

Ärzten Gewinne bringen, während jeder Allgemeinversicherte für das Spital mit den Pauschalbeiträgen eigentlich ein Verlust bedeutet. Meistens dürfen jene länger im Spital bleiben, und auch wenn in der Winterzeit manchmal alle Spitäler voll sind, findet man für Privatpatienten immer ein Bett.

Dabei hatten wir in der Schweiz bis vor kurzem noch immer ein gutes Sozialversicherungssystem, welches allerdings durch den Rauswurf der ärztlichen Komplementärmedizin jetzt ernsthaft ins Wanken geraten ist. Obwohl gezeigt werden konnte, dass viele komplementärmedizinische ärztliche Leistungen dennoch Pflichtleistung bleiben, und dass die natürlichen Heilmittel der Komplementärmedizin vom Entscheid gar nicht tangiert werden, wurden die Bürger zum Abschluss von Zusatzversicherungen angehalten. Die meisten dieser privaten Zusätze sind unnötig, oft werden die versprochenen Leistungen alsbald wieder eingeschränkt, und regelmässig wurden die Zusatzprämien rasch angehoben. Dass trotz dieser Entlastung aber auch die Grundversicherung eine weitere Prämiensteigerung erfährt, lässt sich wohl nur noch mit den Regeln des Neoliberalismus erklären.

Natürlich hat die Kostensteigerung im Gesundheitswesen auch damit zu tun, dass neue, sehr teure Spitzentechnologien und Medikamente weitgehend ungebremst in die Pflichtleistung der Krankenversicherer aufgenommen werden:

- Cholesterinsenkende Mittel bei ungefährdeten Personen
- übertriebene Osteoporose-Abklärungen und Therapien
- zunehmende Hormonbehandlungen bei Männern
- teure Mittel gegen Depressionen, die in ihrer Wirkung sehr umstritten sind
- Zappeligkeit der Kinder
- Mündigkeit

Dabei liegen die wahren Bedürfnisse der Schweizer Bevölkerung an einem ganz andern Ort. In einer repräsentativen Bevölkerungsumfrage der Schweizerischen Akademie der Medizinischen Wissenschaften (SAMW) wurde die Frage gestellt, was die Medizin in der Schweiz im 21. Jahrhundert am meisten braucht? [15]

78% forderten mehr Pflegepersonal,
69% mehr Menschlichkeit,
58% mehr Komplementärmedizin – demgegenüber nur
21% mehr Spitzenmedizin.

Wir sehen, dass in der Schweiz die Zweiklassenmedizin noch nicht nötig wäre. Solange wir eine so gut entwickelte Hausarztmedizin haben, haben alle Menschen Zugang zur Medizin (Health for all). Unsere Zweiklassenmedizin befindet sich also noch auf einem sehr hohen Niveau.
Es bleibt wichtig,

- dass die Prämienunterstützung für Familien und untere und mittlere Einkommen weiterhin möglich ist,
- dass der Leistungskatalog der Grundversicherung die Grundbedürfnisse der Bevölkerung weiterhin erfüllt, und
- dass es, auch im ländlichen Raum, auch weiterhin genügend Hausärzte gibt, die sich für ihre Patienten Zeit nehmen können.

Dass neuerdings die Krankenkassen den Patienten, die die Prämien nicht bezahlen können oder wollen, keine Leistungen mehr vergüten, zerstört unser ganzes, auf Solidarität beruhendes Sozialversicherungssystem.

8. Was ist zu tun?

Ich habe versucht, aufzuzeigen, wie die Postulate der Freiheit, Gleichheit und Brüderlichkeit, welche seit der Aufklärung die Grundpfeiler der modernen Gesellschaftsentwicklung darstellen, in vielerlei Hinsicht missverstanden, vermischt und pervertiert worden sind. In der Medizin hat das über weite Strecken zu einem sachfremden Utilitarismus geführt, der zusammen mit den Rationalisierungsgedanken sich derzeit in einem zunehmenden Abbau der sozialen Gerechtigkeit äussert. Was ist – in unserer kleinräumigen Schweiz – zu tun?

Erstaunlicherweise spielt die Medizin nur eine kleine Rolle für die Gesundheit der Bevölkerung, wie Rüdiger Krech [16] vom WHO Regional Office for Europe, Kopenhagen, im Rahmen dieser KIKOM-Vorlesungen 2000 eindrücklich aufgezeigt hat.

> Die WHO schätzt, dass der Gesundheitssektor nur 15% zur Gesundheit der Bevölkerung beiträgt. 85% der Gesundheit werden in anderen Bereichen des gesellschaftlichen Lebens geschaffen.

Er zeigte dies eindrücklich auf am Beispiel der Tuberkulose, wo die Sterblichkeitsrate in England schon weit zurückgegangen war, ehe die geeigneten Impfmittel eingesetzt werden konnten. «Tuberkulose ist eine Armutskrankheit». Vor allem die sozio-ökonomischen Entwicklungen, zusammen mit verbesserten hygienischen Massnahmen waren verantwortlich für das Abklingen der Sterblichkeit.

Es ist deshalb wichtig, dass wir beim Thema Gesundheit nicht nur auf das Gesundheitswesen achten. Es geht darum, in der veränderten Welt neue soziale Modelle zu denken beginnen. Bei der Mechanisierung und Automatisierung der Arbeitsplätze wird die Arbeitslosigkeit in der Zukunft noch weiter zunehmen, wobei wir klar definieren müssen was «Arbeit» ist. Es wird auch in Zukunft genug Arbeit geben, aber niemand will sie bezahlen können. Unsere erreichte solide Sozialgesetzgebung mit den Absicherungen der Arbeitnehmer, der menschlichen Arbeitszeit und den hohen Löhnen wird bald dem Druck durch die Billiglöhne in den ärmeren Ländern nicht standhalten können. Sie wird aus Konkurrenzgründen zunehmend zerfallen. Wie sollen die Arbeitslosen, die Invaliden, die Kranken, die Alten leben können?

> Denken Sie sich einmal, wie es wäre, wenn jeder Bürger in der Schweiz ein Grundeinkommen, oder, wie es auch genannt wird, ein Bürgergeld, vielleicht 2000 Franken, erhalten würde, unabhängig ob und wie viel er arbeitet? Es bräuchte dann die Sozialhilfe der Gemeinden nicht mehr, keine IV, keine Arbeitslosenversicherung, keine AHV.

Wie könnte so etwas möglich werden? Wie soll dieser Grundlohn bezahlt werden? Wer arbeitet dann noch?

Das ist eine Bewusstseinsfrage: Es ist wichtig, dass heute auf dieser Welt nicht nur neoliberale Prinzipien gedacht werden, sondern, wegen der schon erwähnten Kraftfelder, eben auch neue Ideen für die Zukunft entstehen können. Wenn es irgendwo möglich ist, die demokratische Umsetzung der drei Menschheitsideale verwirklichen zu können, dann in der Schweiz, in unserem kleinräumigen, überschaubaren Land. Weitere Angaben zum Thema Grundeinkommen [17, 18, 19] finden Sie unter www.grundeinkommen.de.

Wir müssen uns auch einsetzen für demokratische Rechte in unserem Land, wie es Vandana Shiva 2005 in ihrem Buch *Erd-Demokratie* [20] formuliert hat:

- Für eine dezentrale Selbstverwaltung
- Gegen die forcierte Zusammenlegung von kleinen Einheiten
- Für eine kleinräumige Wirtschaft und die lokale Produktion
- Allgemeingut gehört der Gesellschaft (keine Privatisierung des Wassers)

Mit Jean Ziegler:

> Allerlei Theorien und fadenscheinige Ideologien verdunkeln das Bewusstsein der Männer und Frauen in der westlichen Welt. Deshalb halten viele unter ihnen die derzeitige kannibalische Weltordnung für unabänderlich. Also gilt es zunächst einmal, diese Theorien zu bekämpfen. Man muss die unsichtbare Hand des Marktes des Adam Smith zermalmen. Die Wirtschaft ist kein natürliches Phänomen. Sie ist ein Instrument, das es in den Dienst eines einzigen Zwecks zu stellen gilt: dem Streben nach Glück.

Zusammenfassend geht es, meine ich, um zwei Dinge:

1. Einerseits dürfen wir nicht erlahmen, die Rahmenbedingungen unserer Gesundheitsversorgung so zu erhalten, dass die Grundrechte vollumfänglich gewährleistet bleiben.

Unter *Freiheit* ist nicht nur die Wirtschaftsfreiheit zu verstehen, sondern die Freiheit des individuellen Menschen, sein Selbstbestimmungsrecht, die Förderung und Weiterentwicklung unserer demokratischen Werte. Für die Medizin bedeutet das in erster Linie die Erhaltung der freien Arzt-Patienten-Beziehung unter voller Wahrung des Arztgeheimnisses, sodann die Erhaltung der Therapiefreiheit, des medizinischen Methodenpluralismus und der Arzneimittelvielfalt.

Gleichheit bedeutet nicht Gleichschaltung. In der Medizin darf unter Gleichheit nicht diagnostische und therapeutische Uniformierung verstanden werden. Hier geht es vielmehr um die von der WHO geforderte «Equity in health», also Chancengleichheit in der Gesundheitsversorgung. Dieses Postulat, ursprünglich mit Blick auf die Länder der Dritten Welt erhoben, erhält gerade hinsichtlich Zweiklassenmedizin neue Bedeutung.

Die *Brüderlichkeit* müssen wir erst noch in ihrer umfassenden Bedeutung entdecken [21], nicht nur in religiösen Bruderschaften oder machtvollen Wirtschaftsverbänden, sondern im allgemeinen Wirtschaftsleben, mit neuen Ideen darüber, wie das Glück des Mitmenschen gefördert werden kann. Für die Medizin ist die Brüderlichkeit im Grunde genommen eine conditio sine qua non: das uralte Vorbild des barmherzigen Samariters, das unabdingbare Postulat der Empathie, welche immer die individuelle Arzt-Patienten-Begegnung voraussetzt.

Erhaltung der Grundrechte heisst implizit Einsatz für eine freiheitliche und soziale Medizin. Dabei werden wir jedoch – und damit komme ich zur:

2. *Aufgabe* – nicht darum herumkommen, *unsere Medizin selber zu hinterfragen.* Auf welchem Menschenbild basiert sie? Welches sind ihre unverbrüchlichen Werte? Was sind adäquate Forschungs- und Lehrmethoden? Der langjährige medizinische Chefarzt am Kantonsspital Luzern, Frank Nager, schreibt dazu in seinem Buch *Der heilkundige Dichter – Goethe und die Medizin* [22]:

> Im 19. Jahrhundert hat die Heilkunde mühsam ihre Wissenschaftlichkeit zurückerobern müssen, indem sie die Naturwissenschaften und die Technik als richtungsgebende Massstäbe wählte, gleichzeitig aber den Menschen auf mechanische Zusammenhänge reduzierte. An der Schwelle des 21. Jahrhunderts bedarf diese Medizin notwendig einer Rückbesinnung: Sie braucht zur Ergänzung ihres ungestümen naturwissenschaftlichen Aufbruches dringend eine Erweiterung durch geisteswissenschaftliche Normen. Im erhofften integrativ-anthropologischen Zeitalter des dritten Jahrtausends ist es die vordringliche Aufgabe der Medizin, eine Synthese zwischen naturwissenschaftlich-technischer und geisteswissenschaftlich-humanistischer Kultur anzustreben.

Ich möchte Sie dazu auffordern, mitzuhelfen, ein Kraftfeld zu bilden für eine freie, gerechte und brüderliche Gesellschaft.

Literatur

[1] Walter Kälin, Lars Müller, Judith Wyttenbach: Das Bild der Menschrechte – Menschenrechte sind keine Gabe, aber eine Aufgabe. Lars Müller Publishers, 2004.
[2] Rupert Sheldrake: Das schöpferische Universum – Die Theorie des morphogenetischen Feldes. Berlin, Ullstein-Verlag, 1983.
[3] Jegge Jürg: Die Krümmung der Gurke – Menschen – nicht stapelbar. Bern, Zytglogge Verlag, 2006.
[4] Jean Ziegler: Die neuen Herrscher der Welt – und ihre globalen Widersacher. München, Bertelsmann Verlag, 2002.
[5] Jean Ziegler: Das Imperium der Schande – Der Kampf gegen Armut und Unterdrückung. München, Bertelsmann Verlag, 2005.
[6] Jeanne Hersch: Die Unfähigkeit, Freiheit zu ertragen. Zürich / Köln, Benziger Verlag, 1982, S. 24.
[7] Werner Heisenberg: Der Teil und das Ganze – Gespräche im Umkreis der Atomphysik. München, Piper Verlag, 1969.
[8] Hans Peter Dürr: Für eine zivile Gesellschaft. München, dtv, 2000, S. 58.
[9] WHO Europe: Health 21 – Health for all in the 21th century. Kopenhagen, WHO, 1999, S. 211.

[10] Jörg Blech: Die Krankheitserfinder – Wie wir zu Patienten gemacht werden. Frankfurt a. M., Fischer Verlag, 2003.
[11] Aaron Antonowsky: Salutogenese – Zur Entmystifizierung der Gesundheit. Tübingen, dgvt, 1997.
[12] Peter Singer: Praktische Ethik. Stuttgart, 1984, S. 183.
[13] Domenighetti G. et al. Fréquence des procédures opératoires dans la population du Canton du Tessin. Projet du Fonds National de la Recherche Scientifique Nr. 3.946-084. Bellinzona, 1989.
[14] Bundesamt für Gesundheit. Kanton Tessin – Inanspruchnahme und Angemessenheit chirurgischer Leistungen. BAG-Bulletin 17.5.1993; 18: S. 32–38.
[15] Werner Stauffacher, Johannes Bircher (Hrsg.) Zukunft Medizin Schweiz. Basel, EMH Schweizerischer Ärzteverlag, 2002: S. 214.
[16] Krech R. Die WHO-Strategie zur Gesundheitsförderung. In: Peter Heusser (Hrsg): Gesundheitsförderung – eine neue Zeitforderung. Bern, Peter Lang Verlag, 2001.
[17] A. a. O.
[18] Ehlers K. Gundeinkommen für alle – Sprungbrett in eine integrierte Gesellschaft, Dornach, Pforte, 2006.
[19] Werner Götz: Ein Grund für die Zukunft: das Grundeinkommen – Interviews und Reaktionen. Stuttgart, 2006.
[20] Vandana Shiva: Erddemokratie – Alternativen zur neoliberalen Globalisierung. Zürich, Rotpunktverlag, 2005.
[21] Rudolf Steiner: Die Kernpunkte der Sozialen Frage (1919) GA 23. Dornach, Rudolf Steiner Verlag, 1996.
[22] Frank Nager: Der heilkundige Dichter – Goethe und die Medizin. Zürich / München, Artemis Verlag 1992, S. 272–273.

Eduard Kaeser

Von der Technologie des Heilens zu einer Kultur des Heilens

> Die medizinische Forschung hat so viele Fortschritte gemacht, daß es praktisch keinen gesunden Menschen mehr gibt.
>
> Aldous Huxley

Falsche Gegensätze

Wenn man von «Technologie» und «Kultur» des Heilens spricht, weckt dies heute fast instinktiv die Assoziation eines Gegensatzes – Technik *versus* Kultur. So gehört es – mindestens vordergründig – zum Paradox unseres westlichen Gesundheitssystems, dass die moderne Apparatemedizin einerseits ein beispielloses technisches Heilungsarsenal aufgerüstet hat, dass uns gleichzeitig aber ein diffuses Unbehagen angesichts dieser klinischen Mobilisierung beschleicht. Die breite Klage über eine zunehmend technisierte und folgedessen «seelenlose» Medizin ist sattsam bekannt. Ebenso wie die überdrehten Visionen von Humaningenieuren, die sich nicht mehr mit dem klassischen Geschäft des Heilens, Linderns und Vorbeugens abgeben, sondern mit «Enhancement», also Verbesserung, oder gar Perfektionierung des Lifestyles dank medizinischer Technologie.

Ich möchte daher gleich vorweg ein mögliches Missverständnis ausräumen. Nicht die medizinaltechnischen Geräte sind das Problem. Medizin war immer schon Technologie: Eingriff am und im Körper, mit physikalischen und chemischen Hilfsmitteln. Es gibt gute Gründe für die These, dass moderne Medizin als wirkungsvolle Heilpraxis erst knappe zweihundert Jahre alt ist[1] und ihre Triumphe einem beeindruckenden Fortschritt diagnostischer und therapeutischer Technologien verdankt. Aber es gehört zur Dialektik des wissenschaftlich-technischen Fortschritts, dass der Segen der Erfindungen und neuen Erkenntnisse immer auch verknüpft ist mit ge-

1 Cf. neuerdings David Wootton: *Bad Medicine. Doctors Doing Harm since Hippokrates,* Oxford, 2006.

wissen Verdrängungen und Ausblendungen, die zu übersehen zu «Rache-Effekten» führen können.[2] Zwar lautet das altehrwürdige medizinische Prinzip: *Primum nil nocere* – in erster Linie nicht schaden. Aber wir sollten das Heilen nicht ohne das Schaden denken. Immerhin ist der Ausdruck «iatrogene» – also medizinverursachte – Krankheit schon zu Beginn des letzten Jahrhunderts aufgekommen.[3]

Ich sehe hierin ein Indiz dafür, dass Medizin Krankheiten nicht abschafft, sondern sie umverteilt. Und im Zuge solcher Umverteilung kann es geschehen, dass traditionelles ärztliches Wissen und Können verdrängt wird. Die Zweischneidigkeit dieses Prozesses interessiert mich hier. Ich werde mich deshalb im Folgenden nicht so sehr mit der Technologie in Gestalt all der imposanten klinischen Apparaturen beschäftigen, als vielmehr mit Technologie in Gestalt bestimmter ärztlicher Haltungen und Einstellungen zum menschlichen Körper. Und wenn ich in meinen Ausführungen einen bestimmten Richtungssinn andeute – nämlich *von* der Technik *zur* Kultur des Heilens –, dann ist dieser nicht zu interpretieren als Abschied von der medizinischen Technologie. Im Gegenteil. Wir brauchen sie. Aber wir brauchen, gerade im Zuge der Technisierung der Heilkunst, noch etwas anderes. Nämlich ein Menschen- und Körperbild, das ein Gegengewicht setzt zum vorherrschenden Bild des Körpers als einer Biomaschine. Das ist keine neue Einsicht, vielmehr Ausdruck eines alten, nota bene immer wieder von Ärzten geäusserten Unbehagens – sozusagen einer iatrogenen Ratlosigkeit in der schönen neuen Welt der modernen Medizin.

Ich weiss keinen Weg aus dieser Zwickmühle. Aber vielleicht kann es schon etwas helfen, wenn man die Situation als Zwickmühle erkennt. Ich versuche deshalb, sie in drei Teilen etwas näher zu beschreiben. Zuerst werde ich ein paar hilfreiche historische Requisiten aufbauen, vor denen das ganze Drama klarere Konturen gewinnt. In einem zweiten Teil gehe ich ein auf die «Rache-Effekte» des medizinisch-technischen Fortschritts. Und in einem dritten Teil möchte ich die Frage aufwerfen, wie wir diese Rache-Effekte dazu verwenden könnten, das vorherrschende biotechnische Körper- und Menschenbild in den Horizont einer erweiterten Kultur des Heilens einzubetten.

2 Diesen Ausdruck leihe ich mir von Edward Tenner aus; E. Tenner: *Die Tücken der Technik. Wenn Fortschritt sich rächt*, Ffm, 1999. Schon Ivan Illich betitelte eine seiner Streitschriften mit «Nemesis der Medizin»; I. Illich: *Medical Nemesis. The Expropriation of Health*, London, 1975.

3 Erwin H. Ackerknecht: Zur Geschichte der iatrogenen Krankheiten, *Gesnerus* 27, 1970, S. 57–63.

Medizin vor dem 19. Jahrhundert – Eine Chronologie der Misserfolge

Die antike Säftelehre

Der rasante Aufstieg der technisch-wissenschaftlichen Medizin in den letzten 150 Jahren kontrastiert mit der langsamen Entwicklung, um nicht zu sagen mit der Stagnierung der therapeutischen Methoden vor dem 19. Jahrhundert. Bis in diese Zeit dominiert eine von Hippokrates stammende Krankheitsvorstellung, die in der Lehre des Säftehaushalts wurzelt. Lassen wir Hippokrates selbst zu Wort kommen:

> Der Körper des Menschen enthält Blut, Schleim, gelbe und schwarze Galle; von diesen Säften hängen die Konstitution des Körpers, Krankheit und Gesundheit ab. Am gesundesten ist der Mensch dann, wenn ihre gegenseitige Mischung, Wirkung und Menge ausgewogen und sie am innigsten verbunden sind, krank aber, wenn einer der Säfte in zu grosser oder zu geringer Menge vorhanden ist (De natura hominis).[4]

In dieser Sicht gibt es eigentlich nur eine Grundkrankheit, nämlich Ungleichgewicht der Körpersäfte, und ihre zahlreichen Variationen. Die «humorale» Generaltherapie besteht darin, das Gleichgewicht wiederherzustellen durch geeignete und verfügbare Zuführung oder Abführung von Stoffen. Meist gerät auf diese Weise die ganze Person des Patienten ins Visier, nicht irgendein Organ oder eine spezifische Funktion, weshalb man von einer *vormodern ganzheitlichen* Betrachtungsweise sprechen könnte. An einen solchen unspezifischen, «ganzheitlichen» Zugriff erinnern ja noch heute gebräuchliche Ausdrücke wie «diuretisch» (harntreibend), «purgierend» (abführend), narkotisch» (betäubend). Humorale Behandlungen waren in der Regel alles andere als sanft und schmerzlos. Aderlässe, drastische Brech- und Abführmittel, die Einnahme von Giftstoffen wie z. B. Blei- und Quecksilberpräparaten gehörten zur unhinterfragten Routine dieser Kur, die nicht selten zu einer Tortur ausartete.[5] Manch eine und manch einer starben nicht an der Krankheit, sondern an deren Behandlung. Behandlung des Leidens bedeutete fast notwendig Leiden an der Behandlung. Der Schmerz war unvermeidlicher Zeuge der Wirkung. Nur Quacksalber und Kurpfuscher versprachen schmerzfreie Heilung.

4 Zit. aus Walter Müri (Hg.): *Der Arzt im Altertum*, Darmstadt, 1986, S. 191.
5 «Drastika» nennt man ja heute noch starke Abführmittel.

Der lange Atem der alten Tradition

Das 17. Jahrhundert wird in der herkömmlichen Geschichtsschreibung als Zäsur-Epoche der wissenschaftlichen Revolution bezeichnet. Ein neues Weltbild ersetzt in Astronomie und Physik das alte. Ein neues «mechanisches» Körperbild tritt auf, die Vorstellung des Körpers als einer beseelten «göttlichen» Maschine. Schon im 16. Jahrhundert beginnt Vesalius den Leichnam zu sezieren, zwecks exakten Studiums der menschlichen Anatomie. Das Mikroskop erschliesst Welten unter der Sichtbarkeitsschwelle. William Harvey entdeckt den Blutkreislauf. Aufgeschlossene Naturforscher erwägen eine neue Theorie der Krankheit, die auf Organismen beruht, welche nur durch das Mikroskop studiert werden können: erste Ansätze zu einer Keimtheorie der Krankheit.

Aber Theorie ist nicht Therapie. Misst man den medizinischen Fortschritt an der Entwicklung effektiver Heiltechniken, sind trotz neuer anatomischer, physiologischer und biologischer Theorien kaum bahnbrechende therapeutische Fortschritte zu verzeichnen. Die alte Doktrin des Säftehaushalts behauptet sich hartnäckig als Basis der Therapie. Wo nur möglich, wendet man die orthodoxen Verfahren der Schulmedizin an – Aderlass, Klistier, Brech- und Abführmittel –, ungeachtet ihres oft flagranten Misserfolgs. Ein Kritiker der Säftelehre, Noah Biggs, von den Neuerern Paracelsus und van Helmont beeinflusst, bezeichnet in der Mitte des 17. Jahrhunderts die hippokratische Medizin als «Lappalien und ängstliche Dispute»; als die «schwachen Scharniere, um die sich die ganze grosse Masse der gegenwärtigen Heilkunst zu drehen scheint.» Der berühmte Chemiker Robert Boyle berichtet etwa zur selben Zeit von einem Arzt, er habe sich geweigert, alternative Heilmethoden zu verwenden mit dem Hinweis: «Lasst den Patienten ruhig sterben, wenn er will, solange er nur *Secundum Artem* stirbt» (das heisst nach traditioneller Methode).[6]

Es wäre unfair, zu behaupten, die alte Medizin habe keine Heilerfolge erzielt. Aber wo sie erfolgreich war, war sie es – ironischerweise – meist *trotz* ihrer Kunst. *Le Malade imaginaire* und *Le Médecin malgré lui* – Molières Komödientitel hallen als Fanal für den erbärmlichen Stand der Heilkunst durch das 17. Jahrhundert, und auch ins 18. Jahrhundert hinein. Voltaire dekliniert z.B. das medizinische Wissen seiner Zeit auf gewohnt gallige Weise: «Ärzte geben Medikamente, über die sie wenig wissen, in Menschenleiber,

6 Zit. aus Wootton, op. cit., S. 146; Übers. E.K.

über die sie noch weniger wissen, zur Behandlung von Krankheiten, über die sie gar nichts wissen.»

Wahrscheinlich beruhten die Heilerfolge der alten Medizin viel eher auf dem Placebo-Effekt als auf wirksamen therapeutischen Methoden (was im Übrigen nicht gegen diese Medizin spricht).[7] Den Ärzten kam die uneindeutige «evidence base» ihres Handelns zustatten. Es war leicht, sich präventiv gegen den wahrscheinlichen Misserfolg dadurch abzusichern, dass man dem Patienten die Verantwortung übertrug. Er gehorche nicht ihren Ratschlägen, konnte es dann leicht heissen. Ohnehin ist es kaum Sarkasmus zu sagen, dass wohl manch armer Teufel, der sich den Doktor nicht leisten konnte, vielleicht nicht viel schlechter daran war als der gut bezahlende Patient. So stellt zum Beispiel ein Bericht über eine Fieberepidemie aus der Umgebung von Florenz im Jahre 1622 fest: «Von jenen, die es vermögen, ärztlichen Rat und Behandlung zu suchen, sterben mehr als von den Armen.»[8] Das kann etwas über die Robustheit der Armen sagen, liesse sich aber auch als Urteil über die Wirksamkeit ärztlicher Heilkunst deuten. Die Mediziner zeigten kein Interesse an einer näheren Einschätzung der Lage. Wohl aus verständlichen Gründen.[9]

Abschied von einer konfektionierten Fortschrittsgeschichte

Diese Geschichte der Wirkungslosigkeit medizinischer Therapien verdiente ihre eigene Erörterung. Sie würde uns über die Trägheit von Denktraditionen, ihren Widerstand gegenüber Innovation, über kultivierte blinde Flecken der professionellen Wahrnehmung, über die soziale Zementierung eines Berufsstandes und anderes mehr lehren. Vor einem solchen geschwärzten Hintergrund fällt es dann relativ leicht, eine lichtvolle Siegergeschichte der modernen Medizin zu erzählen mit ihren Heroen und Maschinen, mit ihren Theorien und Methoden, und vor allem mit ihren Heilerfolgen.

7 Cf. dazu Daniel Moerman: *Meaning, Medicine and the 'Placebo Effect'*, Cambridge, 2005.

8 Zit. aus Wootton, S. 140.

9 Obwohl vereinzelt Chirurgen wie Ambroise Paré im 16. Jh. und Befürworter «alternativer» Heilmethoden wie Johann Baptist van Helmont im 17. Jh. vergleichende Tests von konkurrierenden Therapien durchführten oder zumindest vorschlugen, hielt die statistische Analyse, also das, was heute «evidence base» genannt wird, erst im späten 18. Jh und frühen 19. Jh. Einzug in die medizinische Praxis.

An diesem konfektionierten Muster will ich hier nicht weiterstricken. Mich interessieren die Grautöne. Das heisst, ich vertrete ein Geschichtsverständnis, das man pointiert so ausdrücken könnte: Fortschritt ist nicht einfach Überwindung, sondern immer auch *Verdrängung* alter Einsichten und Praktiken. Fortschritt erzeugt nicht nur neue Erkenntnisse, sondern auch neue blinde Flecken. Zudem erweist sich vieles, was vom Stand der aktuellen Schulmedizin als überholt gilt, bei näherem Hinsehen auf einmal wieder als brauchbar oder zumindest dikussionswürdig. So werden heute z.B. antike Wundheilmethoden wiederentdeckt, wie die Applikation von Maden oder Krillkrebsen.[10] Auch Aderlässe werden immer noch – erfolgreich – durchgeführt. Es gibt Ärzte, welche z.B. die alte Gleichgewichtslehre der Säfte in einem systemtheoretischen oder kybernetischen Modell zu reformulieren versuchen. Mit welchem Erfolg, sei hier dahingestellt. Ich möchte bloss betonen, dass die Geschichte der Medizin sich uns nicht einfach als eine schöne lineare Abfolge von Siegen über alten Aberglauben und ineffektive Methoden darstellt. Ich ziehe vielmehr vor, von einem reichen Boden an Wissenssedimenten zu sprechen: Neue Einsichten überlagern sich alten, decken sie vielleicht zu. Bis wir später einmal in diesen alten scheinbar überwundenen Lagerstätten des Wissens Adern entdecken, aus denen sich aktuelle Erkenntnisse schürfen lassen.

In gewissem Sinn bediene ich mich eines Spielverderber-Blicks auf die Medizingeschichte. Denn ich werde Ihnen nun in einem zweiten Teil drei Aspekte fortschrittlicher medizinischer Technologie skizzieren, um anschliessend deren verdrängte Rückseite hervorzukehren: 1. Die Allianz von Arzt und Instrument, 2. die Lokalisierung der Krankheit und 3. die Ablösung der Krankengeschichte durch das Krankheitsdatum. Es geht mir darum, eine Dialektik sichtbar zu machen, die in der medizinischen Entwicklung selbst angelegt ist, ungeachtet ihrer Fortschritte. Dialektik bedeutet ja, dass der Lauf einer Entwicklung in seinen Gegenlauf umschlagen kann. Ich meine, dass wir uns gerade zu Beginn des 21. Jahrhunderts auf der Schwelle eines solchen Umschlags befinden, und ich stelle entsprechend drei Thesen auf: Die Allianz von Arzt und Technik weckt das Bewusstsein für andere nicht-technische Vermögen des Arztes, zumal für die Allianz von Arzt und Patient. Die Lokalisierung der Krankheit schärft die Aufmerksamkeit für nicht-lokalisierbare chronische Leiden. Und schliesslich führt die moderne Verdatung des Patienten zu einer Revalidierung der kranken Person und ihrer Geschichte.

10 Cf. Sybille Wehner-v. Segesser: *Wenn Wunden nicht heilen wollen*, NZZ, 6.12.06.

Fortschritt und seine Dialektik

1. Die Allianz von Arzt und Instrument

Das wichtigste Instrument des Arztes: sein Körper

Wohl kein diagnostisches Gerät gehört so sehr zu den Insignien des modernen Arztes wie das Stethoskop, der «Brustspiegel». Es drängt sich daher auf, die Allianz von Arzt und Instrument an ihm zu veranschaulichen. Für meine Erörterung ist von Belang, dass es historisch das moderne Bündnis von Medizin und Technik eröffnet. Und es hat eine aufschlussreiche Vorgeschichte. Werfen wir einen kurzen Blick auf sie.

Zunächst sollten wir eines festhalten. Ungeachtet der Technisierung ist das wichtigste diagnostische Instrument des Arztes sein Körper: seine fachgeschärften Sinne, seine erfahrungsgeschulte Wahrnehmung. Heilkunst beruhte immer schon auf der Expertise der Sinne. Der Arzt hört dem Patienten zu, er beobachtet Symptome, er befühlt seinen Körper. Auge, Ohr, Nase, Hände sind die wichtigsten empirischen Informationskanäle, lesen wir bereits bei Hippokrates (*Epidemarium*, IV 43). Für Galen, der die hippokratische Tradition in vielerlei Hinsicht weiterführte, war Diagnostik eine Berührungskunst: «Die Hände sind entworfen als Werkzeug der Einschätzung aller wahrnehmbaren Dinge, erschaffen als Organ der Berührung, welches dem intelligentesten aller Tiere angemessen ist.» Die Haut ist der Massstab, mit dem alle andern Teile des Körpers geprüft werden müssen. Um sich als solcher Massstab auszuweisen, hat der Arzt selber vollkommen gesund, seine Haut weder kalt noch feucht, weder trocken noch fiebrig, sein Säftehaushalt im Gleichgewicht zu sein.

Es ist immer wieder faszinierend festzustellen, wie Selbstverständlichkeiten sich mit Epochen und Kulturen ändern. Was den Griechen evident, war den Ärzten des christlichen Mittelalters beinahe ein Tabu. Das hat sicher damit zu tun, dass der himmelwärts gerichtete Blick der Theologie das mittelalterliche Körperbild tief prägte. Seit dem 13. Jahrhundert erfährt die Berühungskunst eine Abwertung, die bis ins 18. Jahrhundert reicht. Die scholastische Schulmedizin ist büchern, vertrocknet buchstäblich zum Studium antiker Texte. Die Praxis des Heilens obliegt Barbieren, Wanderheilern, Wunderdoktoren, Chirurgen, Naturmagiern, Kräuterhexen, weisen Frauen. Die Ausbildung des Chirurgen – wörtlich: «des mit der Hand Tätigen» – fand in der Regel nicht im akademischen Rahmen statt (Ausnahme Italien).

Der Doktor, der approbierte und gebildete Arzt, berührt den Patienten nicht, und wenn er ihn schon untersucht, dann nicht den Patienten selbst, sondern seinen Urin (und sein Horoskop). Die Urinprobe vertritt den Kranken. Das sogenannte «Harnsehen» ist der diagnostische Schlüssel und Kanon. Auf vielen mittelalterlichen Darstellungen sieht man die Ärzte ihre gelehrten Dispute um die Urinflasche abhalten. Der Patient selber ist nicht anwesend.

Hineinhören in den Körper

Erst im 18. Jahrhundert wird Medizin als Handwerk wiederentdeckt. Die ärztlichen Hände erfahren eine Aufwertung mit dem Öffnen des Leichnams. Die Obduktion wird seit Giovanni Battista Morgagni systematisch eingesetzt zur detektivischen Suche nach Krankheitsspuren im Körper. Die pathologische Anatomie ist eine *Hände-voran*-Praxis. Aber auch des lebenden Körpers bemächtigen sich die kundigen Hände. 1761 führt der Wiener Arzt Leopold Auenbrugger eine – wie er sie nennt – «neue Erfindung» *(Inventum novum)* ein, das Abklopfen (Perkutieren) des Patientenkörpers – primär des Brustkorbs – auf spezifische akustische Signale der Krankheit.

Diese manuelle Technik drängt sofort zu einem nächsten Schritt.[11] Handwerk verbündet sich in der Regel mit Werkzeug. So auch die Perkussion. Im frühen 19. Jahrhundert erweitert der Pariser Arzt René (Théophile Hyacinthe) Laennec das Abklopfen durch das sogenannte «vermittelte Abhorchen» (*De l'auscultation médiate*, 1819). Zwischen Arztohr und Patientenkörper schiebt sich ein Instrument, das Stethoskop: ursprünglich ein Hörrohr aus Holz, dessen fernes trichterförmiges Ende an den Brustkorb des Patienten gesetzt wird, und an dessen nahem Ende der Arzt hineinhorcht. Durch einen solchen Festkörper geleitet, können die Geräusche aus dem Thorax nicht nur verstärkt, sondern mit einiger auditiver Sensibilität auch differenziert wahrgenommen werden – vor allem seit man Nachfolgegeräte aus biegbarem Material und mit zwei Höreingängen konstruier-

11 Zunächst war da freilich eine soziale Barriere. Viele Ärzte begegneten Auenbruggers neuer Erfindung mit Skepsis, weil ihres Standes nicht würdig. Insofern erhob mit der Technik der Perkussion die ärztliche Hand ihren Würde- und Geltungsanspruch gegenüber dem ärztlichen Auge, was zumal erkenntnistheoretisch hervorzuheben ist, da die westliche Kultur das Auge ja seit Platon als das eigentliche Organ des Wissens und Erkennens nobilitierte. In diesem Sinne vertraute der traditionelle Arzt dem, was er sah und nicht dem, was er im Innern des Körpers hörte.

te.[12] Zudem vermied man auf diese Weise den direkten Kontakt mit dem Körper, zumal dem weiblichen – wodurch das penible Problem umgangen werden konnte, dass der Arzt mit seinem blossen Ohr die blosse Brust der Patientin berührte.

Das Regime der Skope – die Vorherrschaft des Sehens

1850 stellt der Physiker Hermann Helmholtz den Augenspiegel, das Ophtalmoskop, vor, zum Studium des lebenden Auges und der Netzhaut. Man kann auch hierin so etwas wie eine Wegmarke des technisch-medizinischen Fortschritts sehen. Schon vorher, in der ersten Hälfte des 19. Jahrhunderts, gelingen entscheidende Verbesserungen des Mikroskops, das lange Zeit nicht als seriöses Instrument angesehen wurde (wie ja auch Galileis Teleskop). Den Forschern eröffnet sich dadurch ein zelluläres Universum, eine Welt von Mikroorganismen, von Bakterien, in denen medizinische Pioniere wie Rudolf Virchow, Louis Pasteur, Robert Koch, Joseph Lister Träger und Keime von Krankheiten erkennen. In nicht abbrechender Folge halten von nun an neue Skope Einzug in die medizinische Diagnostik: Laryngoskop, Tracheoskop, Arthroskop, Ösophagoskop, Bronchioskop, Gastroskop, Urethroskop, Koloskop, Laparoskop etc. So wie schon vorher das Teleskop den Astronomen den Himmel erschloss, wird das Ausspähen des Körperinnern – die Endoskopie – zum Emblem für die visuelle Eroberung des lebenden Körpers.[13]

Man könnte nachgerade vom technischen *Regime der Skope* sprechen, von einer Vorherrschaft des Sehens, wie wir ihr heute in den neuesten Visualisierungstechniken auf der physikalischen Basis von Ultraschall, Radioaktivität, Röntgenstrahlen (CT), Kernspinmagnetresonanz (MRI) oder Positronenemission (PET) begegnen.[14] Diese Techniken begründen auch einen

12 Dazu gehört auch die Einführung eines präzisierenden Vokabulars des Hörens. Laennec spricht etwa von «nassem oder kaltem», von «schleimigem oder bollerndem», von «helltönend trockenem oder schnarchendem Röcheln». Cf. hiezu Jens Lachmund: *Die Erfindung des ärztlichen Gehörs*, in Cornelius Borck (Hg.): *Anatomien medizinischen Wissens*, Ffm, 1996, S. 67.

13 Cf. Matthias A. Reuter: *Geschichte der Endoskopie*, Stuttgart, 1998.

14 Die Metapher des Sehens überformt selbst noch die stethoskopische Geräuschwelt. Denn der nachträgliche Augenschein der Obduktion bleibt die Nagelprobe für die neuartige Diagnostik über das Geräusch. Die Autopsie bestätigt, dass das am lebenden Leib Gehörte dem am Leichnam Gesehenen entspricht. In der Fachliteratur der ersten Hälfte des 19. Jahrhunderts wird das Stethoskop denn auch als «Fenster in den Brustkorb» bezeichnet. «Wir anatomisieren sozusagen durch Abhorchen», schreibt ein Arzt.

realistischen Anspruch der Medizin, welcher die Wirklichkeit der Körpervorgänge mit ihrer Sichtbarkeit gleichsetzt, und zwar mit der verlässlichen, instrumentell vermittelten Sichtbarkeit der Bilder.

Das Transparenz-Ideal feiert im digitalen Zeitalter seinen vorläufigen Höhepunkt im *Visible-Human-Project* der amerikanischen National Library of Medicine, das sich der totalen Sichtbarkeit des menschlichen Körpers verschrieben hat. Zu makabrer Berühmtheit gelangte 1993 der zum Tode verurteilte Amerikaner Joseph Paul Jernigan, der letztwillig seinen Körper der Wissenschaft spendete. Zwei Stunden nach der Hinrichtung wurden Jernigans Überreste in Gelatine tiefgefroren und zu 1871 digital erfassten Tranchen abgehobelt. Nun feiert er virtuelle Wiederauferstehung als «Visible Man», d.h. als 15-Gigabyte-Datensatz für zahlreiche anatomische Shows, CD-ROMs, dreidimensionale Kunststoffmodelle, Versuchsfelder nichtinvasiver Operationstechniken.

Die andere Seite: Revalidierung körperlicher Fähigkeiten

Ich sagte, das wichtigste Instrument des Arztes sei sein Körper. Wenn wir feststellen, dass dieses Instrument im Laufe der Technisierung zusehends im Schatten des klinischen Geräteparks verschwindet, dann sagen wir damit nur pointiert, dass der Arzt durch das Instrument permanent dazu verführt wird, seine eigenen körperlichen Fähigkeiten zu unterschätzen. Spezialisierung bedeutet ja auch Delegierung eigener Fähigkeiten an technische Systeme. Jeder neue Technisierungsschub birgt das Risiko in sich, alte medizinische Techniken und Fertigkeiten nicht mehr zu pflegen, zu verdrängen, schlimmstenfalls sie verkümmern zu lassen.[15] Das instrumentenbasierte Urteil verdrängt das körperbasierte Urteil.

Ein entscheidendes Argument gegen die uninstrumentierten Sinne war gerade die Subjektivität des ärztlichen Sehens, Hörens, Tastens. Das medizinische Instrument sollte die Wahrnehmungsfähigkeit des Arztes nicht nur erweitern, sondern sein Urteil auf eine objektive Grundlage stellen. Das Ideal war ein nüchterner Geräte-Blick auf den Patienten, die Kaltstellung des ärztlichen Körpers sozusagen. So lesen wir 1870 im Buch *Der ärztliche Beruf* des Mediziners Robert Volz: «Die Medizin ist thatsächlich, ist objek-

15 Um bei unserem exemplarischen Instrument, dem Stethoskop, zu bleiben: Mit dem Aufkommen der Röntgentechnik im 20. Jahrhundert sah es sich zum verstaubten Requisit einer medizinischen Vergangenheit herabgewertet, wie die Lanzette zum Aderlass.

tiv geworden. Es ist gleichgültig, wer am Bett steht, aber er muss verstehen, zu untersuchen, zu erkennen. Er tritt vor ein Objekt, welches er ausforscht, ausklopft, aushorcht, ausspäht, und die rechts und links liegenden Familienverhältnisse ändern daran gar nichts: der Kranke wird zum Gegenstand.»

Dass Geräte unsere naturwüchsigen Fähigkeiten verbessern, verstärken, erweitern, ist ein Gemeinplatz des zivilisatorisch-technischen Fortschritts. Dieses Erweitern wird oft als ein Ersetzen menschlicher Fähigkeiten interpretiert. Aber der Arzt – die alte Trivialität sei in diesem Zusammenhang wieder einmal aufgewärmt – ist eben kein Gerät. Er ist eine Person und in seine Wahrnehmung fliesst, ob er es will oder nicht, immer seine eigene Subjektivität mit ein. Gewiss, diese Subjektivität ist als Fehlerquelle möglichst zu minimieren. Aber es wäre eine grundsätzliche Missdeutung des ärztlichen Urteils, würde man es völlig entsubjektivieren wollen. Labordatum, Computerausdruck, Röntgenbild müssen interpretiert werden. Und jede Interpretation wird letztlich von einem ärztlichen *Subjekt* vollzogen. Sie ist nicht an das Gerät delegierbar.[16] Im Gegenteil: Je technischer der Alltag des Arztes wird, desto mehr ist er gerade in einer Expertise gefordert, die auf seiner eigenen körperbasierten Erfahrung beruht.

Die diagnostische Technologie erweist sich deshalb als zweischneidiges Schwert. Sie kann das Wissen und Können des Arztes im Wahrnehmen der Krankheit erweitern, sie kann aber auch dazu führen, dass herkömmliche diagnostische Fähigkeiten zugunsten intensiver und extensiver Testerei verlernt werden. Dadurch erodiert der ärztliche Common sense, das Vertrauen in die eigene körperbasierte Urteilskraft als Grundlage der Wahrnehmungskunst. Die Anekdote eines jungen Medizinstudenten ist sprechend, der an unerträglichen Bauchschmerzen litt, und vier Wochen lang die unangenehmsten Tests erdulden musste, obwohl ein pensionierter Arzt gleich zu Beginn richtig einen Durchbruch im Blinddarm gesehen hatte. Der erfahrene Arzt kennt die Topografie des Körpers wie der erfahrene Wanderer die Topografie des Geländes: er braucht sie nicht ständig auf der Karte zu überprüfen.

Was die Medizin zu verlieren droht, könnte man mit einem alten Begriff der Aufklärung umschreiben, nämlich ärztliche *Urteilskraft*. Sie beruht nicht nur auf der Wissenschaft, sondern im gleichen Masse auf der *Kennerschaft*

16 So zeigt z. B. die Einführung der Röntgendiagnostik einen anfänglich völlig unkritischen Glauben an die Unfehlbarkeit des Geräts. Cf. hiezu Stanley J. Reiser: *Medicine and the Reign of Technology,* Cambridge, 1978, spez. Kap. 8.

des Körpers. Der Arzt muss, um hier die Analogie aufzunehmen, eben ein Wanderer, ein *bewanderter* Kenner des Patientenkörpers sein. Kennerschaft bedeutet nicht nur manuelles Geschick, sondern vor allem auch die sogenannten «soft skills», Vermögen wie Empathie, Dialogfähigkeit, sprachliche Artikulation. Gerade die Sprache ist eines der unterschätztesten körpereigenen Instrumente des Arztes. Was heute als «seelenlos» an der Medizin bezeichnet wird, ist im Grunde eine Sprachlosigkeit, inmitten des Bombasts der Fachterminologie. Praktizierenden Ärzten sind natürlich die «weichen» Daten aus dem Gespräch immer eine wichtige Entscheidungshilfe neben den «harten» Daten aus dem Labor gewesen. Was aber anstünde, wäre eine systematische Neugewichtung dieser «weichen Daten», d.h. des Gesprächs als fachspezifischer *Kompetenz*, auf die im Besonderen schon im Studium Gewicht gelegt werden müsste. Der deutsche Arzt Linus Geisler sprach vor 10 Jahren vom «Verschwinden des Dialogischen»:

> Die Schwierigkeiten und Probleme der Medizin von heute sind nicht in erster Linie Probleme, die durch eine hochtechnisierte Apparatemedizin entstanden sind, sondern durch die Unzulänglichkeiten der Kommunikation zwischen Arzt und Patient, die natürlich in einer Welt voller technischer Möglichkeiten besonders fatal zu Buche schlagen. High-Tech-Medizin auf der einen Seite und eine Art Steinzeit-Kommunikation auf der anderen Seite kennzeichnen den Spannungsbogen.[17]

Ärztliche Urteilskraft beruht auf Kennerschaft des Körpers. Kennerschaft wächst aber nur aus einer Allianz von Arzt und Patient, nicht aus einer Allianz von Arzt und Instrument. Kant nannte den Mangel an Urteilskraft eine besondere Form von Dummheit. Eine solche Form riskiert eine Medizin, die glaubt, das körperbasierte Urteil gegenüber dem instrumentenbasierten Urteil vernachlässigen zu können.

2. *Lokalisierung der Krankheit*

Die notwendige Ursache der Krankheit

Am Stethoskop lässt sich ein zweiter entscheidender Schritt der Technisierung veranschaulichen: die *Lokalisierung der Krankheit.* Mit dem Instrument kann man ihr einen Sitz zuordnen, dort nämlich, wo man sie hört, oder

17 Linus Geisler: *Sprachlose Medizin. Das Verschwinden des Dialogischen*; Imago Hominis, 4/1, 1997.

dort, wo man bei einer Obduktion das Gehörte sehen würde. Dieses Vermögen der Lokalisierung verdankt sich zu einem Grossteil der technischen Entwicklung der Diagnostik, vor allem des Mikroskops. Seit es sich im frühen 19. Jahrhundert immer mehr in der medizinischen Forschung eingebürgert hat, beginnt sich die Heilkunst um ein neues Gravitationszentrum zu drehen, das der deutsche Pathologe und Begründer der Zellbiologie, Rudolf Virchow, als Frage formuliert hat: *Ubi est morbus*? Wo ist die Krankheit? «Kein Arzt kann sich eigentlich eine Krankheit ausdenken, ohne ihr einen Ort im Körper zuzuweisen,» erklärt Virchow programmatisch.[18]

Die Frage bedeutet einen medizinischen Paradigmenwandel: Während früher der Patient vom Arzt erwartete, sein Säftegleichgewicht wiederherzustellen, erwartet er nunmehr den isolierten, präzisen Eingriff in seinen Körper. Das zieht in der Folge die Umgestaltung des ganzen Berufes nach sich. Nun treten Spezialisten auf für ganz bestimmte «Orte» im Körper. In dieser Hinsicht nähert sich die Medizin der naturwissenschaftlichen Methode der kausalen Erklärung an. Krankheit ist die Wirkung einer oder mehrerer Ursachen. Wenn das Übel eine Ursache im Körper hat, muss man zunächst diese Ursache orten und anschliessend kontrollieren und bekämpfen. Ohne Ursache keine Wirkung. Ohne Erreger keine Krankheit. Fehlen Tuberkelbazillen, tritt Tuberkulose nicht auf, fand Robert Koch 1882. Das ist ein ungeheuer potenter Gedanke, ein *Verhinderungs*gedanke, der ein neues, bakterielles Krankheitsmodell durchsetzt. Denn er sagt ja: Wenn *nicht* eine bestimmte Ursache vorliegt, dann tritt die Krankheit nicht auf. Also ist das erste Ziel, die Krankheitsursache zu beseitigen. Dieser Sicht verdankt die moderne Medizin viele ihrer grössten Triumphe, z.B. im Kampf gegen Infektionskrankheiten.[19]

18 Zit. aus Reiser, S. 78. Übers. E.K.

19 Diese Sicht hat natürlich auch die zentrale Metapher der modernen Medizin, den Kampf oder *Krieg gegen die Krankheit*, virulent gemacht. Die Operation oder das Medikament als *Waffe*. Umgekehrt werden heute auch Kriegsführungen als chirurgische Eingriffe bezeichnet. Wie schon vorher Völkermorde im unsäglich-unseligen Vokabular der Hygiene durchgeführt wurden. Auf diese bellizistische Metaphorik der Medizin hat Susan Sonntag eindringlich aufmerksam gemacht. S. Sontag: *Krankheit als Metapher*, Stuttgart, 1981.

Lokalisierende Instrumente und Medikamente

Das Ideal der Lokalisierung notwendiger Krankheitsursachen ist bis heute ein Leitgedanke moderner Medizin. Und er hat gerade die chirurgische Operation, früher verpönt, zu einem Paradepferd ärztlicher Kunst werden lassen. Die Technologie der Lokalisierung, Präzision und Feinheit der Schnitte prägen als Markenzeichen die moderne Spitzenchirurgie. Die Eingriffe werden immer miniaturisierter. Letzter Schrei der Mikrochirurgie ist z.B. die Allianz von indirektem Sehen und Eingreifen in der Laparoskopie (Bauchspiegelung). Durch zwei, drei kleine «Knopfloch»-Schnitte führt man in die Bauchhöhle die nötigen Miniaturinstrumente und eine Kleinstkamera mit Beleuchtung ein, die Bilder vom Körperinneren an einen Fernsehmonitor liefert. Die Bauchhöhle wird zu Beginn über ein nadelartiges Instrument mit Kohlendioxid aufgeblasen, damit man darin wie in einem gewölbten Hohlraum arbeiten kann. Der Chirurg operiert indirekt, anhand der vergrösserten Bilder, ausschliesslich am Bildschirm. Eine Operation aus Distanz sozusagen, aus der sich eine *Tele-Chirurgie* entwickeln könnte, an der auch Roboter assistieren würden.

Parallel dazu verläuft die «Lokalisierung» der Medikamente. Ziel ist auch hier ein möglichst örtlicher Effekt, ohne die bekannten Risiken und Nebenwirkungen. Nachdem sich die Theorie der Krankheitserreger allmählich durchgesetzt hatte, begannen im späten 19.Jahrhundert spezifische Medikamente die unspezifischen «Allheilmittel» zu verdrängen. Dank neuer chemischer Erkenntnisse gewann man neue Wirkstoffe aus natürlichen Heilmitteln, z.B. Morphium und Chinin, zu Beginn des 20.Jahrhunderts entdeckte man spezifische Mitttel gegen Tetanus, Diphterie, Syphilis, später erlaubte die chemische Synthese die Herstellung von Medikamenten mit lokalen Wirkungen, die Sulfonamide, Streptomycin, Polio-Impfstoffe. Immer stärker griff die Pharmaindustrie der Natur unter die Arme. Diese Entwicklung setzt sich bis heute fort, wo an der neuesten Generation von Medikamenten gearbeitet wird, die bereits auf zellularer oder molekularer Ebene ihr Ziel erkennen und angreifen können. Man arbeitet am gezielten Transfer von heilungsfördernden Genen. In den Visionen einschlägiger Technologenkreise werden winzige Roboter in den Körper eingeschleust – *Nanoboter* –, die ihre Aufgabe gezielt vor Ort ausführen – eine mikrobiologische Task Force sozusagen.

Die andere Seite: Chronische Krankheiten

Der präzise lokale Einsatz von Gerät und Medikament gehört mittlerweile zum selbstverständlichen Angebot der Medizin wie zur entsprechenden Erwartungshaltung ihrer Klientel: Jedem Bobo seine Pille. Trotzdem häufen sich die Fälle einer neuen Kategorie von Krankheit, nämlich der *chronischen* Beschwerden. Millionen von Menschen suchen heute ihren Arzt auf ohne lokalisierbares Leiden. Die Medizin sieht sich zunehmend mit Zivilisationsbeschwerden konfrontiert, mit Neurosen, Ängsten, Depressionen, Phobien, Süchten, chronischen Schmerzen, die man nun nicht so einfach auf lokale Ursachen im Körper zurückführen kann. Röntgenstrahlen, magnetische Resonanz, Positronenemission, all die wunderbaren Errungenschaften der klinischen Technologie dringen zwar in die verborgensten Winkel unseres Körperinnern ein, aber sie fördern keinen eindeutigen lokalen Befund zutage. Die Anwesenheit oder Abwesenheit eines Bakteriums erklärt nicht alles. Man kann offenbar krank werden, Schaden nehmen an bestimmten Formen modernen, zivilisierten Lebens, speziell an neuartigen Belastungen der Arbeitswelt. Wie aber lokalisiert man Lebensführungen?

Chronische Erkrankungen sind keineswegs neu. Sicher haben sie auch früher existiert, nur stellten sie damals kein Problem dar, weil akutere Krankheiten wie Infektionen sie gewissermassen überdeckten. Wo das Leben kurz ist, ist die Chance gering, langandauernde Krankheiten zu entdecken. Wer im 18. Jahrhundert z. B. an Krebs litt, starb wahrscheinlich eher an irgendeiner akuten Krankheit oder an katastrophischen Heimsuchungen wie Bränden, Unfällen, Kriegen, Hungersnöten. In den 1970er Jahren thematisierte der Psychiater und Epidemiologe Ernest Gruenberg genau dieses Muster, in einer viel beachteten Studie mit dem Titel *Misslingen des Erfolgs (The Failures of Success)*. Er wies darin auf das Faktum hin, dass sich die Zahl der an Mongolismus erkrankten Kinder im Alter zwischen 6 und 14 Jahren von 1961 bis 1974 verdoppelt hatte. Nicht etwa, weil sich die Krankheit plötzlich dramatisch ausbreitete, sondern weil man sie erfolgreich behandeln konnte. Vorher waren die meisten an Mongolismus erkrankten Kinder vor dem 6. Altersjahr an Lungenentzündung gestorben.[20] Der Krankheit starb ihre Kundschaft vorzeitig weg. Nun überlebte sie und brachte sie dadurch zum Vorschein.

20 Cf. Tenner, S. 81.

Dass chronische Beschwerden heute vermehrt Aufmerksamkeit auf sich ziehen, könnte deshalb auch mit einem Verdrängungseffekt zusammenhängen, einer indirekten Folge der Technisierung. Die erfolgreiche Bekämpfung der Infektionen schuf gleichzeitig die Bedingungen für das Auftreten «verdeckter» Krankheiten. Mit der Verbesserung in der Behandlung ist ein längeres Leben gewährleistet. Ein längeres Leben aber macht logischerweise auch längeres Leiden möglich. Was das für eine Gesellschaft mit hoher Lebenserwartung bedeutet, können wir heute nur erahnen.

Noch ein anderer Punkt erscheint mir wichtig, der mich zum dritten Aspekt führt: Die chronischen Krankheiten sind eine Herausforderung für die moderne Medizin, weil sie deren Lokalisierungsideal zumindest teilweise in Frage stellen. Nicht zuletzt sind sie der zentrale Herd eines Unbehagens und einer Unzufriedenheit, welche immer mehr Menschen im Zeitalter einer angeblich so erfolgreichen Medizin paradoxerweise dazu motivieren, ihr Heil bei alternativen Methoden zu suchen und zu finden. Und der Grund dafür ist einfach: Chronische Krankheiten holen die ganze Person des Patienten ins medizinische Blickfeld zurück.

3. Krankengeschichte – Krankheitsdaten – Datenmedizin

Vom Krankenexamen zur Datenmedizin

Technisierung führt nicht nur neue Apparate ein, sie beeinflusst menschliche Einstellungen und Beziehungen; sie beeinflusst das Bild des Patienten, das Selbstbild des Arztes und ihre Beziehung; sie beeinflusst das Wissenschaftsverständnis der Disziplin. Das können wir schon bei der Perkussion feststellen. Der perkutierende Arzt hört dem Patienten nicht *zu*, er hört ihn *ab*. Für Auenbrugger waren die Töne entscheidend, die *er* und nicht der Patient produzierte, weil die Äusserungen des Patienten letztlich subjektiv schwankend und daher nicht verlässlich sind für eine präzise Diagnose. Mit der Perkussion erlangte das Ohr des Arztes eine Expertise und Autorität, wurde aber der Patient gleichzeitig zum Resonanzkasten des ärztlichen Eingriffs degradiert.[21]

Seit dem 19. Jahrhundert hat die Arzt-Patienten-Beziehung eine Reihe von Stadien durchlaufen, die wesentlich von Technisierungsschüben ge-

21 Hiezu Reiser, S. 21f.

prägt sind. Das zeigt sich besonders deutlich an der Erfahrungsgrundlage ärztlicher Entscheidung. Sie bestand früher vor allem im so genannten «Krankenexamen»,[22] im Bericht des Patienten und in den vom Arzt direkt wahrgenommenen Symptomen. Nicht selten war der zahlende Patient dabei die Autorität, welche die Krankheit definierte und den Arzt in ihre Dienste nahm, und ihn – im Falle eines Misserfolgs – auch wieder entliess.

Die Verhältnisse haben sich geändert. Die Krankengeschichten wurden in dem Masse entbehrlich, in dem sich im Laufe der letzen 150 Jahre neue Techniken der ärztlichen Bestandesaufnahme entwickelten. In der Allianz von Arzt und Instrument haben sich die Gewichte zugunsten des Instruments verschoben und dadurch wurde eine neue Hierarchie in der Informationsbeschaffung etabliert: Zuoberst steht nun die Laboranalyse, dann folgt die ärztliche Wahrnehmung, schliesslich der Bericht des Patienten.

Die modernen Visualisierungs- und Aufzeichnungssysteme machen den Arzt in seiner Entscheidungsfindung unabhängig vom Patienten, dafür immer abhängiger vom technischen Datum. Heute stehen diagnostische Software – Expertensysteme – zur Verfügung. Mit der Allianz von Arzt und Instrument etabliert sich der objektive medizinische Blick, die Klinik institutionalisiert ihn und trägt ihn weg vom häuslichen Krankenbett.[23] Krankheit wird primär vom Labordatum her definiert. Und damit erhält die Trennung von Krankheit und kranker Person ihren systematischen Ort. Laboratorium und Computertechnologie definieren den heutigen Typus von technisierter Medizin: die *Daten*-Medizin. Was das heisst, haben wahrscheinlich alle schon am eigenen Leib erfahren, die einmal hospitalisiert waren. Die Passage durch eine Maschinerie von Routineuntersuchungen entkörperlicht den Patienten, verwandelt ihn in einen *verwaltbaren Datensatz*.

22 Lachmund, S. 59f.

23 Foucaults Verdienst in seinem Buch «Die Geburt der Klinik» liegt darin, dass er als einer der ersten Historiker (oder «Archäologen») mit der «tendenziösen» Fortschrittsgeschichte der Medizin bricht und dagegen eine subversive Perspektive geltend macht. Aber seine Geschichte des klinischen Blicks erscheint nun ihrerseits als zu tendenziös, indem sie sich auf den Herrschafts- und Disziplinierungscharakter der Medizin als «klinischen Blick» konzentriert und der Frage nach den Fortschritten neuer Therapierungsmöglichkeiten durch die «Klinisierung» kaum gebührend Aufmerksamkeit schenkt. Der Grund dürfte darin liegen, dass er die Wahrheitsfrage primär als Machtfrage betrachtet. Michel Foucault: *Die Geburt der Klinik*, Ffm, 1976.

Die andere Seite: Wiederentdeckung des Patienten

Dieses Risiko ist den Medizinern natürlich immer bewusst gewesen. Und es scheint, dass gerade die einseitige Entwicklung der technischen Medizin die Bedingungen für die Wiederentdeckung einer Tradition schafft, die stets neben der technischen Medizin bestanden hat. In der Tat vernimmt, wer sein Ohr nur etwas feiner einstellt, durch das ganze 20. Jahrhundert hindurch die nicht abbrechende Stimme einer ärztlichen Einstellung, welche die Wiedereinführung der *Person* des Patienten verlangt. Sie ist so alt wie die moderne Medizin selbst, etwa 200 Jahre, und sie hat ihre Ursprünge in der Romantik. Der Arzt Johann Christian August Heinroth begründete das, was man später als anthropologische Medizin bezeichnen sollte. Er rückte dabei ganz deutlich und programmatisch die Person ins Zentrum der Medizin: «Mensch = Person, das ist der Einheitspunkt.»[24]

Eine solche Formel erhält natürlich umso mehr normative Kraft, als die Medizin sich von der Person des Patienten in der beschriebenen Objektivierung und Verdatung entfernt. Der deutsche Arzt Ernst Schweninger warf schon zu Beginn des 20. Jahrhunderts der Medizin vor, den kranken Menschen zu einem «Objekt der sachlichen Lust» zu machen, und er steigerte sich sogar zur Aussage: «Die Wissenschaft des Arztes tötet seine Humanität.» Das mag übertrieben sein, akzentuiert aber genau jenen Schwellenpunkt, auf dem die Medizin heute steht: In ihrer fortschreitenden Technisierung und Annäherung an die Naturwissenschaften hat sie sich von ihrem ureigenen «Gegenstand» so weit entfernt, dass ein Neuüberdenken ihrer Sichtweise nötig wird.

Die Kultur des Heilens

Zwischenbilanz

Ich habe drei Aspekte der Technisierung skizziert (es gibt selbstverständlich mehr), deren progressiver Charakter kaum bestritten sein dürfte. Was mich – wie gesagt – an ihnen interessiert, ist ihre Ambivalenz: Sie sind die zwei

24 Zit. aus Dietrich v. Engelhart: *Anthropologische Medizin – historische Entwicklung, Perspektiven der Zukunft*, in Peter Stulz, Dominic Kaegi, Enno Rudolph (Hg.): *Philosophie und Medizin,* Zürich 2006, S. 28.

Seiten eines Doppelgesichts. Zur Allianz von Arzt und Instrument gehört die Allianz von Arzt und Patient; zum lokalisierenden Vorgehen gehört das nicht-lokalisierende ganzheitliche Behandeln; zur Verdatung des Patienten gehört seine eigene Biografie. Was uns heute oft als Gegensatz anmutet, ist im Grunde das Resultat der Geschichte eines wachsenden Ungleichgewichts, das sich die Heilkunst durch ihre Technisierung selbst eingehandelt hat. Vieles, was als alternative oder komplementäre Heilkunst zur Schulmedizin angeboten wird, erweist sich bei näherem Hinsehen als verdrängter Teil dieser Medizin selbst – sozusagen als verleugneter Verwandter. Ihre Doppelnatur zu akzeptieren kennzeichnet deshalb meiner Meinung nach eine reife Medizin, will sagen: eine Kultur des Heilens. Die Frage ist natürlich, wie wir diese Doppelnatur in einem erweiterten Verständnis des menschlichen Körpers unterbringen können. Darauf möchte ich nun in einem dritten Teil noch etwas näher eingehen.

Drei Typen von Reaktion auf Krankheit

Wir kennen drei Grundreaktionen des Körpers auf Krankheit und Verletzung: Die *spontane*[25], die *induzierte*, durch künstliche Einwirkung unterstützte, und die Antwort des Körpers auf Bedeutungen, kurz: die *Bedeutungsreaktion («meaning response»)*, wie sie der Anthropologe Daniel Moermann nennt. Der menschliche (auch der tierliche) Organismus verfügt – schon aus evolutionären Gründen[26] – über ein grosses Potential an Selbstheilungsprozessen (sogar bei schweren Krankheiten wie Krebs). Ohne Zweifel besteht die Erfolgsgeschichte der modernen Medizin auf weiten Strecken darin, dass sie diese spontanen Reaktionen durch ein breites Spektrum wirkungsvoller induzierter Heiltechniken ergänzt hat. Und weil es bei diesen induzierten Wirkungen vor allem auf eine Intervention «von aussen» ankommt, begegnet die wissenschaftliche Medizin den Selbstheilkräften des Körpers mit einiger Skepsis. Aber der Körper kann noch mehr: Er reagiert nicht nur auf Stoffe, er reagiert auch auf die Botschaften und *Bedeutungen* von Stoffen. Er reagiert nicht nur materiell, sondern gewissermassen auch «kulturell»

25 Cf. hiezu Andrew Weil: *Spontaneous Healing*, London, 1995.

26 Cf. den spekulativen, aber äusserst anregenden Artikel von Nicholas Humphrey: *Great Expectations: The Evolutionary Psychology of Faith-Healing and the Placebo Response.* In Nicholas Humphrey: *The Mind Made Flesh: Essays from the Frontiers of Evolution and Psychology*, Oxford, 2002.

auf sie. Das bezeugen die seit alters in allen Kulturen gepflegten Rituale und Zeremonien des Heilens.[27] Das zeigt auch ein relativ gut studiertes therapeutisches Phänomen wie der *Placebo-Effekt*.[28] Eine Placebo-Tablette wirkt besser gegen Kopfschmerzen als keine Tablette. Aspirin, mit dem Namen «Aspirin» versehen, wirkt besser als genau derselbe Stoff, der nur den Namen «Schmerzmittel» trägt.[29] Aspirin, vom Arzt verschrieben, kann besser wirken als Aspirin, bloß in der Apotheke gekauft. Allein schon der Anblick eines weissen Arztkittels soll solche Bedeutungsreaktionen hervorrufen. Ideal für den Patienten wäre natürlich, wenn auch niedrige Arztkosten einen Placeboeffekt hätten.

Man darf annehmen, dass Heilen immer schon darin bestanden hat, die spontane und die Bedeutungsreaktion des Körpers – also seine Natur *und* seine Kultur – zu nutzen und zu verstärken. Auch heute, würde ich ohne Zögern behaupten, ist ärztliches Handeln zugleich instrumentell und symbolisch. Heilen und Ritual des Heilens sind ein unzertrennliches Paar. Allerdings stehen Bedeutungsreaktionen ziemlich verloren im naturwissenschaftlichen Raum. Analgetika, Antibiotika oder Hormone interagieren mit dem Körper – aber Bedeutungen? Aus strikt naturwissenschaftlicher Sicht ist die Reaktion auf Namen, d.h. Bedeutungen, kaum verständlich, gibt es in dieser Sicht doch nur die Wirkung von Materie auf Materie, d.h. von Medikament auf den Organismus des Patienten.

Ich sagte, Bedeutungsreaktionen stünden im naturwissenschaftlichen Diskurs verloren da. Das heisst nicht, dass es keine naturwissenschaftlichen Erklärungsansätze für diese Phänomene gibt. So steht zurzeit das Immunsystem im Brennpunkt des Interesses. Es reagiert, wie man festgestellt hat, nicht nur auf körperlicher Ebene, sondern auch auf Denken, Fühlen, Sichbefinden. Was man schon immer «wusste» – z.B. dass eine trübe Stimmung auf den Magen schlägt –, scheint nun seine Erklärung in den biochemischen

27 Platons Dialog *Charmides* ist eine der bekanntesten antiken Stellen, wo die Bedeutungsreaktion zur Sprache kommt. «Ich sagte, das Mittel gegen die Kopfschmerzen wäre eigentlich ein Blatt, aber es gehörte noch ein Spruch zu dem Mittel, wenn man den zugleich spräche, indem man es gebrauchte, machte das Mittel ganz und gar gesund, ohne den Spruch wäre aber das Blatt zu nichts nutz» (155e).

28 Cf. hiezu das bereits erwähnte Buch von Moerman, sowie den äusserst anregenden Sammelband von Anne Harrington (ed.): *The Placebo Effect. An Interdisciplinary Exploration*, Cambridge (Mass.), 2000.

29 Dies das partielle Resultat einer höchst interessanten vergleichenden Studie, welche in den 1980er Jahren in England durchgeführt wurde, aus Moermann, S. 18f.

Regulierungsprozessen des Körpers zu finden. Die Neurowissenschaften erweitern unser Wissen über die zahlreichen Botschaften der Neurotransmitter, die unablässig zwischen Gehirn und Immunsystem verkehren. Vielleicht setzen Bedeutungsreaktionen Endorphine oder Stresshormone im Körper frei. Neue Allianzen zwischen den Disziplinen sind entstanden, z.B. die Psychoneuroimmunologie, die zum Ziel hat, die Vorgänge auf molekularer Ebene genau unter die Lupe zu nehmen,

Aber selbst wenn uns Biochemie und Neurophysiologie wahrscheinlich noch viel zu diesem rätselvollen Werk der Natur zu sagen haben werden, reicht das Problem tiefer. Es ist verknüpft mit der Vorherrschaft des Bildes der Natur und des Körpers als einer hochkomplexen Biomaschine. Dieses Bild hat unser Denken in einem Ausmass imprägniert, dass wir es schon als «die» Realität schlechthin betrachten. Alle drei Aspekte der Technisierung, die ich kurz geschildert habe, sind Facetten dieses Bildes. Alle Fragen, die die moderne biomedizinische Forschung zu beantworten trachtet, beziehen ihren Sinn letztlich von diesem Bild. Bilder können uns in Sackgassen führen. Das gilt für die Metapher des Säftehaushalts wie für die Metapher der physiologischen Maschine Mensch. Hier könnte ein Körperkonzept als Korrektiv und Komplement wirken, das ich als den *personalen Körper* bezeichne.

Die Person – der personale Körper

Menschliches Leben ist imprägniert von Bedeutung, also auch Gesundheit und Krankheit. Betrachtet man den Placebo-Effekt und verwandte Phänomene im personalen Erfahrungsraum von Arzt und Patient – als «kulturelles» Ereignis – dann erscheint er beinahe als trivial, denn dieser Raum ist voll von Bedeutung und hier wirkt ja nicht bloss Materie auf Materie, sondern Person auf Person.

Wir sollten daher Bedeutungsreaktionen nicht als Ausnahme, sondern als Regel betrachten, als ganz normale menschliche Phänomene. Sie verweisen auf einen Umgang mit dem Körper, in dem dieser primär nicht als hochkomplexes Stück organischer Materie fungiert, sondern als ein Stück Kultur und Biographie. Das ist im Grunde eine Binsenwahrheit: Menschen sind gleichzeitig biologische und kulturelle Wesen. Deshalb spielen sowohl Biologie als auch Kultur in ihre Gesundheit oder Krankheit hinein. Der Körper ist stets jemandes Körper, *personaler* Körper. Das weiss jeder Arzt, obwohl ihm das Studium dieses Wissen systematisch auszutreiben sucht.

Er steckt dadurch permanent in einem Dilemma[30]. Zwar sieht er sich von Berufs wegen dazu angehalten, Befunde am organischen Körper zu konstatieren, aber er kann die Befindlichkeit des personalen Körpers nicht verleugnen. Nicht ein Bein ist gebrochen, sondern das Bein *dieses* Kindes *hier*. Nicht *eine* Leber ist von Krebs befallen, sondern die Leber *dieser Person dort*.

Daraus können wir eine weitere Konsequenz ziehen: Auch wenn sich heute die Medizin den Life Sciences angehörig fühlt, sollte sie sich nicht als Naturwissenschaft verstehen. Und zwar aus einem elementaren Grund. In den Naturwissenschaften ist der Forscher das Subjekt, das zu Erforschende das Natur-Objekt. In der Medizin aber ist das zu Erforschende ebenfalls Subjekt. Also ist die Grundachse hier: *Person begegnet Person*. Der Arzt studiert nie einen «blossen» Patienten, sondern immer schon einen *Patienten-in-Beziehung-zum-Arzt*. Oder anders gesagt: Der Arzt kann nicht keine Beziehung zum Patienten haben. Wie und in welchem Masse er sich auf seinen «Gegenstand» einlässt, hat entscheidenden Einfluss auf den gemeinsamen Erfahrungsraum, günstigstenfalls auf die Heilungschancen des Patienten. Es gibt unzählige Anekdoten über diesen «Doktor-Effekt», also über die therapeutische Wirkung des Arztes als *Person*, und wahrscheinlich hat eine sibirische Ärztin all diese Geschichten am prägnantesten in einer einfachen Maxime zusammengefasst: «Jedesmal, wenn ein Arzt einen Patienten sieht, sollte sich der Patient anschliessend besser fühlen.» [31]

Was für den Placebo-Effekt im Besonderen, gilt für das Heilen ganz allgemein: Es war immer schon und ist nach wie vor ein kultureller Prozess. Seit 150 Jahren wird dieser Prozess auf ein solides naturwissenschaftliches Verständnis des menschlichen Organismus abgestellt und durch technische Hilfsmittel unterstützt. Das hat dazu geführt, die induzierte Reaktion des Körpers gewissermassen als das Paradigma des Heilens zu betrachten. Der Ruf «Mehr Forschung ist nötig» wird heute schon fast automatisch als «Mehr Forschung in der Technologie des Heilens» interpretiert. Insgeheim wertet man dabei aber den Körper ab, indem man ihm weniger zutraut als was er zu leisten im Stande ist. Im Extremfall definiert man ihn um zur

30 Ich habe es an anderer Stelle etwas ausgeführt: Eduard Kaeser: *Der körpermündige Mensch,* in André Thurneysen: Der Leib – seine Bedeutung für die heutige Medizin, 2000 Bern / Berlin / Bruxelles / Ffm / New York / Oxford / Wien, S. 31–47. Etwas philosophischer in E. Kaeser: *Medium und Materie. Für ein komplementaristisches Konzept des menschlichen Körpers*, Philosophia naturalis, 34, 1994, S. 327–362.

31 Aus Bernard Lown, *Die vergessene Kunst des Heilens*, Stuttgart / New York, S. 103.

biotechnologischen Grossbaustelle. Natürlich ist er das auch. Und natürlich liegt es in der Logik der Technologie des Heilens, künstliche Mittel zu entwickeln, welche dem anfälligen und bedürftigen Körper zu Hilfe kommen.

Das Selbstmissverständnis der modernen Medizin

Eine um wissenschaftliches Profil bemühte Medizin orientiert sich vorzugsweise an einem Ideal der Objektivität, das in den Naturwissenschaften kultiviert wird – ohne freilich die Frage genügend historisch und systematisch geklärt zu haben, ob und inwieweit denn überhaupt ein solches Ideal seine Rechtfertigung auf medizinischem Feld finde. Die Medizin ist primär eine *Human*wissenschaft. Gewiss, wenn ich sage, sie sei keine Naturwissenschaft, impliziert das nicht, dass sich der Arzt in seiner Entscheidungsfindung nicht bestmöglich auf experimentelle und biostatistische Daten aus naturwissenschaftlichen Disziplinen abstützen solle. Das wäre in der Tat fahrlässig. Wir sollten und wir können die Entwicklung der letzten 150 Jahre nicht zurückdrehen. Wir sollten ihr eine zeitgemässe Interpretation geben.

Ich meine damit, dass die kranke Person für den Arzt immer ein Problem darstellt, das sich vielleicht mit naturwissenschaftlichen Mitteln lösen lässt, vielleicht auch nicht. Die Respektabilität des medizinischen Experten ist dadurch keineswegs geschmälert. Im Gegenteil, die Medizin sollte sich etwas einbilden darauf, *keine* Naturwissenschaft zu sein. Den medizinischen Erfahrungsraum allein auf das Labordatum zu verengen, käme einer ebenfalls fahrlässigen Verarmung der Heilkunst gleich. Denn dadurch orientiert sich die Medizin *weg* von ihrer eigenen angestammten Erfahrungsbasis, der Person des kranken Menschen. Ihr Selbstverständnis wird zum Selbst*miss*verständnis. Und ein solches muss sich als umso bedenklicher erweisen, als es sich auch unter den Patienten verbreitet und festsetzt, etwa in hochgeschraubten Erwartungen, um nicht zu sagen: Wunderglauben in die neuesten medizinischen Technologien.

Eine historische Perspektive ist das beste Mittel, die Relativität bestimmter Körper- und Menschenbilder aufzuzeigen. Denn das Schlimmste, das solchen Bildern passieren kann, ist ihre Verkrustung zur unhinterfragten Selbstverständlichkeit. Genau dann werden sie nämlich fundamentalistisch – und gefährlich, insofern sie implizite biopolitischen Machtinteressen dienen. Ein Gutteil des Konfliktes zwischen Schulmedizin und Paramedizin ist ein *Bilderstreit* zwischen dem Körper als (biologischer) Materie und dem

Körper als (biografischem) Medium. Zur Entschärfung würde ein sensibilisiertes *Bild*bewusstsein des Arztes beitragen, welches die Technologie des Heilens einem kritischen kulturgeschichtlichen Vergleich unterzöge, und ihr einen gebührenden Ort und Wert im Spektrum der Heilpraktiken zuwiese – als spezifischen Umgang mit dem Körper. Dadurch sähe sich auch der Beruf des Arztes in einem weiteren «kulturellen» Horizont angesiedelt, der ihm wohl anstünde.

Aufs Ganze gesehen, laufen meine Ausführungen auf eine einfache Feststellung hinaus: Das Heil liegt nicht im Warenkorb. Es ist nicht technisch produzierbar. Es geschieht. Es widerfährt uns. Es ist uns immer vorweg. Eine Medizin, die dies einsieht und ihr Handeln darauf abstützt – mit wie viel Technik sie sich auch ausrüstet –, eine solche Medizin hat Kultur.

Lorenz Fischer

Antagonismus und Synergismus im Autonomen Nervensystem – Therapeutische Nutzbarkeit

Einleitung und Definitionen

Das *autonome oder vegetative* Nervensystem steuert in Abhängigkeit von äusseren und inneren Bedingungen die Funktion der Organe und Gefässe. So reguliert das autonome Nervensystem das innere Körpermilieu mittels spezieller Afferenzen (zum Zentralnervensystem hinführende Fasern) und Efferenzen (vom Zentralnervensystem wegführende Fasern). Seine Steuerung ist dem Bewusstsein weitgehend entzogen.

Das autonome Nervensystem gliedert sich in zwei – auf den ersten «Blick» antagonistische – Teile: den *Sympathikus* und den *Parasympathikus*.

Nahezu alle Organsysteme werden von beiden Systemen reguliert. Bei Stress oder grösserer körperlicher Leistung besteht ein erhöhter Sympathikotonus (Beschleunigung von Herz- und Atemfrequenz, vermehrte Schweissabsonderung, Verminderung der Darmmotilität, vermehrter Wachheitsgrad usw.). Ein erhöhter Parasympathikotonus hat gegenteilige Wirkungen und dient vor allem der allgemeinen Regeneration in der Ruhephase (Verdauung, Schlaf, Verminderung der Herz- und Atemfrequenz usw.).

Die antagonistischen Systeme Sympathikus und Parasympathikus stehen je nach äusseren und inneren Bedingungen in einem labilen Gleichgewicht und können dieses blitzartig einer neuen Situation synergistisch anpassen: Müssen wir vor einem Hund davonrennen, wird sich der Sympathikotonus erhöhen und gleichzeitig der Parasympathikotonus sich vermindern. Die Aussage, dass die antagonistischen Systeme synergistisch zusammenarbeiten, ist somit kein Widerspruch.

Ein Spezialfall ist das sogenannte *enterische* Nervensystem: Im Magen-Darm-Trakt finden sich Ansammlungen autonomer Nervenzellen (intramurale Ganglien), welche ihre partielle Funktion (Peristaltik und Sekretion) zwar unabhängig von Sympathikus und Parasympathikus erfüllen können, dennoch sind Sympathikus und Parasympathikus auch hier das übergeordnete Steuerungsorgan, welches die Tätigkeit des enterischen Nervensystems auf die Bedürfnisse des Darmes und des Gesamtorganismus einstellt.

Aufgrund seiner komplexen Verschaltungen ist das Netzwerk insbesondere des Sympathikus bei jedem pathologischen Vorgang beteiligt (Hypothese). Dies betrifft Schmerzen, immunologische Vorgänge, Entzündungen, psychische Veränderungen usw. Eine Entgleisung im autonomen Nervensystem, auch des Gleichgewichtes zwischen den antagonistischen und dennoch synergistisch arbeitenden Sympathikus und Parasympathikus, unterstützt immer einen Teufelskreis (Circulus vitiosus) im Krankheitsgeschehen. Dies soll untenstehend aufgezeigt werden am Beispiel des chronischen Schmerzes. Zudem sollen therapeutische Möglichkeiten aufgezeigt werden, welche die Anatomie, Physiologie und Pathophysiologie berücksichtigen. Vorerst also diesbezüglich ein paar Aspekte:

Kurze Anatomie und Physiologie des autonomen Nervensystems (Teilaspekte)

Das autonome Nervensystem durchdringt mittels feinster Geflechte die Grundsubstanz (Matrix, Extrazellulärraum). Der Sympathikus ist im ganzen Körper verteilt, der Parasympathikus fehlt in den Extremitäten und in der Rumpfwand. In antagonistischer *und* synergistischer Wirkung wird das innere Milieu aufrechterhalten und die Organfunktionen je nach äusseren und inneren Bedingungen aufeinander abgestimmt. Dies geschieht nach den kybernetischen Prinzipien von Homöostase und Ökonomie. Somit muss eine ständige Informationszufuhr und -verarbeitung stattfinden. Sowohl peripher (Extrazellulärraum und Innere Organe) als auch zentral (Hypothalamus) ist das Hormonsystem mit eingebunden. Das autonome Nervensystem besitzt mehrere Integrationsstufen, welche miteinander in vertikal angeordneten Rückkoppelungsschleifen in Verbindung stehen:

1. Autonome Peripherie (Matrix, Extrazellulärraum)
2. Peripher-spinale Stufe (Segmentreflektorik). Dies ist die «Ebene des Rückenmarks».
3. Rhombo-mesenzephale Stufe (Medulla oblongata, Pons, Formatio reticularis, Tectum u.a.): Herz-Kreislauf-Funktionen, Wachheitsgrad, Rhythmik, Gammamotorik usw. Dies ist die «Ebene des Hirnstammes».

4. Dienzephale Stufe (Thalamus, Hypothalamus). Dies ist die «Ebene des Zwischenhirns».
5. Kortikale Stufe (limbisches System, psychische Phänomene bei somatischen Krankheiten, usw.). Dies ist die «Ebene der Hirnrinde».

Zentrales autonomes Nervensystem (Gehirn, Rückenmark)

Die zentralen Kerngruppen des Sympathikus und des Parasympathikus sind in verschiedenen Abschnitten lokalisiert. So liegen die sympathischen Kerne nur im thorakolumbalen (das heisst im mittleren) Bereich des Rückenmarkes, die parasympathischen Kerne im sakralen Bereich des Rückenmarkes sowie im Hirnstamm. Die thorakolumbalen sympathischen und sakralen parasympathischen Kerne liegen im Seitenhorn des Rückenmarkes.

Peripheres autonomes Nervensystem

Sympathikus: Vom Seitenhorn des Rückenmarkes gelangen markhaltige (das heisst schnelle) präganglionäre Fasern entlang der vorderen Wurzel über den Ramus communicans albus zum Grenzstrang (Truncus sympathicus). In dessen Ganglien (paravertebrale Ganglien) werden die Fasern grösstenteils umgeschaltet. Die umgeschalteten Fasern sind marklos. Ebenfalls marklos («grau») sind alle im Ramus communicans griseus zum Spinalnerv zurücklaufenden Nervenfasern. «Abschluss» des Truncus sympathicus nach distal (das heisst unten) bildet das in der Mitte vor dem Os coccygis (Steissbein) gelegene Ganglion impar. Im Halsbereich finden sich drei paravertebrale Ganglien: das Ganglion cervicale superius (das «obere»), medius (das «mittlere») und inferius (das «untere»), wobei das unterste Halsganglion meist mit dem obersten Brustganglion zum Ganglion stellatum (sternförmig) verschmolzen ist. Die sympathischen Nervengeflechte setzen sich kranial («oberhalb») des Ganglion cervicale superius insbesondere entlang der Arterien in den Kopfbereich fort.

Durch die Grenzstrangganglien (paravertebrale Ganglien) ziehen einige Fasern ohne Umschaltung zu den so genannten prävertebralen Ganglien, deren grösste Vertreter vor der Wirbelsäule sowie vor und neben der Bauchaorta liegen (zum Beispiel Ganglion coeliacum). Diese prävertebralen Ganglien liegen innerhalb grosser Nervenplexus (zum Beispiel «Solarplexus»), die auch parasympathische Fasern enthalten. Nach Umschaltung der sympathischen Fasern in den prävertebralen Ganglien erfolgt eine verästelte Aufzweigung zu den Organen nach dem Divergenz-Prinzip.

Im zervikalen Sympathikus wird ein Ramus communicans albus nicht ausgebildet. Mit andern Worten: die sympathischen Efferenzen haben ihren Ursprung weiter «unten» im Rückenmark. Dagegen besteht im Halsbereich ein Ramus communicans griseus (das bedeutet «Rückführung» sympathischer Fasern) mit Verbindungen zu den Rr. spinales des Zervikalmarkes und zu zahlreichen Hirnnerven: N. hypoglossus, N. glossopharyngeus, N. vagus, N. laryngeus sup. und inf. [19].

Parasympathikus: Im Gegensatz zum Sympathikus liegen die Umschaltstellen (Ganglien) meist in der Nähe oder sogar innerhalb (intramural) der Erfolgsorgane.

Die Fasern des kranialen Parasympathikus ziehen in verschiedenen Hirnnerven zu den Ganglien im Kopfbereich. In diesen Ganglien erfolgt die Umschaltung. Ohne Umschaltung ziehen an diesen Ganglien auch sympathische Efferenzen und vegetative Afferenzen sowie somatosensible Fasern vorbei.

Der sakrale Parasympathikus schickt seine Axone entlang der ventralen Wurzeln. Sie ziehen als Nn. splanchnici pelvini in die prävertebralen Plexus («Nervengeflechte») des kleinen Beckens ein. Diese Plexus enthalten auch sympathische Fasern.

Die Endausbreitung des autonomen Nervensystems

Es gibt keine exakt definierten Nervenendigungen in der Peripherie. Vielmehr handelt es sich nach Stöhr, Reiser und van der Zypen [20] um ein *Terminalreticulum*: Ein endigungsloses, feines Netzwerk. Dieses scheint übergangslos in den Extrazellulärraum integriert zu sein. Nach van der Zypen [20] kann es an «allen Stellen des vegetativen Maschenwerkes blitzartig zur Übertragung eines Reizes kommen». Da die extrazelluläre Matrix und der Sympathikus im ganzen Organismus vorhanden sind, kann dieser Reiz auch an jede Stelle des Körpers gelangen, über jede segmentale Ordnung hinaus. Dies sind interessante Aspekte in Bezug auf die unten beschriebenen neuraltherapeutischen Phänomene, insbesondere als Teilerklärung des so genannten Störfeldes.

Schmerz und autonomes Nervensystem

Der Sympathikus sprengt die segmentale Ordnung und vernetzt alles mit allem

Im Schmerzgeschehen gibt es keine Vorgänge, welche auf das Segment beschränkt bleiben. Eine so genannte Reflexantwort nach Schmerzreizen kommt über Reflexbahnen via Rückenmark zustande (zum Beispiel kutiviszeral (Haut-Eingeweide), viszero-kutan (Eingeweide-Haut), viszerosomatomotorisch (Eingeweide-Skelettmuskulatur usw.). Diese vorwiegend sympathisch vermittelte Reflexantwort äussert sich in Symptomen wie Durchblutungsänderung, erhöhtem Flüssigkeitsgehalt der Haut, Schmerz und Überempfindlichkeit bestimmter Hautbezirke, Dysregulation des zugehörigen inneren Organs sowie einer Erhöhung des Muskeltonus inkl. Trigger-Punkten und pseudoradikulären (das heisst nicht entlang der Hauptnerven) Ausstrahlungsmustern [3, 5, 6, 7, 18]. Schmerz tritt erst auf, wenn das Bewusstsein zugeschaltet ist [21]. Diese «Pauschalantwort» auf eintreffende nozizeptive Signale (Signale, welche zu Schmerz führen können) einer beliebigen Struktur des Segmentes kann mit folgenden Verschaltungen erklärt werden: Nozizeptive Afferenzen aus der Haut, der Muskulatur oder dem inneren Organ konvergieren auf dieselbe Hinterhornzelle des Rückenmarkes [18, 23]. Wir können beispielsweise die Hautbezirke, welche durch Konvergenz der Afferenzen einem Organ zugeordnet sind bezüglich Reflexantwort (siehe oben), als HEADsche Zonen des entsprechenden Organs bezeichnen. Nachdem nun die Hinterhornzelle nozizeptive Impulse von einer oder mehreren Strukturen empfangen hat, erfolgt die weitere Verschaltung divergent: Gleichzeitig über das Seitenhorn zum Sympathikus (von diesem wiederum in alle drei Systeme: inneres Organ, Bewegungsapparat und Haut), über das Vorderhorn zur Skelettmuskulatur sowie zum Gehirn [5, 6, 8, 19, 23]. So werden beispielsweise sympathische und somatomotorische (zur Skelettmuskulatur führende) Kerne immer gleichzeitig erregt. Auch hier scheint sich die Hypothese zu bewahrheiten, dass es keine pathologischen Vorgänge ohne Mitbeteiligung des autonomen Nervensystems, insbesondere des Sympathikus, gibt.

Es muss die Tatsache berücksichtigt werden, dass sich die sympathischen Kerne für präganglionäre Neurone – wie erwähnt – nur im mittleren Bereich des Rückenmarkes befinden, von hier jedoch den ganzen Körper, auch den Kopf, versorgen (siehe Abbildung). So weicht unter anderem im Kopf- und Extremitätenbereich die sympathische Innervation deutlich von

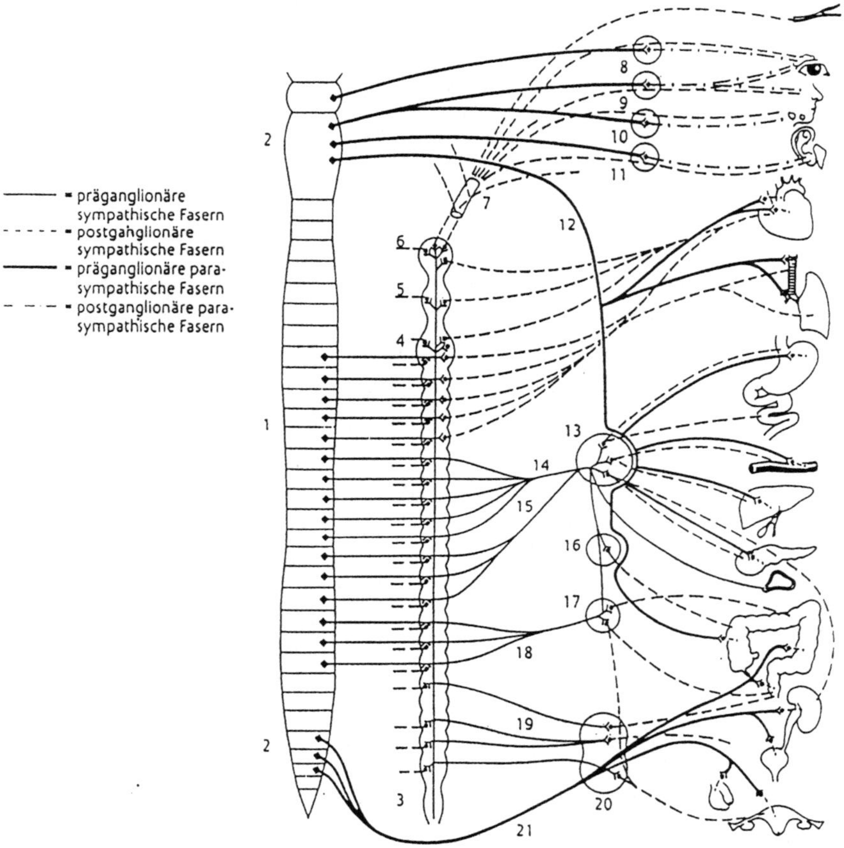

1 sympathische Kerne (thorakolumbal)
2 parasympathische Kerne (kranio-sakral)
3 Truncus sympathicus (Grenzstrang)
4 Ganglion stellatum
5 Ganglion cervicale medius
6 Ganglion cervicale superius
7 Arterien
8 Ganglion ciliare
9 Ganglion pterygopalatinum
10 Ganglion submandibulare
11 Ganglion oticum
12 N. vagus
13 Ganglion coeliacum
14 N. splanchnicus major
15 N. splanchnicus minor
16 Ganglion mesentericum superius
17 Ganglion mesentericum inferius
18 Nn. splanchnici lumborum
19 Nn. splanchnici sacrales
20 Plexus hypogastricus sup. + inf.
21 Nn. splanchnici pelvini

Abb. 1: Topographie des autonomen Nervensystems. Es ist ersichtlich, dass die sympathischen Kerne [1] nur im thorakolumbalen (d.h. im mittleren) Bereich des Rückenmarks vorhanden sind, von hier aus jedoch den gesamten Organismus versorgen. Aus: Fischer L.: Neuraltherapie nach Huneke. Neurophysiologie, Injektionstechnik und Therapievorschläge. 3. A., Hippokrates, Stuttgart, 2007.

der somatischen ab. Mit andern Worten: Nozizeptive Impulse eines inneren Organs oder vom Bewegungsapparat können via Rückenmark schlussendlich über sympathische Efferenzen zum Beispiel im Kopfbereich zu Dysregulationen und letztendlich zu Schmerzen führen. In diesem Sinne muss die übliche Segmentvorstellung erweitert werden [6]. Wir dürfen demnach folgern, dass es keine isolierte Segmentreflektorik gibt.

Schmerz und Entzündung können aktiv vom Sympathikus erzeugt werden

Die Entzündungsvorgänge nach Gewebeschaden werden verstärkt, indem der Sympathikus *selbst* aus seinen Endigungen zu Entzündung führende Substanzen ausschütten kann. Zudem kann der gereizte Sympathikus indirekt über vasomotorische Vorgänge (Störung des Durchmessers der Blutgefässe) eine Entzündung verursachen [1, 2, 14, 16]. Die Entzündung setzt die Reizschwelle der Nozizeptoren (Empfangsstellen für Schmerz) herab und rekrutiert gleichzeitig «schlafende» Nozizeptoren aus der Umgebung (periphere Sensibilisierung [1, 15]). Zudem können unter pathologischen Bedingungen sympathische Efferenzen in der Peripherie kurzschlussartig auf nozizeptive Afferenzen koppeln: *sympathisch-afferente Kopplung* [1, 10, 11]. Impulse über den *efferenten* (!) Sympathikus erzeugen jetzt Schmerzen. Das heisst wenn der Sympathikus jetzt lediglich bei Kälte eine Temperaturregulierung vornehmen will, können Schmerzen entstehen. Die Natur der erwähnten Kopplung ist nicht bekannt. Neben chemischer Kopplung ist eine solche indirekt über das vaskuläre System oder über das Mikromilieu, das heisst die Extrazellulärsubstanz (Matrix), in welche die Nozizeptoren eingebettet sind, denkbar [1, 4, 9, 10, 13].

Solche Vorgänge können eine *zentrale Sensibilisierung* nach sich ziehen [1, 17]: bei anhaltenden Schmerzen wird das nozizeptive System auf Rückenmarksebene oder im Hirnstamm sensibilisiert. Schmerzen werden dadurch zusätzlich verstärkt. Zudem können nun zum Beispiel dicke, myelinisierte (schnelle) Berührungs-Afferenzen auf Rückenmarks- oder Hirnstammebene auf das zentrale nozizeptive System «schalten» [1, 15]. Solche Vorgänge werden als *Neuroplastizität* bezeichnet [1, 15, 17, 21, 22]. So ist es durchaus möglich, dass Schmerzen in einem solchen Bereich (Segment) bereits bei Berührung der Haut entstehen.

Analog der Chaostheorie, bei welcher mathematisch gesehen Terme einer Gleichung immer wieder mit sich selbst multipliziert werden, kann es zu einem positiven Rückkoppelungskreis (Iteration) kommen, bei welchem der Sympathikus die Schmerzen immer wieder erzeugt. Ebenfalls analog der iterativen Chaostheorie können bereits kleinste Reize eine grosse Auswirkung auf das Schmerzerleben haben wegen der einerseits konvergenten Aufnahme der peripheren Reize im Rückenmark und der divergenten Weiterverschaltung, welche immer das Gehirn inklusive Emotionen mit einschliesst (Übersicht in 6 und 7).

Mögliche therapeutische Konsequenzen

Wir haben gesehen, dass das autonome Nervensystem mit seinen antagonistisch wirkenden Anteilen Sympathikus und Parasympathikus die Bedürfnisse des Gesamtorganismus steuert, indem es die einzelnen Teile aufeinander abstimmt, je nach äusseren und inneren Bedingungen. Sympathikus und Parasympathikus müssen sich dabei gegenläufig verhalten und dennoch im labilen Gleichgewicht sein, mit dem Vorteil einer raschen Anpassungsfähigkeit. In diesem Sinne sind die Anteile gleichzeitig synergistisch und antagonistisch.

Wir haben ebenfalls gesehen, dass bei Entzündungen oder Schmerzen und weiteren pathophysiologischen Veränderungen im Organismus die Hypothese aufgestellt werden darf, dass sich kein pathologischer Vorgang ohne direkte oder indirekte Mitbeteiligung des autonomen Nervensystems abspielen kann. Dabei kann jedoch das autonome Nervensystem (wie am Beispiel Sympathikus und Schmerz gezeigt) derart entgleisen, dass es eine überschiessende Reaktion bewirkt. Der Gesamtorganismus befindet sich dann nicht mehr im Zustand der Homöostase und Ökonomie. Der sinnvolle Antagonismus von Sympathikus und Parasympathikus ist in diesem Zustand ebenfalls gestört. Wenn schon kleine pathologische Reize analog der Chaostheorie eine Iteration (Teufelskreis) im Schmerzgeschehen verursachen und unterhalten können, dann müssen auch entsprechende therapeutische Reize gesucht werden, welche bewirken, dass die Systeme sich selbstorganisatorisch wieder hin zu Ökonomie und Homöostase bewegen. Mit andern Worten: dass der physiologische Antagonismus zwischen Sympathikus und Parasympathikus sich wieder im labilen Gleichgewicht befinden kann.

Hierzu bietet sich aus pathophysiologischen Überlegungen und klinischer Erfahrung folgendes an: das «Löschen» von Engrammen im Sympathikus sowie die Unterbrechung im Circulus vitiosus des Schmerzes mittels Lokalanästhesie *(Neuraltherapie).*

Da die Haut, die Muskulatur und das innere Organ auf einer bestimmten «Segmentebene» reflektorisch wie erwähnt afferent und efferent miteinander verschaltet sind, sind zwecks Auslösen von Mechanismen u. a. im Rückenmark (zum Beispiel Gate-Control, Melzack/Wall [12]) folgende Injektionen logisch (Neuraltherapie): Hautquaddeln, Infiltrationen von myofascialen Trigger-Punkten mit Lokalanästhetika, Injektion an Gelenkkapseln, welche stark sympathisch versorgt sind, Injektionen an Nerven, Injektionen an para- und prävertebrale Ganglien und insbesondere die Kombination dieser verschiedenen Injektionen. Dadurch kann beispielsweise auch ein chronisches Schmerzgeschehen nach wiederholter Injektion die «Richtung ändern»: Der Circulus vitiosus (die Iteration) kann sich vollständig umkehren: Kurzzeitige Ausschaltung des Schmerzes bewirkt verminderten Muskelhartspann, verbesserte Zirkulation, dies bedeutet indirekt wiederum weniger Schmerz, dadurch weitere Entspannung der Muskulatur usw. Auch wenn das Lokalanästhetikum nicht mehr wirkt, kann sich das System selbstorganisatorisch weiter zur physiologischen Mitte (Homöostase und Ökonomie) bewegen. Da dem System nichts aufgezwungen wird, sondern lediglich ein unspezifischer Reiz gesetzt wird, welcher die Systeme «umprogrammiert», sind mit dieser Art Therapie keine Nebenwirkungen zu erwarten. Es ist individuell sehr unterschiedlich, wie stark die Fähigkeit zur Selbstregulation noch vorhanden ist.

In hartnäckigen Fällen kann ein Erfolg oft durch die Therapie eines so genannten Störfeldes (nach Huneke ein chronischer Reizzustand ausserhalb jeder segmentalen Ordnung) erzielt werden, da Störfelder über die Matrix und den Sympathikus jedes System des Organismus beeinträchtigen können.

Schlussbetrachtung

Die beiden Anteile des autonomen Nervensystems, Sympathikus und Parasympathikus, haben auf den ersten Blick eine antagonistische Wirkung, insbesondere auf das einzelne Organ bezogen. Im Gesamtorganismus befinden sie sich jedoch in einem labilen, sich dauernd ändernden Gleichgewicht (rasche Anpassungsfähigkeit!). Dies entspricht einem Synergismus.

Jede Erkrankung, insbesondere auch ein chronischer Schmerzzustand, stört dieses Gleichgewicht anhaltend. Der Sympathikus kann dann Schmerzen im Sinne eines Circulus vitiosus (Iteration, «Teufelskreis») unterhalten. Mit der Nadel und dem Lokalanästhetikum (Neuraltherapie) haben wir die Möglichkeit, die pathophysiologischen Vorgänge sozusagen rückgängig zu machen («umzuprogrammieren»), indem sich die Systeme nach den Interventionen wieder zur physiologischen Mitte hin bewegen. Voraussetzung ist allerdings eine noch vorhandene Regulationsfähigkeit des Organismus.

Literaturverzeichnis

[1] Baron, R., Jänig, W.: Schmerzsyndrome mit kausaler Beteiligung des Sympathikus, Anästhesist, Springer 47 (1998) 4–23.
[2] Barop, H.: Lehrbuch und Atlas der Neuraltherapie nach Huneke. Hippokrates, Stuttgart, 1996.
[3] Brügger, A.: Die Erkrankungen des Bewegungsapparates und seines Nervensystems. Fischer, Stuttgart, 1980.
[4] Buddecke, E.: Grundriss der Biochemie. De Gruyter, Berlin, 1974.
[5] Fischer, L.: Myofasciale Trigger-Punkte und Neuraltherapie nach Huneke. EHK Bd. 3 (1998) 117–126.
[6] Fischer, L.: Neuraltherapie nach Huneke. Neurophysiologie, Injektionstechnik und Therapievorschläge, 3. A., Hippokrates, Stuttgart, 2007.
[7] Fischer, L.: Pathophysiologie des Schmerzes und Neuraltherapie. PRAXIS 92 (2003) 2051–2059.
[8] Handwerker, H. O.: Einführung in die Pathophysiologie des Schmerzes. Springer, Berlin, Heidelberg, New York, 1999.
[9] Heine, H.: Lehrbuch der biologischen Medizin. Hippokrates, Stuttgart, 1991
[10] Jänig, W., Koltzenburg, M.: Plasticity of sympathetic reflex organisation following cross-union of inappropriate nerves in the adult cat. Lond 436 (1991) 309–323.
[11] Jänig, W., Koltzenburg, M.: Possible ways of sympathetic afferent interaction. In: Jänig, W., Schmidt R. F. (eds.): Reflex sympathetic dystrophia. Pathophysiological mechanisms and clinical implications. VCH Verlagsgemeinschaft, Weinheim, New York, 1992.
[12] Melzack, R., Wall, P. D.: Pain-Mechanism. A new theory. Sience 150 (1965) 971.
[13] Pischinger, A.: Das System der Grundregulation. 8. A., Haug, Heidelberg, 1990.
[14] Ricker, G.: Pathologie als Naturwissenschaft – Relationspathologie. Springer, Berlin, 1924.
[15] Schäfer, M.: Physiologie und Pathophysiologie des Schmerzes. Therapeut. Umschau, 56 (1999) 426–430.

[16] Spiess, G.: Die Bedeutung der Anästhesie in der Entzündungstherapie. München med. Wschr. 8 (1906) 345–351.
[17] Tölle, T.R., Berthele, A., Schadrack, J., Zieglgänsberger, W.: Involvement of glutamatergic neurotransmission and protein kinase C in spinal plasticy and the development of chronic pain. In: Towards the neurobiology of chronic pain, ed. by Carli, G., Zimmermann, M., Elsevier, Amsterdam, Lausanne, New York, Shannon, Tokyo 1996.
[18] Travell, J.G., Simons, D.G.: Myofascial pain and dysfunction. Vol. I + II. Williams & Wilkins, Baltimore, 1982.
[19] Van der Zypen, E.: Anatomie des sympathischen Nervensystems, VASA, Bd. 6, 2 (1977) 115–123.
[20] Van der Zypen, E.: Elektronenmikroskopische Befunde an der Endausbreitung des vegetativen Nervensystems und ihre Deutung. Acta anatom 76 (1967) 431–515
[21] Zieglgänsberger, W.: Central control of nociception. In: Handbook of physiology – the nervous system IV. Mountcastle, V.B., Bloom F.E., Geiger S.R. (eds.), Williams & Wilkins, Baltimore, 1986.
[22] Zieglgänsberger, W.: Chronischer Schmerz: Physiologie, Pathophysiologie und Pharmakologie. Ganzheitsmed 1/15 (2002) 21–25.
[23] Zimmermann, M.: Die Neuraltherapie im Licht neuerer Erkenntnisse der neurobiologischen Forschung. In: Neuraltherapie. Band 2, Hippokrates, Stuttgart, 1984.

Thierry Carrel

Spirituelle Dimension in der hochspezialisierten Medizin

Religion und Wissenschaft weisen eine komplexe Geschichte auf. Aber auch in unserer modernen Welt sind die Zusammenhänge zwischen diesen zwei hochinteressanten Bereichen komplex geblieben. Vor einigen Jahrhunderten kamen Heiler aus der Welt der Mönche, Rabbis und Imams und solange Krankenschwestern Ordensfrauen waren, gab es keine klare Trennung zwischen Biologie und Religion, wenn es um die Ursache einer Krankheit ging und auch keine klare Trennung zwischen der somatischen und spirituellen Komponente einer Behandlung. In der modernen Ära wird zwischen Religion und Wissenschaft, respektiv Medizin streng unterschieden, beide befassen sich mit sehr unterschiedlichen Domänen. Die Religion untersucht die Natur eines Allmächtigen Gottes und schenkt Rituale zur Implementierung der Wünsche dieses Gottes, währenddem die Wissenschaft solche metaphysischen Merkmale eher ausschliesst und versucht, durch experimentelle Untersuchung die Mechanismen der materiellen Welt zu verstehen und allenfalls zu beeinflussen.

Interessanterweise trennt die Mehrheit unserer Patienten diese zwei Bereiche (Religion und Gesundheit, resp. Krankheit) nicht so scharf. Es besteht bei ihnen kein absolutes Schisma. Religion kann, wahrscheinlich mehr als irgendeine andere Kraft, engste Interferenzen mit dem Erleben einer Krankheit auslösen. In den Vereinigten Staaten zum Beispiel verwenden recht viele Patienten und Ärzte östliche Philosophien oder Lebensweisen wie Buddhismus, Taoismus oder Ayurvedische Ideen als integrale Bestandteile einer klinischen Behandlung.

Erlauben Sie mir zur Einleitung in das Thema «Spirituelle Dimension in der hochspezialisierten Medizin» eine Anekdote und zwei Erlebnisse zu erzählen.

Eine Anekdote zuerst, die ich vor einigen Monaten am Bett einer jüngeren Patientin, im Anschluss an ein Aufklärungsgespräch vor einem schwierigen Eingriff erlebte.

Die junge Frau, Mutter von 3 Kindern zwischen 8 und 13 Jahren, fragte mich, ob ich vor dem geplanten Eingriff noch für sie und ihre Familie beten würde. Sie täte dies ohnehin noch vor dem Einschlafen. Diese Frau litt an einer langjährigen, komplexen Herzkrankheit, für welche es vor einigen Jahren nur noch die Herzverpflanzung als therapeutische Option gegeben hätte. Dank den Fortschritten in Anästhesiologie, Intensivmedizin und natürlich auch in der chirurgischen Technik, hatte ich aber in diesem Fall eine herkömmliche, das heisst organerhaltende chirurgische Intervention vorgeschlagen. Letztere hätte einige Vorteile (zum Beispiel keine unsichere Wartezeit auf ein Spenderorgan, keine lebenslängliche Immunsuppression mit den bekannten Nebenwirkungen), aber sei mit einem deutlich höheren perioperativen Risiko verbunden, hatte ich soeben dieser jungen Patientin erklärt.

Die Patientin war praktizierende Katholikin, sie ging wenn immer möglich am Sonntag in die Kirche und war mit dem Pfarrer ihres Wohnortes, eines kleinen Dorfes im Freiburgerland, eng befreundet. In diesem Augenblick verspürte ich deutlich, dass sie auf eine klare Antwort von mir wartete. Diese Frau gehörte zu denjenigen Patienten, die immer noch grosse Achtung für das Wort eines Arztes haben. Zu diesem Zeitpunkt wurde mir bewusst, dass ich während meines Studiums oder später während meiner weiteren Spezialisierung niemals einen Hauch von Ausbildung in dieser Hinsicht erhalten hatte. Eine solche wäre mir in der Formulierung einer passenden Antwort behilflich gewesen. Obwohl ich gläubiger und praktizierender Christ bin, hatte ich bis anhin meine Einstellung zur Religion und zum Gebet als private Angelegenheit betrachtet. Hätte ich also das Zimmer verlassen sollen, ohne auf das Anliegen der Patientin einzugehen? Und dies gerade in dem Augenblick, in welchem meine Hilfe konkret gefragt wurde? Oder hätte ich ganz einfach mit dieser Patientin beten sollen, wie sie dies gewünscht hatte? Wäre es vielleicht auch zu später Stunde besser gewesen, den Spitalseelsorger oder die Seelsorgerin zu rufen, die allerdings die Patientin zu diesem Zeitpunkt noch nicht kannten? Ich kann nicht abschliessend beurteilen, wie das beste Verhalten hätte sein sollen.

Nun kurz zu den zwei speziellen Erlebnissen. Vor bald fünf Jahren durften wir im Kinderspital einen neuen Operationssaal zur Behandlung von Neugeborenen und Kleinkindern mit angeborenen Herzfehlern in Betrieb nehmen. Zur Einweihung dieses besonderen Behandlungsraumes wurde ein fachliches Symposium organisiert. Im Anschluss daran liess ich den Raum segnen. Die Idee löste im Vorfeld Kopfschütteln aus. Welcher Gedanke hatte mich zu diesem Schritt bewogen? Schwerstkranke Neugeborene müssen gelegentlich innert Stunden bis Tagen nach der Geburt wegen Verschlechterung ihres Allgemeinzustandes notfallmässig operiert werden. Die Mehrheit davon ist noch nicht getauft worden. Auch wenn wir Christen eine Nottaufe vornehmen dürfen, schien mir die Segnung unserer Wirkstätte aus diesem Grund schon gerechtfertigt und zusätzlich als Anerkennung der Möglichkeiten, die uns durch die Höhere Macht gegeben werden, angebracht. Nachdem der eingeladene Geistliche, ein Jesuit, seine Ansprache über das Thema «Kinder sind das schönste Geschenk Gottes» zu Ende gesprochen hatte, war die Begeisterung für seine Worte, aber auch für die Idee der Segnung eines Operationssaales sehr gross. Noch heute werde ich auf diese nicht alltägliche Idee angesprochen.

Anlässlich einer Tätigkeit im Uralgebiet, der ich nun regelmässig mit einigen Kollegen aus der Klinik seit bald 6 Jahren nachgehe, ist mir aufgefallen, dass alle Patienten, ob Kinder oder Erwachsene, vor einem Herzeingriff vom orthodoxen Geistlichen getauft werden. Und in der Spitalkapelle werden den ganzen Tag Gebete gesprochen für die Patienten, aber auch für uns Mediziner, die in den Augen der dortigen Bevölkerung, Wunder vollbringen. Dies ist ein schönes Beispiel dafür, welche wichtige Rolle die Religion für viele Patienten und ihre Familie während einer Krankheit spielt.

Diese Erlebnisse aus dem täglichen Leben, aber auch meine Vergangenheit als Schüler eines Jesuitenkollegiums – mit der entsprechenden spirituellen Haltung – haben mich zu den folgenden Gedanken geführt:

- Soll sich die hochspezialisierte Medizin überhaupt mit einer spirituellen Dimension auseinandersetzen?
- Brauchen Patienten, die sich einer hochspezialisierten, vielleicht auch potentiell gefährlichen medizinischen Massnahme unterziehen müssen, eine spirituelle Begleitung?
- Gibt es überhaupt einen Platz für spirituelle Gespräche mit den Patienten bei der täglichen Visite?
- Kann der Tod als möglicher Ausgang einer hochspezialisierten Behandlung überhaupt noch akzeptiert werden?
- Haben Spiritualität und Ethik etwas miteinander zu tun, allenfalls Gemeinsamkeiten, oder sollte eine Brücke zwischen diesen Begriffen geschaffen werden?

Wer könnte sich und mit welchem Aufwand dieser Entwicklung am besten widmen, falls diese anekdotischen Geschichten tatsächlich alltäglich wären?

Bedauerlicherweise habe ich nur wenige Kollegen meiner Generation gefunden, die sich für solche Überlegungen interessieren und die bereit sind, mit mir einige Augenblicke darüber zu philosophieren. Bei vielen von ihnen vermisse ich diese aussergewöhnliche Verbundenheit mit der Spiritualität, die unsere Bewunderung für die menschliche Kreatur und ihre physiologischen Vorgänge aufwachen oder verstärken könnte.

Unser Beruf (ob Mediziner, Pflegefachperson, Techniker oder Sekretärin) schenkt uns nicht nur viel Freude und Verantwortung, sondern auch einzelne Momente der Ohnmacht. Ohnmacht im ärztlichen oder in den pflegerischen Berufen beinhaltet ganz unterschiedliche und sehr persönliche Gefühle. Unzulänglichkeiten in der persönlichen Begegnung mit einem schwer kranken oder sterbenden Menschen, die Unmöglichkeit, den Verlauf einer Krankheit zu beeinflussen oder die Angst versagt zu haben. Auf die Situation bezogen könnte das heissen, am Arbeitsplatz (auf einer Station oder im Operationssaal) nicht zu genügen oder das Gefühl zu bekommen, für einen Patienten nicht genügend getan zu haben. Die Ohnmacht, mit ansehen zu müssen, wie in einer High-Tech Atmosphäre die Resultate einer Computertomographie gelegentlich höher gewertet werden als die Anliegen des Patienten. Das sind nur einige Beispiele für dieses Gefühl, manchmal machtlos zu sein.

Dafür dürfen wir, sollten wir sogar den kranken Menschen, die uns anvertraut werden, aktiv zuhören. «Aktiv zuhören heisst, berührbar bleiben für die Nöte und Ängste des Patienten», hat einmal der bekannte HIV-Forscher, Prof. Ruedi Lüthy, gesagt. Es bedeutet, die Trauer, Verzweiflung und Aggressionen des Patienten wahrzunehmen und die eigene Betroffenheit und Verletzbarkeit zu akzeptieren.

Quintessenz dieser Betrachtungen ist es, dass es in der Medizin neben Wissen, Erfahrung und Intuition noch eine vierte, sehr wichtige Ebene gibt, nämlich die spirituelle Ebene. Es braucht eine innere Öffnung, um diese Dimension erleben zu können. Es wäre wünschenswert, dass wir in unserem beruflichen, aber auch in unserem persönlichen Leben für alle vier Ebenen empfindlich würden.

Als Vertreter einer medizinischen Disziplin, die enge Verbindungen mit Spitzen-Technologie pflegt oder sogar benötigt, darf ich behaupten, dass gerade in diesem Bereich eine zunehmende Entmenschlichung der Medizin droht, bedingt durch unsere einseitig orientierte Heiltechnik mit einem damit verbundenen Allmachtswahn. Es gehört deshalb zu den grössten Herausforderungen der modernen Medizin und derjenigen von morgen, ihr technologisches Paradigma mit einem geisteswissenschaftlichen zu einem komplementären Miteinander zu versöhnen. High-Tech ist auf High-Care angewiesen.

Persönlich schöpfe ich einen wesentlichen Teil meines Glücks aus meiner beruflichen Tätigkeit, einer spannenden Arbeit in der Urheimat des menschlichen Körpers. Spannend wegen dem Einsatz von Hochtechnologie, spannend auf Grund der vielen unterschiedlichen Begegnungen mit Menschen, spannend, wenn man die zum Teil verblüffenden Resultate betrachtet, spannend schliesslich, weil man gelegentlich auch an die Grenzen des Lebens stösst, die auch wir zu akzeptieren haben.

Kann es aber langfristig befriedigend sein, wenn man seine Arbeit nur als Job oder eben Beruf betrachtet, oder sollte man darunter allenfalls eine Berufung verstehen? Selbstverständlich ja würden unsere Vorgänger antworten, da sie zu einer Zeit lebten, in welcher die Gesellschaft in manchen Berufsgattungen (Arzt, Krankenschwester, Lehrer, Pfarrer) eine Berufung mit der entsprechenden spirituellen Zusatzdimension sah. Dem ist heute leider nicht mehr so. Damals war der Beruf Arzt oder Krankenpfleger/schwester durch ein totales Engagement der eigenen Person und das Fehlen jeglicher Kompromisse gekennzeichnet. Heute lohnt sich ein solches Engagement vielfach nicht mehr, weil es von der Gesellschaft meistens nicht mehr belohnt, respektiv anerkannt wird.

Ich selber bin immer von meinem Beruf überzeugt, weil ich stets Arzt werden wollte. Auch nach über 20 Jahren beruflicher Tätigkeit bin ich immer noch davon begeistert. Vielleicht habe ich in einem ganz frühen Alter, dem Erinnerungen noch fremd sind, wie viele andere Kinder auch davon geträumt, Pilot oder Lokomotivführer zu werden. Doch so weit ich mich zurückerinnern kann, habe ich mir nie einen anderen Beruf als den des Arztes vorgestellt. Das Vorbild des Hausarztes, der uns zu Hause besuchte, und die besondere Hochachtung, die ich für einen Chirurgen hegte, der meinen Grossvater operiert hatte, mögen mich in meiner Entscheidung bestärkt haben. Wenn ich sah, wie tüchtig und allgegenwärtig sie waren, wie man auf sie hörte und ihre menschliche Kompetenz schätzte, wie sie sich für die Menschen einsetzten, ohne ihre Zeit zu zählen, wie sie Herzensgüte und Grosszügigkeit bewiesen, dann dachte ich stets, dass sie den schönsten Beruf der Welt ausübten. Und eine spirituelle Dimension haben sie per se ausgestrahlt.

Trotz allen Schikanen (administrative, medienbezogene und andere), die wir in der heutigen Zeit erleben müssen, bin ich vom Sprichwort des Konfuzius mehr denn je überzeugt: «Wenn du liebst, was du machst, wirst du im Leben nie mehr arbeiten». Die ärztliche Tätigkeit wurde für mich nach und nach zu einer Arbeit, die eine grosse Erfüllung und Befriedigung verschafft. Dies geht so weit, dass ich in den schwersten Augenblicken meines Lebens, wenn ich zu zweifeln beginne, wenn eine Operation misslingt oder wenn ein operierter Patient den Eingriff nicht überlebt, in der inneren Einkehr – der spirituellen Dimension – Vertrauen und Sicherheit wieder finde.

Der Chirurg, der das Leben gering achtet und die Chirurgie nur als Kunst um ihrer selbst willen ausübt, ist eine literarische Lüge. Ich bin einem solchen nie begegnet. *«Gegen Misserfolg sind wir immer empfindlich, selbst wenn er nur relativ ist»*, schrieb einer der bekanntesten Chirurgen des letzten Jahrhunderts, der Franzose René Leriche.

> Jeder Chirurg trägt einen kleinen Friedhof in sich, den er von Zeit zu Zeit zu einem Selbstgespräch aufsucht, ein kleiner Friedhof voll Bitterkeit und Ysop, den er nach dem Grund gewisser Misserfolge befragt. Die erste Reaktion nach einem schmerzlichen Misserfolg ist der Wunsch, sich für eine Weile auszuruhen. Man muss aber im Gegenteil sofort an eine neue Aufgabe herangehen. Man darf in seinem Innern keinen Zweifel an sich selbst aufkommen lassen. Leider wird uns immer die Möglichkeit einer Synthese fehlen. Unser Wissen ist nur eine Konstruktion unseres Geistes. Wenn es der Chirurgie gelingt, uns zu nützlichem Nachdenken über uns selbst zu veranlassen, dann ist unser Ziel erreicht.

Soweit René Leriche.

Wie versuche ich persönlich solche schwierigen Situationen zu verarbeiten? Immer wieder begebe ich mich ins Zisterzienserkloster Hauterive. An diesem Zufluchtsort, fern vom Lärm und von der Hektik des Alltags, kann ich einige Augenblicke im Frieden und in der Ruhe verbringen. Wenn ich über mein eigenes Leben nachdenken kann, gewinne ich die Kraft zurück, die ich brauche, um bis zum nächsten Besuch die Flamme am Brennen zu erhalten.

Meine Verbundenheit mit Hauterive reicht bis in meine Schulzeit als Gymnasiast am Kollegium St. Michael in Freiburg zurück. Das Bedürfnis, auf den Verlust der Religiosität unserer modernen Zivilisation zu reagieren, aber auch ein starkes Bedürfnis nach Andacht liessen mich den Weg nach Hauterive finden. Hauterive war für mich nie eine Flucht ins Unbekannte, sondern im Gegenteil die Möglichkeit einer Begegnung mit meinem Gott, gleichsam in freier Natur, in einer fast vollständigen Stille, begleitet von gregorianischen Psalmen, deren Einfachheit mehr als irgendeine andere Melodie an das Wesentliche unseres irdischen Daseins erinnern.

Die Faszination am Klosterleben erinnert mich gelegentlich auch an die Leidenschaft, die ich für meinen Chirurgenberuf empfinde – zwei Lebensformen, die durch das grosse Engagement der eigenen Person und das Fehlen jeglicher Kompromisse gekennzeichnet sind. Zumindest von aussen gesehen erfordert das Gemeinschaftsleben einen grossen Respekt gegenüber seinem Nächsten, die Befolgung einer strikten Regel und die Demut vor Gott, eine Eigenschaft, die in der modernen Welt, insbesondere bei den Wissenschaftlern, immer seltener wird.

Einer der Augenblicke, der in mir Bewunderung und Neugier auslöst, ist der Abendsegen. Nachdem die Mönche die Komplett und das Salve Regina gesungen haben, verlassen sie die Kirche, erhalten vom Abt den Abendsegen und begeben sich zur Ruhe in der Hoffnung, am nächsten Morgen voller Freude auf den neuen Tag wieder aufwachen zu dürfen. Wie könnte man diese Art und Weise, den Tag abzuschliessen, nicht mit den Gedanken des Chirurgen vergleichen, der seine operierten Patienten nach Einbruch der Nacht in der Hoffnung verlässt, sie am nächsten Morgen bei guter Gesundheit und vor allem am Leben wieder zu sehen?

Die Überzeugung der Mönche, die ihr Leben in der Gemeinschaft mit Gott verbringen, und ihr ständiges Gebet, das gewissermassen eine Annäherung an die Unendlichkeit darstellt, erleichtern mir den Gedanken, dass das Leiden und der Tod, deren Bedeutung wir im ärztlichen Beruf ermessen können, Realitäten sind, die jeden Menschen beschäftigen, sobald er diese Welt betreten hat.

Einige meiner Lehrer am Gymnasium und später während des Medizinstudiums oder während meiner Ausbildung zum Herzchirurgen haben versucht, mir zu zeigen, was sinnvoll ist und was nicht. Sie lehrten mich, zwischen dem Wichtigen und dem Unwichtigen zu unterscheiden. Auch die Mönche erläuterten mir diesen Unterschied. Man lernt ihn nur im Kontakt mit Menschen und nicht aus Büchern. Kein Lehrbuch der Anatomie oder Physiologie, selbst die Bibel nicht, kann einem zukünftigen Arzt oder Mönch beibringen, die Person zu verstehen, die vor ihm steht. Der Arzt wie der Mönch müssen ihr aufmerksam zuhören, vor allem wenn die Symptome uneindeutig sind.

Zu Kompetenz, Aufrichtigkeit und beruflichem Pflichtbewusstsein muss noch etwas Wesentliches hinzukommen: die Disponibilität. Dieses Bild vom Arzt, aber auch vom Mönch mag vielleicht idealistisch erscheinen. Dennoch ist es meines Erachtens alles andere als das. Man kann immer wieder lesen, dass der Arztberuf etwas Aussergewöhnliches sei und eine der besten Möglichkeiten, den Menschen kennen zu lernen.

Kürzlich sagte mir ein Patient, den wir in extremis gerettet hatten:

> Jeder der sozusagen am Rande des Grabes gestanden hat und gerettet wurde, macht sich Gedanken. Vor allem bin ich dankbar, nicht nur der Wissenschaft, sondern auch den Mitmenschen gegenüber, die Grossartiges geleistet haben. Seither hat sich etwas in meinem Leben besonders geändert. Ich lebe bewusster, alles was ich unternehme wird mit viel Herzblut durchgezogen. Ich erkenne die Endlichkeit unseres Daseins deutlicher und versuche jeden Tag, Positives zu erleben und zu geniessen.

Noch etwas fügte dieser Mensch an:

> Ich fühle mehr Kraft in mir und einen leidenschaftlichen Willen, etwas zu tun. Ich will nicht nur konsumieren, sondern auch etwas realisieren.

Dieser Mensch hat seine eigene Spiritualität damit sehr schön und auf einfache Weise ausgedrückt.

Bei der Vorbereitung dieser Gedanken habe ich mich als erstes mit der Frage beschäftigt, ob ein Mediziner die richtige Person sei, um über Spiritualität in der Medizin zu sprechen, oder ob ein Theologe, ein Seelsorger oder ein Philosoph sogar nicht besser geeignet wären?

In der heutigen Medizin drängen sich Ärzte mit Vorliebe ins Rampenlicht und treten als «Lebensboten» auf. Sie interessieren sich in der Regel für die Krankheit als pathophysiologischen «Casus», der mit Stahl und Strahl behandelt werden soll. Die kommunikativen Aspekte der Heilkunde, zum Beispiel das einfühlsame Gespräch mit einem angsterfüllten Patienten vor einer grossen Operation oder die Übermittlung einer schlechten Nachricht nach einem Tumoreingriff delegieren Einige allzu gerne an eine Drittperson, zum Beispiel an den Spitalseelsorger.

Die Spitalseelsorger/innen andererseits wirken oft als stille Einzelgänger und führen leider ein Schattendasein. Sie widmen sich dem Krank*sein* des Patienten. Die heutige säkularisierte Gesellschaft hegt nicht selten ambivalente Gefühle gegenüber dieser Berufsgruppe. In klischeehaften Vorstellungen der Öffentlichkeit übernimmt der Spitalseelsorger die Rolle des «Todesboten» und steht in unnötiger Konkurrenz zu den «Göttern in Weiss». Wir alle wissen, dass einer der zentralen Kritikpunkte an der heutigen Medizin die Dominanz der technologischen oder pharmakologischen Perspektive ist, die sich aus den bahnbrechenden Erfolgen der Naturwissenschaften erklärt. Diese Einseitigkeit führt tendenziell dazu, dass der Bezugspunkt medizinischen Handelns einseitig der Körper ist, und dass dabei die Person des Patienten und sein individuelles Wohl in den Hintergrund treten. Einerseits ist die Verwissenschaftlichung und die Akademisierung der Medizin unentwegt im Vormarsch. Andererseits ist spürbar, dass diese übermässig krankheits- und läsionszentrierte Medizin dem Menschen in seinem Kranksein nicht gerecht werden kann.

Der Patient als Mensch und Person muss in seiner ganzen Komplexität in einer integrativen Gesamtschau erfasst werden. Der Arzt, und nicht nur ein Psychologe oder ein Seelsorger hat direkt mit dem Menschen zu tun, mit dem Menschen als Beziehungswesen in seiner Beziehung zum Mitmenschen, zu sich selbst und letztlich auch vielleicht zu einer religiösen Dimension. Die auch in therapeutischer Hinsicht wichtige Frage, wie der Mensch seine innere Ausrichtung, seinen Weg durch das Leben, wie er Sinn und Ziel seines Daseins und seine innere Stimmigkeit findet, könnte der Arzt mit dem Patienten als «dialogischem Wesen» wohl am besten ermitteln.

Bei der gegenwärtigen Arbeitszeitregelung wird es wahrscheinlich übertrieben sein, vom Arzt noch eine zusätzliche Aufgabe – zum Beispiel eine spirituelle Dimension – in seinem Wirken zu verlangen. Diese Dimension könnte zum Beispiel von der Spitalseelsorge übernommen werden, da sie ja eine bedeutungsvolle Rolle in der Interpretation von Krankheiten spielen kann. Dies kann sie jedoch nur verwirklichen, wenn ihr ein klares Profil im Raum von Medizin und Pflege zukommt. Sie muss integraler Bestandteil der ganzheitlichen Behandlung, Pflege und Betreuung werden (siehe www.insel.ch/seelsorge).

Eine der zentralsten und immer wiederkehrende Frage, die sich ein Patient in einer schwierigen Situation (zum Beispiel vor einem Eingriff oder nach der Eröffnung einer schlechten Prognose) stellt, ist die Frage des Warum? Weshalb ich? Die Interpretation der Zusammenhänge zwischen Krankheit und Schuld gehören zu den schwierigsten Themen. Früher waren die Aussagen diesbezüglich klar. So lesen wir noch in dem «grünen Katechismus», den die deutschsprachigen Bistümer im Jahre 1955 herausgaben:

> Gott lässt Leid über uns kommen, um uns dadurch zum Heile zu führen. Bei allem hat Gott eine heilige Absicht, auch wenn wir sie nicht verstehen. Gott will uns durch das Leid dazu führen, dass wir uns vom Bösen bekehren. Das Leid kann eine heilsame Strafe sein, durch die wir zur Erkenntnis unserer Schuld kommen sollen. Durch Krankheit, Armut und andere Mühsal will er uns von Fehlern und Unvollkommenheiten reinigen. Gott lässt Leid auch dazu über uns kommen, dass wir uns im Guten bewähren. Das Leid ist gleichsam eine Prüfung: Wir sollen zeigen, dass

> wir auch im Leiden heiligen Willen erfüllen. Wenn wir das Leiden gottergeben tragen, werden wir Christus ähnlich [...]. Christus hat durch sein Leiden und Sterben die Sünden der Welt gesühnt!

Es mag wohl sein, dass für jedes in dieser Aussage verknüpfte Einzelmotiv sich eine biblische Wurzel ausfindig machen lässt. Solche Katechismusaussagen beantworten jedoch in keiner Weise die existentiellen Fragen, die in Krankheit und Not aufbrechen. Glücklicherweise gehören sie der Vergangenheit an. Befreiender und ermutigender wirkt ein neuer Verkündigungstext der Katholischen Kirche im sog. Weltkatechismus aus dem Jahre 1993:

> Krankheit und Leiden gehören von jeher zu den schwersten Prüfungen im Leben des Menschen. In der Krankheit erfährt der Mensch seine Ohnmacht, seine Grenzen und seine Endlichkeit. Jede Krankheit *kann* uns den Tod erahnen lassen. Krankheit *kann* zu Angst, zu Rückzug auf sich selbst, zuweilen sogar zur Verzweiflung und zur Auflehnung gegen Gott führen. Sie *kann* aber auch den Menschen reifer machen, ihm den Blick dafür öffnen, was in seinem Leben unwesentlich ist, so dass er sich dem Wesentlichen zuwendet. Sehr oft führt Krankheit zur Suche nach Gott, zur Rückkehr zu ihm. (Nr. 1500–1501)

Das neue Paradigma der «Evidence based medicine» beherrscht die moderne Medizin. Es besagt, dass «medizinische Entscheidungen aufgrund der gegenwärtig besten wissenschaftlichen Evidenz» getroffen werden müssen, das heisst im Klartext: Jegliches Handeln am Patienten muss auf Daten beruhen. Man setzt nur auf das, was statistisch belegt ist. Bewährt hat sich nach diesem Konzept nur, was unter wissenschaftlich kontrollierten Bedingungen zum Ziel geführt hat.

Auch der Einfluss einer religiösen oder spirituellen Dimension wird nun zunehmend derartigen Studien unterzogen. So versucht man zum Beispiel die Wirkung des Betens oder eines spirituellen Gespräches auf den Krankheitsverlauf hin zu prüfen. Selbst in sehr renommierten Zeitschriften wie dem New England Journal of Medicine, Lancet, British Medical Journal – Publikationsorgane, die eher der wissenschaftlichen Schulmedizin verpflichtet sind – finden solche Studien Eingang. Im Journal of Clinical Ethics erschien 1995 beispielsweise eine Studie mit dem Titel: «Is it appropriate to pray in the operating room?»

In der angelsächsischen Literatur existieren mehr als 200 Studien, die eine positive Bedeutung von Spiritualität und Religiosität für die Krankheitsbewältigung, den Verlauf körperlicher und seelischer Krankheiten, den Verlauf nach schweren chirurgischen Eingriffen und die Lebensqualität von

Kranken belegen. Gläubige Menschen neigen weniger häufig zu seelischen Verstimmungen und Neurosen; sie sind auch seltener medikamentenabhängig. Es kann auch als gesichert gelten, dass spirituelle Erfahrungen eine vorbeugende Wirkung gegenüber psychischen Belastungen entfalten. Auch wenn nicht alle Studien harten wissenschaftlichen Kriterien standhalten: *Die heilsame Wirkung von Spiritualität und Gebet ist nicht zu bezweifeln.* Im Jahre 2000 erschien in der hochangesehenen Zeitschrift N Engl J Med eine Veröffentlichung mit dem Titel: *«Should Physicians prescribe religious activities?»*. Die Autoren versuchten folgende Fragen zu beantworten: Gibt es eine empirische Evidenz für einen Zusammenhang zwischen Religion und Gesundheit? Sollten Mediziner religiöse Aktivitäten verschreiben, um einen Weg zum Komfort aufzuzeigen? Wünschen Patienten die Integrierung einer religiösen Dimension in ihrer medizinischen Behandlung? Sie kamen zum Schluss, dass das Thema noch kontrovers betrachtet wird, und dass multi- und transdisziplinäre Diskussionen weiterhin dringend notwendig seien. Die bisherigen Erklärungsversuche einer positiven Auswirkung der Religion auf die medizinischen Resultate seien noch sehr oberflächlich. Religion sei schliesslich nicht nur eine Sammlung von Ansichten und Praktiken und ihr Wert könne nicht mit einfachen Instrumenten nachgewiesen werden. Religion sei eine spirituelle Art und Weise, in dieser Welt zu leben.

Von dieser Öffnung zu Religiosität und Spiritualität bleibt die moderne Medizin nicht unberührt. Gerade die High-Tech Medizin akzentuiert an ihren Grenzen besonders deutlich die Sterblichkeit als unüberwindbare anthropologische Konstante. An diesen Grenzen treten die Fragen nach Sinn und Ziel des Daseins, nach dem «Danach», also «letzte Fragen» drängend ins Bewusstsein. Wenn «High-Tech» zurücktreten muss, um «High-Care» im Sinne zuwendungsintensiver Fürsorge den Vorrang zu geben, öffnet sich vielleicht der Weg in eine über das unmittelbare Ich und Jetzt hinausreichende Wirklichkeit. Dabei entsteht beim Patienten auch der Wunsch, in diesem Bestreben nicht unverstanden und unbegleitet zu sein. Patienten artikulieren ihre spirituellen Bedürfnisse, Erwartungen oder Erfahrungen selten spontan und so gut wie gar nicht im Beisein anderer. Die Wahrnehmung von Spiritualität setzt vonseiten des Arztes und allenfalls der Seelsorge eine spezifische Sensibilität voraus. Diese bildet gleichsam das Nadelöhr für den Zugang zur spirituellen Welt des Patienten. Ist diese Sensibilität für Spirituelles etwas Naturgegebenes, gleichsam in die Wiege gelegtes, oder lässt sie sich schärfen oder gar schulen? In dieser Hinsicht sind uns die Vereinigten Staaten voraus. An den medizinischen Hochschulen werden Studenten angehalten, am Krankenbett auch nach der religiösen Vergangenheit und den spirituellen Bedürfnissen und Ressourcen der Patienten zu fragen, also eine «spirituelle Anamnese» zu erheben. In den USA existieren an die 70 universitären Einrichtungen, die sich mit Fragen der Spiritualität beschäftigen.

Das American College of Physicians (ACP), eine der grössten Ärztevereinigungen, geht davon aus, dass zunächst vier einfache Fragen zur Erfassung spiritueller Bedürfnisse ernsthaft erkrankter Patienten genügen:

- Ist Glaube (im Sinne von religiöser Bindung, bzw. philosophisch begründeter Weltanschauung) für Sie in dieser Krankheit wichtig?.
- Hat Glaube zu anderen Zeiten in Ihrem Leben eine entscheidende Rolle gespielt?
- Haben Sie jemanden, mit dem Sie über religiöse Belange sprechen können?
- Möchten Sie religiöse Anliegen mit jemandem besprechen?

Die Diskussion um eine Medizin, welche mehr sein soll als ein «Managen» von Krankheiten mittels Wissenschaft und Medizinaltechnologie ist nicht neu. In einigen Ländern hat sich diese Betrachtungsweise seit rund 20 Jahren um den Begriff *«medical humanities»* kristallisiert. Hier wird die Medizin vom Blickwinkel verschiedener sozial- und geisteswissenschaftlicher Disziplinen aus beleuchtet. So nehmen auch Theologie und Spitalseelsorge eine zentrale Stellung in den *medical humanities* ein. Eine Reihe von Instituten in den USA zum Beispiel befasst sich explizit mit dieser «additiven» Sichtweise der klassischen Medizin. Auf diese Weise soll die Medizin an Ganzheitlichkeit gewinnen. Diese «integrative Sicht» fordert eine konsequente Einbindung der humanwissenschaftlichen Perspektiven in die Ausbildung aller Akteure im Gesundheitswesen. Ziel ist eine *«Humanisierung»* der Medizin.

Erlauben Sie mir abschliessend noch ein paar Gedanken zum Thema Ethik und Spiritualität. Die Erfahrung zeigt, dass ein steter potentieller Konflikt herrscht auf dem Gebiet der medizinischen Ethik, angewandt auf die praktische Chirurgie, und dies ganz speziell im Bereich der hochspezialisierten Medizin. Dieser Konflikt erwächst aus den völlig unterschiedlichen, ja gegensätzlichen Ansichten zweier Antipoden, des Chirurgen als Macher und des Ethikers als akademischem Theoretiker. Auf der einen Seite finden sich die Chirurgen, welche unter permanentem Druck arbeiten, oft zu raschen Entschlüssen gezwungen werden, welche durch die klinische Situation bedingt sind. Erfahrungen im täglichen Umgang mit Patienten und gelegentliche Kontakte mit Juristen, Seelsorger und Ethiker prägen etwa ihre Ethik. Auf der anderen Seite sind die gelehrten akademischen

Ethiker und Moralphilosophen, welche über Ethik nachdenken, meistens in Isolation, in einer sterilen Studierstube. Diese etikettieren nicht selten die Chirurgen als gleichgültige, mental einfach strukturierte Techniker und Handwerker, die auf paternalistische Art und Weise versuchen würden, ihre eigenen Werte ohne Rücksicht auf Patientenrechte aufzuzwingen. Dem ist in der Regel nicht so und ich möchte kurz darauf eingehen.

Der Patient, der sich den Händen des Chirurgen im wahrsten Sinn des Wortes übergibt, bringt ihm ein Vertrauen entgegen, das in der Vielfalt menschlicher Beziehungen ohne Gleichen ist. Zwei besondere Aspekte dieses beinahe unbegrenzten Vertrauens sind dabei wichtig:

- das Vertrauen in die technischen Fähigkeiten des Chirurgen, womit Qualitäten des Fachexperten angesprochen sind, sein Handwerk.
- Das Vertrauen des Patienten in seinen Chirurgen nicht nur als Techniker, sondern als Arzt und Mensch und gewissermassen als Partner in seiner Leidenssituation. Dieses Vertrauen verpflichtet den Chirurgen.

Schon allein aus diesem Grund muss sich die Behandlung am leidenden Menschen orientieren, am Individuum in seiner ganzen Einseitigkeit und Komplexität. In seiner natürlichen Ungleichheit ist der chirurgische Patient immer eine Einzelperson, ein Subjekt, welches nie zum Objekt eines leidenschaftlichen Operateurs degradiert werden darf.

Unsere Gesellschaft erlebt seit Jahrzehnten eine Steigerung in Form einer laufenden Perfektionierung. Autos werden schneller, Computer leistungsfähiger, Reisen erfolgen rund um den Globus. Längst spielen elementare persönliche Bedürfnisse keine entscheidende Rolle mehr. Ursprünglich nicht vorhandene Wünsche und Bedürfnisse werden gezielt geweckt. Das erleben wir auch in der Medizin, wo immer öfter Patienten mit immer mehr Ansprüchen und selbstbewusster vorgetragenen Wünschen Ärzte und Pflegepersonal zu einfachen Leistungserbringern degradieren wollen, von denen man immer mehr erwartet. Je raffinierter die Technik und je grösser der Wohlstand, desto dringender stellt sich die Frage, was wir damit wollen. Die Frage nach dem Sinn stellt sich unausweichlich.

Jean-Paul Sartre hat seinerseits folgende These entwickelt: «Der Mensch ist nur, was er aus sich selbst macht, was er gestaltet, geleistet und verantwortet hat». Spiritualität in der Medizin wird immer ein individuelles Bedürfnis bleiben, für den Patienten, für die Pflegenden und für die Ärzte. Jeder von uns ist frei, ob er einen Platz für eine spirituelle Dimension in seinem Leben und in dem anderer Menschen sieht oder nicht.

Frei ist, wer sich entschieden hat und für seine Entscheidung einsteht. Nur der Freie vermag die Verantwortung für seine Welt und für einen Mitmenschen zu tragen. In dieser Freiheit sollte es, meiner Meinung nach auch Platz für Spiritualität geben.

Freiheit klingt aber heute nach Ungebundenheit, nach Beliebigkeit, dem guten, dem schönen Leben, indem man sich alle Wege und Optionen offen hält. Berufliche Projekte werden zu Glücksprojekten, der Blick wird häufig auf das entgangene Glück gerichtet.

Dort braucht es von uns einen grossen Einsatz. Wer nicht bereit ist, sich einzusetzen, sich für etwas zu verpflichten, der ist nicht frei, sondern einfach bindungslos. Wer sich aus allem heraushalten will, um seine Freiheit zu erhalten, der trifft auch eine Wahl, denn nicht wählen ist auch eine Wahl. Man entscheidet sich damit für die Farblosigkeit, für das Unbestimmtsein und im beruflichen Leben wird dann alles, was mit Herzblut und mit einem gewissen Hauch Spiritualität gemeistert werden könnte, zur Pflichtübung abgewertet.

Es bleibt zu hoffen, dass auch in der Schweiz die nach wie vor heftigen Diskussionen über die neuen Studienreformen die ärztliche Praxis ins Zentrum stellen werden. In dieser Hinsicht ist die Einführung des Bologna-Modells eine Chance, denn es soll zu vermehrter Zusammenarbeit zwischen Medizin – und damit auch dem Medizinstudium – mit den Sozial- und Geisteswissenschaften führen. Für die notwendige Neuorientierung der Medizin, die humane Massstäbe ebenso berücksichtigt und die Vorherrschaft technischer Strategien etwas relativiert, liegt die wirklich anspruchsvolle und spannende Herausforderung in einer neu zu definierenden Zusammenarbeit mit anderen Disziplinen, zum Beispiel mit den Spitalseelsorgerinnen und Spitalseelsorgern in den Universitätskliniken, mit deren Hilfe die Anforderungen der heutigen Gesellschaft an die Medizin besser erfüllt werden können.

Wie der frühere Abt von Hauterive einmal sagte: «Im Leben eines jeden Menschen gibt es den Wunsch nach dem Absoluten, nach etwas, das grösser ist als wir selbst und das allem einen Sinn gibt. Mit der Zeit lässt dieser Wunsch etwas nach, und es braucht einen neuen Antrieb.» In der Medizin wie im monastischen Leben ist es von entscheidender Bedeutung, nicht stehen zu bleiben, sondern sich erneut auf die Suche zu begeben nach dem, was uns einmal fasziniert hat.

Literatur

beim Verfasser

Christoph Andreas Zenger

Gesundheit auf Kosten der individuellen Freiheit?

Verfassungsrechtliche Leitplanken für staatliche Freiheitseinschränkungen im Namen der Gesundheit[1]

Einleitung

Das Rauchen wird in öffentlichen Räumen verboten, Sexualverkehr ausserhalb ehelicher Beziehungen nur noch geschützt gutgeheissen, Alkoholgenuss durch gezielt erhöhte Preise vergällt, das Fahrvergnügen durch Helm- und Gurtentragepflichten, Geschwindigkeitsbeschränkungen und Treibstoffspartechnologien geschmälert, der Appetit durch Diätverordnungen und Aufklärung über Herstellungsweise und Inhalte von Nahrungsmitteln verdorben und das Benutzen all unserer modernen bequemen Transportmittel durch Belehrungen und Ermahnungen zu mehr körperlicher und geistiger Bewegung vermiest. Kranksein wird durch Impfkampagnen, Zwangsuntersuchungen und unter gewissen Voraussetzungen auch Zwangsbehandlungen verhindert, die selbstbestimmte Behandlung von Krankheiten durch Reduktion des Grundleistungskatalogs der obligatorischen Krankenpflegeversicherung erschwert, das Leben von Pflegebedürftigen und terminal Kranken durch Verzicht auf lebensverlängernde Behandlungen verkürzt, der Tod durch Definition des Hirntodes vorverschoben und durch Suizidhilfe rationalisiert, und die Entstehung neuen Lebens wird mit pränataler Diagnostik, genetischen Analysen und gezielter Selektion gesteuert. Wo bleibt da noch Raum für eine freie Gesellschaft und für die Freiheit des einzelnen Menschen?

Die Situationsschilderung und die Fragestellung sind natürlich polemisch und zugespitzt. Die Lage ist nicht so schwarz und dramatisch, wie sie hier und manchmal in Politik und Medien dargestellt ist – noch nicht. Aber die Gesundheitsanliegen, die hinter solchen Eingriffen in die individuelle Freiheit stehen, neigen zur Ausdehnung, sie erfassen immer zahlreiche-

1 Überarbeiteter und ergänzter Text des Referats vom 25. Januar 2007. Die Form des Referats wurde beibehalten.

re und immer weniger existenzielle Bereiche des Lebens. Und je weitergehend in ihrem Namen Experten und staatliche Behörden das Zusammenleben und das Leben des einzelnen bestimmen, desto stärker bedrohen sie die individuelle Freiheit. Böse Zungen sprechen von einem Zeitalter des «Healthismus», also neo-paternalistischer, tendenziell freiheitsfeindlicher Gesundheitsideologien, in das wir heute eingetreten sind.

Zwischen Gesundheit und Freiheit besteht ein Spannungsverhältnis, das sich nicht ohne weiteres auflösen lässt. Zum vornherein gehen die Überzeugungen und Meinungen darüber, ob und in welchen Fällen Experten und Behörden die individuelle Freiheit im Namen der Gesundheit einschränken dürfen und sollen, weit auseinander. Hinzu kommt, dass sich das Spannungsverhältnis nicht pauschal auflösen lässt, sondern je nach Konstellation und Situation einmal die Freiheit, einmal die Gesundheit wichtiger erscheint.

Die Spannung zwischen Gesundheit und individueller Freiheit zeigt sich auch innerhalb des Rechts. Die folgenden Ausführungen sollen zeigen, wie die Jurisprudenz den Kontrast zwischen Gesundheit und individueller Freiheit rechtlich aufzunehmen versucht. Dabei soll auch sichtbar werden, was die Begriffe der Gesundheit und der Freiheit im rechtlichen Sinn meinen können und wie die individuelle Freiheit rechtlich geschützt ist. Vielleicht kann die Rechtswissenschaft den Gesundheitswissenschaften Anregungen für den Umgang mit Kontrasten in der Medizin bieten.

1. Staatliche Freiheitseinschränkungen im Namen der Gesundheit als Rechtsproblem

Es gibt Spannungen zwischen der Verantwortung von privat tätigen medizinischen Fachpersonen und den Selbstbestimmungsrechten von betroffenen Kranken, Angehörigen, Arbeitgebern, Krankenversicherern und so weiter; die Beispiele der aufgeklärten Einwilligung oder der Weitergabe medizinischer Daten an Kollegen illustrieren exemplarisch, wie schwer sich viele Beteiligte im Gesundheitswesen nach wie vor damit tun. Doch die Rechtslage, die im Privatrecht (ZGB, OR)[2] und im Strafrecht geregelt ist,

2 ZGB Zivilgesetzbuch
OR Obligationenrecht.

ist in dieser Hinsicht klar und in der Regel einfach: Grundsätzlich dürfen Private nämlich von sich aus nichts ohne Einwilligung der betroffenen Personen tun, sofern diese urteilsfähig sind. Unter Umständen genügt anstelle der ausdrücklichen auch eine stillschweigende oder mutmassliche Einwilligung, doch dies ändert nichts am Erfordernis der Einwilligung. Selbst wenn die Betroffenen urteilsunfähig sind, ist eine informierte Einwilligung nötig, nämlich diejenige der gesetzlichen Vertreter. Diese Regel gilt immer, gleichgültig, ob medizinische Fachpersonen in therapeutischer, präventiver oder palliativer Absicht handeln, und ob sie sich auf berufsethische Verpflichtungen, auf ihr Gewissen, auf das Gemeinwohl oder andere wichtige Gründe berufen. Medizinische Fachpersonen dürfen nicht einmal alles tun, was Betroffene von ihnen im Namen ihrer Gesundheit verlangen, sondern nur, was im Rahmen der medizinischen Kunst und Sorgfaltspflicht verantwortbar ist; doch dies ist ein anderes Thema.

Ausnahmen vom Erfordernis der informierten Einwilligung gelten nur dann, wenn staatliches Recht – mithin der Staat – medizinische Fachpersonen speziell ermächtigt oder verpflichtet, Massnahmen im Interesse der Gesundheit ohne oder gegen den Willen der Betroffenen zu treffen. Beispiele sind Meldungen von übertragbaren Krankheiten an die zuständigen Behörden gemäss Epidemiengesetzgebung oder vom Untersuchungsrichter in Auftrag gegebene zwangsweise Blutentnahmen aufgrund der Strafverfahrensgesetzgebung. Die Rechtsgrundlagen dafür gehören aber nicht mehr zum Privatrecht, sondern sind öffentlich-rechtlicher Natur, das heisst, sie regeln nicht das Verhältnis von Privatpersonen zu anderen Privatpersonen, sondern zum Staat.

Es fragt sich freilich, ob der Staat legitimiert ist, derartige rechtliche Ermächtigungen oder Verpflichtungen einzuführen. Damit ist das hauptsächliche Problem im Spannungsfeld zwischen Gesundheit und individueller Freiheit angesprochen, nämlich das Verhältnis zwischen staatlicher Verantwortung für die Gesundheit und der Selbstbestimmung der betroffenen Personen.

Anders als Privatpersonen darf der Staat nach heute geltendem Recht Personen in ihrer Freiheit einschränken, um Gesundheitsanliegen zu verwirklichen. Er darf den Einzelnen zu gesundheitsverträglichem Verhalten verpflichten, ihn mit negativen oder positiven finanziellen Anreizen oder verhaltenslenkender Information zu solchem Verhalten veranlassen oder ihm beizubringen versuchen, was eine gesundheitsförderliche Lebensführung bedeutet und wie wichtig diese ist. Er darf die Handlungsmöglichkeiten medizinischer Fachpersonen im Namen der Gesundheit einschränken, und er darf solche Fachpersonen umgekehrt auch ermächtigen oder verpflichten, Anliegen der Gesundheit auch ohne oder gegen den Willen der betroffenen Personen zu verfolgen. Er darf Massnahmen gegen Einzelne oder ganze Bevölkerungsgruppen im äussersten Fall sogar verdeckt oder zwangsweise durchsetzen (was privat tätigen Personen strikt untersagt ist, weil der Staat über ein Gewalt- bzw. Zwangsmonopol verfügt).

Aber – und dieses ABER verdient gross geschrieben zu werden – all dies muss immer unter spezifischen, verfassungsrechtlich verankerten Voraussetzungen geschehen; denn der Rechtsstaat ist in all seinem Handeln an das Recht gebunden. Was gehört zu diesen Voraussetzungen?

Einmal muss das Gemeinwesen für eine konkrete staatliche Aufgabe verantwortlich sein, welche Gesundheitsanliegen beinhaltet. Solche staatlichen Gesundheitsaufgaben sind beispielsweise die Krankheitsbekämpfung, die Gewährleistung der Heil- und Lebensmittelsicherheit, die Gewährleistung der Behandlungsqualität, die Betreuung von Personen, die nicht für sich selber sorgen können, die Finanzierung von Gesundheitsleistungen in Fällen, in welchen die Betroffenen diese Leistungen nicht selber zahlen können, und so weiter Diese Aufgaben sind im Verfassungsrecht oft nur bruchstückhaft geordnet. Ganz im Vordergrund steht im Verfassungstext regelmässig die Aufteilung der Aufgabenverantwortung bzw. -kompetenzen zwischen Bund und Kantonen (im Bundesverfassungsrecht) bzw. zwischen Kanton und Gemeinden (im kantonalen Verfassungsrecht). Andere wichtige Elemente zur Umschreibung der Aufgaben – Ziele, Mittel, Grundsätze, Organisation, Verfahren – regelt das Verfassungsrecht eher unsystematisch, oft unzusammenhängend und manchmal gar nicht. Was fehlt, muss im einfachen Recht, das heisst, im Gesetzes- und Verordnungsrecht, ergänzt werden.

Für staatliches Handeln gelten weitere Voraussetzungen. Namentlich sind eine gesetzliche Grundlage, die Zuständigkeit der handelnden Instanzen und die Beachtung von allgemeinen Grundsätzen des Verwaltungs- und Verfassungsrechts nötig, insbesondere der in Art. 5 BV[3] festgehaltenen Grundsätze. Zu diesen gehören das Rechtsstaatsprinzip sowie die Grundsätze von Treu und Glauben und der Beachtung des Völkerrechts. Zudem muss gemäss Art. 5 BV jede staatliche Handlung verhältnismässig sein. Dies bedeutet dreierlei: sie muss (qualitativ) geeignet sein, um das ange-

3 BV Bundesverfassung.

strebte Ziel zu erreichen, sie muss erforderlich, das heisst (quantitativ) dem Ziel angemessen sein, und sie soll nicht schwerer in die Freiheit und die Rechte der Bürger eingreifen als für den Zweck, der damit erreicht werden soll, nötig ist. Als Konkretisierung des dritten Elements der Verhältnismässigkeit im engeren Sinn kann man das Subsidiaritätsprinzip für staatliches Handeln verstehen.

Staatliches Handeln muss nicht nur verhältnismässig sein, sondern überdies, wie Art. 5 Abs. 2 BV sagt, «im öffentlichen Interesse liegen». In diesen beiden Prinzipien wird, etwas verschlüsselt noch und sehr allgemein, ein Kontrast zwischen staatlicher Verantwortung (eben für öffentliche Interessen) und individueller Freiheit sichtbar. Ganz ausdrücklich wird dieser Kontrast dann aber in Art. 36 BV angesprochen. Dort werden Voraussetzungen für staatliche Einschränkungen von Grundrechten, das heisst, von verfassungsrechtlichen Gewährleistungen individueller Interessen gemäss Art. 7–34 BV, statuiert. Grundrechtseinschränkungen müssen auf einer spezifischen gesetzlichen Grundlage beruhen, durch ein spezifisches öffentliches Interesse oder durch den Schutz der Grundrechte Dritter gerechtfertigt und verhältnismässig sein und dürfen den Kerngehalt der Grundrechte nicht verletzen; zudem hat die Praxis das Erfordernis der Verhältnismässigkeit im engeren Sinn spezifiziert, als Erfordernis der Zumutbarkeit für die betroffene Person bezüglich der grundrechtlich geschützten Lebensaspekte. Im Unterschied zum allgemeinen Kontrast zwischen staatlicher Verantwortung und Privatautonomie nimmt hier die Spannung zu; sie verdichtet sich in der Gegenüberstellung jeweils von spezifischen öffentlichen Interessen und spezifischen grundrechtlichen Gewährleistungen individueller Rechte wie in einem Brennglas.

Die Spannung wird im Verfassungsrecht nicht aufgelöst, anders als im Privatrecht, wo die private, auch individuelle, Selbstbestimmung allgemein Vorrang hat, im Strafrecht, wo umgekehrt der individuellen Selbstbestimmung – und zwar sowohl der Opfer als auch der Täter – strikte Grenzen gesetzt werden, oder im Verwaltungsrecht, wo sie durch politische Entscheidungen des Gesetzgebers so oder anders aufgelöst werden kann. Der Grund liegt darin, dass alles Verfassungsrecht als gleichrangig gilt, so dass es ausgeschlossen wäre, einfach innerhalb des Verfassungsrechts eine Rangordnung einzuführen und entweder öffentlichen Interessen oder individuellen Grundrechten Vorrang einzuräumen.

2. *Gesundheitsrelevante öffentliche Interessen und individuelle Grundrechte*

Das Spannungsverhältnis zwischen staatlicher Verantwortung für die Gesundheit und individueller Freiheit wird also im Verfassungsrecht in einzelne Spannungsfelder aufgeschlüsselt, nämlich Spannungsfelder zwischen verfassungsrechtlich geschützten öffentlichen Interessen und grundrechtlich geschützter individueller Selbstbestimmung. Doch was gehört inhaltlich zu den gesundheitsrelevanten öffentlichen Interessen und Grundrechten?

Die juristische Lehre und auch die Verfassungsgerichtspraxis sind in dieser Hinsicht wenig aussagekräftig. Die folgende Darstellung soll die gesundheitsbezogenen öffentlichen Interessen etwas differenzierter umschreiben, als dies bisher in der Lehre und Praxis geschehen ist, und genauer zeigen, um welches Interesse es bei den Abwägungen jeweils geht. Mit Bezug auf die grundrechtlichen Schutzgegenstände, die jeweils entgegenstehen, sind die nötigen Differenzierungen längst herausgearbeitet, darauf kann zurückgegriffen werden.

Welche öffentlichen Interessen, Schutzpflichten aus Grundrechten und grundrechtlichen Selbstbestimmungsrechte sind also für staatliche Freiheitsbeschränkungen im Namen der Gesundheit wichtig?

Das Bundesgericht hat in der Vergangenheit von «Interessen der öffentlichen Gesundheitspflege», Interessen der «Volkshygiene» oder der «Volksgesundheit» und Ähnlichem gesprochen, aber auch Interessen der Kosteneindämmung in der obligatorischen Krankenpflegeversicherung und anderes anerkannt. Wenn man die Praxis genauer analysiert, zeigt sich, dass das Gericht – ebenso wie übrigens die Verfassungsrechtslehre – in den meisten Fällen nicht Interessen der Gesundheit als solchen, sondern spezifischen, gesundheitsrelevanten Aspekten anderweitiger öffentlicher Interessen verfassungsrechtlichen Schutz zuerkennt: Ganz grob kann man folgende Gegenstände unterscheiden, die in Praxis und Lehre unter dem Titel der Gesundheit besonderen verfassungsrechtlichen Schutz geniessen:

- An prominenter Stelle steht das *gesunde menschliche Leben*. Entsprechende öffentliche Interessen beziehen sich auf menschliches Leben als Kategorie. Sie stehen beispielsweise hinter der Strafbarkeit von Delikten gegen Leib und Leben und verlangen den Schutz des Lebens gegen Schädigungen, auch solche durch den Träger selbst; nicht zufällig sind auch die Tötung auf Verlangen oder die aktive Sterbehilfe strafrechtlich verpönt. Sie motivieren ebenfalls jenen Zweig der Krankheitsprävention, welcher einen «Pauperismus» verhindern und für einen «gesunden Nährstand» und «gesunden Wehrstand» sorgen will, wie sich der Bundesrat anfangs des 20. Jahrhunderts ausdrückte[4]. Ein jüngeres Beispiel ist die Zulassung und Förderung der Humangenetik. Man kann diese öffentlichen Interessen als *kultivatorische oder Wohlstandsinteressen* bezeichnen; denn letztlich geht es um das Hegen, Verbessern und Veredeln menschlichen Lebens in einem materiellen und immateriellen Sinn. Wie ambivalent solche öffentlichen Interessen sind, zeigen die Beispiele der staatlich verordneten Eugenik in totalitären Staaten oder die heutige «liberale Eugenik», welche auf der Basis autonomer Entscheidungen einzelner Menschen und auf biologischem Weg den Menschen umbauen will.

- Einen weiteren Gegenstand bildet das *gesundheitliche Wohl* jedes Menschen. Dieses ist jedoch nur eine Facette des allgemeineren persönlichen Wohlergehens jedes Einzelnen. Das persönliche Wohl des Einzelnen verlangt zwar unter anderem eine minimale gesundheitliche Versorgung und Betreuung für jedermann, darüber hinaus aber zahlreiche weitere Versorgungs- und Betreuungsleistungen, die sich nicht auf die körperliche und seelische Gesundheit, sondern beispielsweise auf geistige, soziale oder wirtschaftliche Aspekte des Wohls beziehen. Interessen am gesundheitlichen Wohl sind *fürsorgerische* oder *Wohlfahrtsinteressen.* Sie entsprechen dem Selbstverständnis einer Gesellschaft, die sich im Namen der Solidarität um ihre schwächeren Mitglieder kümmert. Es geht mithin nicht um den einzelnen Menschen als solchen und seine Gesundheitsanliegen und sein subjektives Gesundheitsverständnis, sondern um Allgemeininteressen an der Gesundheit des Einzelnen. Die persönlichen Interessen des Einzelnen sind nicht im Rahmen der öffentlichen Wohlfahrtsinteressen, sondern von staatlichen Schutzpflichten geschützt, die sich aus dem Grundrecht der persönlichen Freiheit ergeben.
- Die so genannte *«öffentliche Gesundheit»* ist ebenfalls Gegenstand verfassungsrechtlichen Schutzes. Dabei handelt es sich um einen alten, wohldefinierten Rechtsbegriff. Die «öffentliche Gesundheit» ist ein polizeiliches Interesse; polizeiliche Interessen bilden eines von verschiedenen *öffent-*

4 Siehe die Botschaft des Bundesrates an die Bundesversammlung betreffend die Revision des Art. 69 der Bundesverfassung [heute: Art. 118 Abs. 2 BV; d.V.] im Sinne vermehrter Befugnisse des Bundes bei der Bekämpfung menschlicher und tierischer Krankheiten, vom 20.12.1911, BBl 1911 [heute: Art. 118 Abs. 2 BV; d.V.] 305 ff., 312.

lichen Sicherheitsinteressen (innere Sicherheit, neben zum Beispiel äussere Sicherheit). Schutzgegenstand polizeilicher Interessen sind sogenannte Polizeigüter; die «öffentliche Gesundheit» ist eines davon. Polizeiliche Interessen sind Interessen an einem ungestörten öffentlichen Leben, welches eine notwendige Voraussetzung für den demokratischen Staat ebenso wie für die wettbewerbsgelenkte Marktwirtschaft darstellt. Jedermann soll am öffentlichen Leben teilnehmen können – also umherreisen, die Schule besuchen, zur Arbeit gehen, Lebensmittel kaufen und konsumieren, an kulturellen oder Vergnügungsveranstaltungen teilnehmen können und was sonst noch so dazu gehört – ohne dass er dadurch in Gefahr gerät, geschädigt zu werden. Das öffentliche Leben soll ungefährlich sein, unter anderem eben auch gesundheitlich ungefährlich.

– Manchmal sind Interessen der *Gesundheitsforschung und -entwicklung* gemeint, wenn von Interessen der öffentlichen Gesundheitspflege die Rede ist, besonders wenn die klinische medizinische Forschung an Menschen oder die epidemiologische Forschung an ganzen Bevölkerungsgruppen gerechtfertigt werden soll. Auch dabei handelt es sich aber nicht wirklich um öffentliche Interessen der Gesundheit, sondern um einen kleinen, spezifischen Ausschnitt aus viel allgemeineren *aufklärerischen Interessen*, das heisst, *öffentlichen Wissensinteressen.*
– Es gibt jedoch Fälle, in welchen Praxis und Lehre anscheinend die Bevölkerungsgesundheit als Gegenstand eines verfassungsrechtlich geschützten öffentlichen Interesses bejahen. So hat das Bundesgericht festgehalten, die staatliche Verantwortung für die Gesundheit ziele vor allem darauf ab, «die physische und psychische Gesundheit unbestimmt vieler – im Idealfall aller – vor Fremd- und unter Umständen sogar vor Selbstschädigung zu bewahren und damit zur Verbesserung der Durchschnittsgesundheit der Bevölkerung beizutragen»[5]. Noch hat das Gericht nicht ausdrücklich gesagt, die Bevölkerungsgesundheit sei ein eigenständiges verfassungsrechtlich geschütztes Interesse; es wäre auch denkbar, dass es mit der zitierten Aussage nur die Ziele staatlichen Handelns beschreiben wollte und diese als legitim betrachtete, soweit eines der vorstehend geschilderten anderen öffentlichen Interessen – namentlich das gesunde menschliche Leben oder die öffentliche Gesundheit – den Zweck bildet. Würde ersteres bejaht, könnte man von *sanitarischen Interessen* oder *Gesundheitsinteressen im eigentlichen Sinn* sprechen.

5 BGE 118 Ia 427 ff., 437 (BGE: Bundesgerichtsentscheid).

Neben verfassungsrechtlich anerkannten öffentlichen Interessen bilden wie erwähnt auch Schutzpflichten aus Grundrechten Zwecke staatlicher Verantwortung. In erster Linie zählt dazu die Pflicht des Staates zum Schutz und zur Ermöglichung gesunden menschlichen Lebens, sowohl des individuellen Lebens als auch des Lebens in einem objektiven Sinn. Grundlage dieser Pflicht ist auf einer sehr abstrakten Ebene der Grundsatz der Menschenwürde (Art. 7 BV, Art. 1 EMRK)[6], der als Kern der übrigen Grundrechte und als Grundlage für deren Auslegung gilt. Der Grundsatz ist in neueren Aufgabenbestimmungen der Bundesverfassung verschiedentlich ausdrücklich als Grundlage genannt und hat dort nicht nur die Bedeutung einer Gewährleistung der individuellen Würde, sondern auch der Würde menschlichen Lebens in einem kategorialen, allgemeinen Sinn (zum Beispiel Art. 12 BV [Recht auf Hilfe in Notlagen], Art. 119 Abs. 2 BV [Fortpflanzungsmedizin und Gentechnologie im Humanbereich], Art. 119a Abs. 1 BV [Transplantationsmedizin], Entwurf Art. 118a Abs. 1 BV [Humanforschung]). Konkretere Gestalt gewinnt die staatliche Verantwortung für gesundes menschliches Leben durch weitere Grundrechte, insbesondere durch das Recht auf Leben (Art. 10 Abs. 1 BV, Art. 2 EMRK), welches die Gesamtheit der körperlichen und geistigen Funktionen schützt, die von lebenswichtiger Bedeutung sind, sowie die persönliche Freiheit (Art. 10 Abs. 2 BV, Art. 8 EMRK), zu deren Schutzgegenständen die körperliche und geistige Unversehrtheit gehört. Hinzu kommen spezielle Schutzgegenstände wie der Schutz Inhaftierter (Art. 10 Abs. 2 und 3 BV, in Verbindung mit Art. 31 und 32 BV, Art. 5 EMRK), das Verbot grausamer, unmenschlicher oder erniedrigender Behandlung (Art. 10 Abs. 3 BV, Art. 3 EMRK; grausame Versuche), oder der besondere Schutz von Kindern und Jugendlichen (Art. 11 BV). Vielleicht könnte man einzelne oder alle genannten Gegenstände öffentlicher Interessen auch als Gegenstände grundrechtlicher Schutzpflichten verstehen; sie wären dann jeweils individualbezogen zu konzipieren. Wie weit dies zutrifft, ist hier nicht zu klären.

Den öffentlichen Interessen und grundrechtlichen Schutzpflichten in diesen vielfältigen Facetten können andere öffentliche Interessen entgegenstehen, welche Zwecke anderer Staatsaufgaben bilden (Aufgabenkonflikte) oder die Ordnung des Staates oder anderer institutioneller Bereiche (zum Beispiel Wirtschaft) konstituieren (Konflikte zwischen Aufgaben und Ordnungsprinzipien). Darauf ist hier nicht einzugehen.

6 EMRK Europäische Menschenrechtskonvention.

Wichtiger ist im vorliegenden Zusammenhang, dass den gesundheitsrelevanten öffentlichen Interessen und grundrechtlichen Schutzpflichten verfassungsrechtliche Garantien individueller Freiheit entgegenstehen können. Im Zentrum stehen Individualinteressen, die wiederum durch das Grundrecht der persönlichen Freiheit (Art. 10 Abs. 2 BV, Art. 8 EMRK) geschützt sind. Dazu gehören die Bewegungsfreiheit sowie Selbstbestimmung über die eigene körperliche, seelische und geistige Integrität, über die eigene Lebensführung, über das auf die eigene Person bezogene Wissen, über Angaben bezüglich des eigenen sozialen Ansehens, über die sexuelle Entfaltung, über die Inanspruchnahme von Mitteln der Fortpflanzungsmedizin und die Abtreibung, über den eigenen Tod (Sterbehilfe) und das Schicksal des eigenen Körpers nach dem Tod (Obduktion, Organentnahme, Bestattung). Wichtig sind aber auch die Selbstbestimmung der Eltern über die medizinische Behandlung ihrer Kinder durch das Recht auf Schutz der Privatsphäre und des Familienlebens (Art. 13 BV, Art. 8 EMRK) sowie die freie Wahl und Ablehnung von medizinischen Behandlungen aufgrund der Glaubens- und Gewissensfreiheit (Art. 15 BV, Art. 9 EMRK; Ablehnung einer lebensrettenden Bluttransfusion durch Zeugen Jehovas). Wenn wir an betroffene Gewerbetreibende und Unternehmen denken, sind vor allem die freie Berufswahl und -ausübung und die Unternehmensfreiheit wichtig, die durch das Grundrecht der Wirtschaftsfreiheit (Art. 27 BV) geschützt sind, aber auch die Selbstbestimmung über die eigene wissenschaftliche Forschungs-, Lehr- und Lerntätigkeit, die zu den Schutzgegenständen der Wissenschaftsfreiheit (Art. 20 BV) gehört. Weitere Freiheitsrechte können bedeutsam sein; generell wichtig sind die ebenfalls in der Bundesverfassung verankerten Verfahrensgarantien (Art. 29 ff. BV, Art. 6 EMRK) sowie das Gleichbehandlungsgebot und das Diskriminierungsverbot (Art. 8 BV, Art. 14 EMRK).

Auf dem folgenden Streifzug durch einige Konfliktfelder zwischen öffentlichen Gesundheitsinteressen und individuellen Freiheitsrechten kommen einige typische Konstellationen zur Sprache, in welchen verfassungsrechtliche Abwägungen unumgänglich sind.

3. Gesundes menschliches Leben und selbstbestimmte körperliche Integrität (persönliche Freiheit) – Beispiel Zeugin Jehovas

Sowohl die Bundesverfassung als auch die Europäische Menschenrechtskonvention schützen das Recht auf Leben und die Menschenwürde. Aus der Verbindung zwischen diesen beiden Garantien ergibt sich die Gewährleistung menschenwürdigen Lebens, das heisst auch: gesunden Lebens. In der Schweiz finden sich verschiedene neuere Verfassungsbestimmungen, welche diese Gewährleistung aufnehmen und dem Bund Aufgaben zum Schutz der Menschenwürde übertragen; dabei handelt es sich um Aufgaben zum Schutz vor Missbräuchen der technisierten Medizin, nämlich bezüglich der Fortpflanzungsmedizin und Gentechnologie im Humanbereich (Art. 119 BV Abs. 2) und der Transplantationsmedizin (Art. 119a Abs. 1 BV). Auch der neue Entwurf für einen Forschungsartikel beauftragt den Bund mit dem Schutz der Menschenwürde (E-Art. 118a BV). Auf Gesetzesebene sind Eingriffe in das menschliche Leben wie beispielsweise die Chimärenbildung, das Klonen oder – wesentlich älter und im Strafgesetzbuch geregelt – die aktive Tötung einschliesslich aktiver Sterbehilfe verboten, und weitere Eingriffe werden eingeschränkt.

Die entscheidende Frage ist bei alldem, wie weit der Staat gesundes Leben auch ohne oder gegen den Willen des individuellen Menschen, der von einem Eingriff betroffen ist, schützen soll. Aktive Eingriffe in Gesundheit und Leben sind nach schweizerischem Recht regelmässig nur zulässig, soweit sie nicht gegen die «guten Sitten», das heisst, gegen die herrschenden Wertvorstellungen verstossen. Innerhalb dieses Rahmens aber entscheidet die betroffene Person, sofern sie urteilsfähig ist, ob sie selbst oder andere in ihre Gesundheit und ihr Leben eingreifen dürfen. Vorbehalten bleiben Eingriffe im Namen des Staates, die aber an strenge rechtliche Voraussetzungen gebunden sind. In medizinischen Behandlungsverhältnissen spitzt sich die Frage freilich zu: Geht das Selbstbestimmungsrecht eines Patienten so weit, dass er eine lebensrettende Massnahme ablehnen darf?

Vor einigen Jahren starb im Berner Lindenhofspital eine junge Frau nach der Geburt eines offenbar gesunden Kindes an den Folgen eines zu grossen Blutverlustes. Die Frau war der Gemeinschaft der Zeugen Jehovas verpflichtet, gehörte ihr aber (noch) nicht an. Sie erklärte ihrem Frauenarzt von Beginn der Schwangerschaft an, dass sie jede Bluttransfusion ablehne. Dabei blieb sie auch, als nach der Geburt starke Blutungen aus der Gebärmutter einsetzten. Das behandelnde Spitalteam kämpfte während Stunden vergeblich gegen die Blutungen. Im letzten Moment wurde die

Gebärmutter entfernt, allerdings zu spät; die Frau starb gut sechs Stunden nach der Geburt.

Der Fall liegt einige Jahre zurück, er wurde in den Medien heftig diskutiert. Die Staatsanwaltschaft leitete Strafuntersuchungen gegen den Frauenarzt, den Vater und den Ehemann der jungen Frau ein, stellte nach und nach aber alle drei Verfahren ergebnislos ein, dasjenige gegen den Vater zuletzt.

Die Frau wollte nicht sterben, sie wollte nur kein fremdes Blut. Unter Berufung auf ihr Gewissen lehnte sie die Bluttransfusion ab, obwohl diese eine einfache Massnahme gebildet und ihr Leben aller Wahrscheinlichkeit nach gerettet hätte. Darf eine gesunde junge Frau auf eine einfache Behandlung verzichten und dabei in Kauf nehmen, dass sie ihr Leben verliert?

Einige Tage nach dem Vorfall im Lindenhof-Spital setzte das Schweizer Fernsehen eine Diskussionssendung zum Problem der Behandlung von Zeugen Jehovas auf das Programm. Der Chefarzt und Parlamentarier Paul Günter sagte in dieser Sendung wörtlich, es sei «gang und gäbe, dass man den Zeugen Jehovas im Notfall halt heimlich Blut gibt» (Bund 28.11.91). Eine derartige Praxis mag für Ärzteschaft und Pflegepersonal selbstverständlich sein. Sie stimmt mit einem paternalistischen Behandlungskonzept überein, demzufolge der Arzt traditionellerweise auf eigene Verantwortung alles vorkehrte, was ihm im wohlverstandenen Interesse des jeweiligen Patienten geboten schien.

Dahinter steht die Vorstellung, gesundes Leben sei ein objektives Gut, über das der Einzelne nicht selbst verfügen dürfe. Wie eingangs des Abschnitts dargelegt, schützt das Recht gesundes Leben als objektives Gut jedenfalls so weit auch gegen den Willen des individuellen Trägers dieses Lebens, wie es die «guten Sitten» gebieten. Gegen diese guten Sitten verstösst vor allem, wenn andere ihm das Leben nehmen, sei es mit seiner Einwilligung oder ohne. Dagegen darf der Einzelne sich nach schweizerischem Recht selbst das Leben nehmen; der Suizidversuch wird nicht bestraft, und ebenso wenig die Beihilfe Dritter dazu. Dies haben die Aktivitäten von Exit und Dignitas irritierend deutlich in Erinnerung gerufen. Wenn sich der Einzelne aber aktiv umbringen darf, hat er nicht umso mehr das Recht, auf eine Behandlung zu verzichten, gleichgültig ob er sterben will oder – wie im Fall der Zeugen Jehovas – zwar leben möchte, aber nicht um jeden Preis, und darum in Kauf nimmt, dass er stirbt?

Das Bundesgericht hat zu dieser Frage bisher nicht explizit Stellung nehmen müssen. In Entscheidungen von 1980 und 1982 (105 II 284 ff.,

108 II 59ff.) hat es als oberste verfassungsrichterliche Instanz in der Schweiz festgehalten, dass jede ärztliche Intervention grundsätzlich nur dann gerechtfertigt sei, wenn der betroffene Patient aufgrund voller Information und frei eingewilligt habe. Noch konnte man aus diesen Entscheiden nicht mit Gewissheit entnehmen, ob damit dem Patienten eine Entscheidungsverantwortung übertragen werden sollte, oder ob das Gericht dieses Erfordernis der informierten Einwilligung nur im gleichen Sinn verstand, wie viele Medizinal- und Pflegepersonen heute noch: nämlich als probates Mittel, um den Patienten in den Entscheidprozess mit einzubeziehen, ihn dadurch an den nach wie vor in durchaus paternalistischer Manier vom Arzt getroffenen Entscheid zu binden und so eine verbesserte Compliance zu erzielen. Ein weiterer Bundesgerichtsentscheid aus dem Jahre 1988 (114 Ia 350ff.) hat jedoch alle Zweifel beseitigt. Hier wird wörtlich festgehalten, das Erfordernis der informierten Einwilligung sei verbunden mit den inhärenten Risiken jedes medizinischen Aktes, für welche nur derjenige die Verantwortung übernehmen könne, der ihnen ausgesetzt sei (358f.). Das oberste Gericht geht mit anderen Worten vom Bild des freien Patienten aus, der berechtigt ist, in eigener Verantwortung zu entscheiden, welches empfohlene ärztliche Tun oder Unterlassen er akzeptieren will, solange und soweit er urteilsfähig ist. Dass der Arzt für seine Empfehlungen natürlich weiterhin die Verantwortung selbst zu tragen hat, sei nebenbei erwähnt.

Das schweizerische Verfassungsrecht kennt kein Recht auf Gesundheit, das man in eine Pflicht zur Gesundheit umdeuten könnte; und kein Recht auf Leben, das in eine Pflicht zu leben verkehrt werden dürfte. Wer urteilsfähig ist, bestimmt nach inzwischen gefestigter Praxis und Lehre selber, zu welchen Behandlungen er Hand bieten will und welche er ablehnt. Die für die Behandlung verantwortlichen Fachleute sind zwar verpflichtet, Patienten zu beraten und nur solche Behandlungsmöglichkeiten vorzuschlagen, die sie fachlich vertreten können oder kennen. Sie dürfen ihre Patienten aber weder gewaltsam noch heimlich gegen ihren Willen behandeln, noch dürfen sie die Einwilligung durch irreführende oder manipulative Information erschleichen.

Das Selbstbestimmungsrecht des urteilsfähigen Patienten mit Bezug auf seine Integrität und auf seine Gewissensüberzeugungen ist inhaltlich nicht begrenzt. Es schliesst die Ablehnung notwendiger lebenserhaltender Massnahmen ein, auch wenn diese, wie im Fall der Zeugin Jehovas, medizinisch als banal und relativ harmlos erscheinen, und auch, wenn die Patientin eigentlich nicht sterben will, aber den Tod bewusst in Kauf nimmt. Selbst eine Patientenverfügung, die der Betroffene für den Fall der Urteilsunfähigkeit im Voraus verfasst hat, ist rechtlich verbindlich, solange keine konkreten Hinweise vorhanden sind, dass er seinen Willen seither geändert hat. Und wenn eine Verfügung fehlt, sollen die behandelnden Personen den mutmasslichen Willen des urteilsunfähigen Patienten zum Massstab nehmen. Umgekehrt bestimmt der Patient auch frei, wie weit er aufgeklärt werden und selbst entscheiden will; er hat keine Entscheidungspflicht, sondern darf die Verantwortung an die behandelnden Personen delegieren.

Sowohl die Gesetzgebung (bzgl. Suizid und Suizidhilfe) als auch die Rechtsprechung räumen mithin der individuellen Selbstbestimmung zunehmend grösseres Gewicht ein als dem Schutz gesunden Lebens als eines objektiven Gutes. Das Leben des Einzelnen entgegen dessen Willen und Handeln zu erhalten, fiele nach heutiger Rechtslage höchstens aufgrund einer Abwägung des Selbstbestimmungsrechts mit Rechten von Dritten, die durch die Gesundheitsschädigung oder den Tod des Betroffenen berührt sind. Im Fall der Zeugin Jehovas ist denn auch die Frage gestellt worden, ob die Frau im Interesse ihres neugeborenen Kindes hätte am Leben erhalten werden müssen – obwohl dieses ja seinen Vater noch hatte. Denkt man an all die Scheidungskinder, die bei einem alleinerziehenden Elternteil aufwachsen, oder an Kinder, die zur Adoption freigegeben werden, stünde eine Abwägung zuungunsten des Selbstbestimmungsrechts freilich in krassem Widerspruch zur Rechtslage in derartigen Fällen. Es mag Dilemmas geben, in welchen das Leben Dritter auf dem Spiel steht und deshalb vielleicht anders entschieden werden könnte, beispielsweise etwa, wenn eine schwangere Frau eine lebensrettende Behandlung ablehnt. Eines aber ist klar: Der alte ärztliche Paternalismus hat im Recht des Behandlungsverhältnisses heute keinen Platz.

4. Gesundheitliches Wohl und selbstbestimmte Erziehung (Schutz des Privatlebens) – Beispiel Freiburger Schulzahnpflege

Wechseln wir zu einem anderen Titel, unter welchem die Gesundheit im Verfassungsrecht erscheint, nämlich dem gesundheitlichen Wohl als Bestandteil des persönlichen Wohls. Auch dieses gehört zu den verfassungsrechtlich anerkannten kollektivbezogenen Gütern. In aller Regel begrüssen betroffene Personen Wohlfahrtsmassnahmen, besonders wenn sie finanzielle und sonstige materielle Unterstützungen beinhalten. Aber gerade Massnahmen für die persönliche Fürsorge, die auch dazu gehört, sollten oft ohne Einwilligung, zum Teil gegen den Willen der betroffenen Personen getroffen werden. Dies gilt auch mit Bezug auf medizinische Behandlungen und Präventionsmassnahmen. Sehen wir zunächst wieder ein Beispiel an:

> Der Kanton Freiburg erliess ein Gesetz über die Schulzahnpflege und -prophylaxe. In diesem Gesetz wird vorgeschrieben, dass Kinder zu einer jährlichen, obligatorischen Zahnuntersuchung beim Schulzahnarzt müssen. Die Eltern sind verpflichtet, die zahnerhaltenden Behandlungen, die der Schulzahnarzt vornehmen lassen für nötig erachtet, ausführen zu lassen. Wird die Behandlung nicht ausgeführt, kann der kantonale Schulzahnpflegedienst die notwendigen Massnahmen, unter anderem eine Busse, anordnen. Das Bundesgericht hat sich zur Beschwerde von Eltern, die in den gesetzlichen Bestimmungen des Schulzahnpflegegesetzes einen Eingriff in die persönliche Freiheit und in ihre Elternrechte erblickten, eingehend mit dem öffentlichen Interesse an den fraglichen Massnahmen auseinander gesetzt. Es hat ein überwiegendes öffentliches Interesse an der Massnahme vor allem deshalb bejaht, weil diese sich auf Schulkinder beziehen, die die Verantwortung für ihre Gesundheit noch nicht selbst tragen, also weil es um das Kindeswohl ging.

Bis weit über die Mitte des 20. Jahrhunderts hinaus spielte die Selbstbestimmung der betroffenen Personen gegenüber staatlichen Fürsorgemassnahmen praktisch keine Rolle, tatsächlich nicht und auch rechtlich nicht. Wenn die Familie, die Dorfschaft oder die zuständigen Behörden zum Schluss gelangten, jemand sorge nicht richtig für sich und seinen persönlichen Bedarf, unter anderem sein gesundheitliches Wohl, veranlassten sie fürsorgerische Massnahmen. Wer einmal Fürsorgeempfänger war, über den wurde verfügt. Es gab keine rechtlichen Ansprüche und kaum rechtlich geregelte Verfahren. Ähnliches galt für Kinds- und Vormundschaftsverhältnisse; nicht umsonst hiessen die Elternrechte in der Zivilgesetzgebung «elterliche Gewalt».

Die Freiheit der betroffenen Personen kam im schweizerischen Recht erst auf Druck von aussen rechtlich stärker zur Geltung. Damit die Schweiz nämlich der europäischen Menschenrechtskonvention beitreten konnte, musste sie dafür sorgen, dass die Fürsorgerische Freiheitsentziehung nur aufgrund eines Verfahrens angeordnet werden durfte, welches den Anforderungen dieser Konvention genügt. Die Verfahrensanforderungen stehen heute im eidgenössischen Zivilgesetzbuch; man konnte und wollte nicht warten, bis auch der hinterste Kanton sein Recht revidiert hatte. Ein faires Verfahren, in welchem die Betroffenen sich wehren können, gehört zu den elementarsten Sicherungen zur Wahrung der individuellen Freiheit.

In den Augen vieler Verantwortlicher verlor freilich jemand, der unter dem Titel der Fürsorgerischen Freiheitsentziehung in eine psychiatrische Klinik, eine Trinkerheilanstalt, in eine Drogenentzugseinrichtung oder Ähnliches eingewiesen worden war, nach wie vor nicht nur seine Bewegungsfreiheit, sondern seine Freiheit überhaupt. Ob er mit der Behandlung, die man ihm angedeihen liess, einverstanden sei, fragte man nicht. Das Zivilgesetzbuch enthält jedoch nur eine Grundlage für die Freiheitsentziehung, nicht für zwangsweise Behandlungen. Dies hat das Bundesgericht spät, aber immerhin klar festgestellt (BGE 126 I 112 ff.; 125 III 169 ff.). Es galt daher zu klären, ob Eingewiesene zugunsten ihres gesundheitlichen Wohls nötigenfalls auch gegen ihren Willen behandelt werden dürfen.

In einem neuen Entscheid hält das Bundesgericht fest,

> [...] dass dem Gemeinwesen das Schicksal von kranken Personen nicht gleichgültig sein kann. Die persönliche Freiheit, die die elementaren Erscheinungen der Persönlichkeitsentfaltung sichern soll, kann für eine minimale Sorgepflicht ebenso herangezogen werden wie der Anspruch auf minimale Hilfe und Betreuung nach Art. 12 BV [...] oder die Verpflichtung des Gemeinwesens zur Leistung der für die Gesundheit notwendigen Pflege gemäss Art. 41 Abs. 1 lit. b BV. Diesen Ansatzpunkten liegt letztlich das Gebot der Achtung und des Schutzes der Menschenwürde im Sinne von Art. 7 BV zugrunde. [...] In abstrakter Weise kann daher ein den Eingriff in die persönliche Freiheit rechtfertigendes Interesse an einer zwangsweisen Behandlung nicht grundsätzlich verneint werden. Wie weit dieses reicht und wo die Grenzen zwischen Selbstbestimmung und staatlicher Fürsorge liegen, ist im Rahmen der Interessenabwägung und der Verhältnismässigkeit zu prüfen. (BGE 127 I 6 ff., E. 8; Basler Zwangsmedikation)

Die staatliche Verantwortung für das gesundheitliche Wohl des Einzelnen kommt vor allem gegenüber urteilsunfähigen Personen zum Tragen, aber nicht nur gegenüber diesen. Es genügt, dass eine urteilsfähige Person nicht fähig ist, ihrer Einsicht entsprechend einen Willen zu bilden oder zu handeln. Für die Fürsorgerische Freiheitsentziehung ist daher nicht vorausgesetzt, dass die Betroffenen urteilsunfähig sind. Doch es wäre mit der Rechtsprechung des Gerichts zur aufgeklärten Einwilligung völlig unvereinbar, diese staatliche Verantwortung auf jedermann zu beziehen. Grenzen werden im eingangs erwähnten Freiburger Schulzahnpflege-Fall sichtbar. Das Gericht musste unter anderem beurteilen, ob ein legitimes öffentliches Interesse für die Zahnuntersuchungspflicht vorhanden ist. Das Gericht führt Interessen der gesundheitlichen Fürsorge ins Feld, die den Ausschlag geben. In den Worten des Gerichts:

> Ein Interesse an öffentlicher Gesundheitspflege besteht insbesondere dort, wo der Kranke von seinen Fähigkeiten und Möglichkeiten her limitiert ist, seine eigenen Interessen als wohlinformierter Patient selbst wahrzunehmen. Dies ist nicht nur dann der Fall, wenn teure und aufwendige Installationen notwendig werden, sondern auch, wenn der Kranke wegen mangelnder oder reduzierter Urteils- und Handlungsfähigkeit auf die Unterstützung anderer, namentlich für ihn Fürsorgepflichtiger, angewiesen ist. Bei solchen Konstellationen ist das Angebot öffentlicher Hilfeleistungen beziehungsweise die Gewährleistung der Interessen des Patienten von besonderer Wichtigkeit. In diesem Zusammenhang gilt insbesondere das Kindeswohl als ein öffentliches Interesse, das unter dem Aspekt des Gesundheitsschutzes sowie des Schutzes der Rechte und Freiheiten anderer Eingriffe in die persönliche Freiheit sowie in das Recht auf Achtung des Familienlebens grundsätzlich zu legitimieren vermag. (BGE 118 Ia 427ff., 428)

Das Gericht erachtet das objektive gesundheitliche Wohl mithin im konkreten Fall nur deshalb als überwiegend, weil es um das Wohl von Kindern ging, welche die Verantwortung für sich selbst nicht tragen (Art. 11 BV). An die Stelle der Selbstbestimmung der Kinder lässt es aber weitgehend die Selbstbestimmung der Eltern im Rahmen ihrer Elternrechte (Art. 13 Abs. 1 BV, Art. 8 EMRK) treten; denn es heisst die Freiburger Regelung gut, die nur vorschreibt, dass die Zahnkontrolle erfolgen muss, aber den Eltern die Entscheidung überlässt, wie diese durchgeführt werden soll.

Der staatlichen Fürsorge sind also durch das Recht des wohlinformierten Patienten auf Selbstbestimmung seiner Behandlung Grenzen gesetzt. Gegenüber diesem Recht überwiegen die öffentlichen Interessen am individuellen persönlichen Wohl nicht immer, sondern höchstens, wenn der Patient sich selbst oder Dritte gefährdet. In einem eingeschränkten Rahmen, dann, wenn die betroffenen Personen ihre Interessen nicht selbst wahrnehmen können, sind Massnahmen im Interesse der gesundheitlichen Fürsorge ohne aufgeklärte Einwilligung verfassungsrechtlich akzeptabel. In allen anderen Fällen bildet die freie Zustimmung der Betroffenen die Rechtfertigungsgrundlage. Und auch innerhalb dieser Grenzen überwiegt das Interesse der Allgemeinheit am gesundheitlichen Wohl des Einzelnen nicht uneingeschränkt. Zwangsbehandlungen insbesondere sind nur als ultima ratio zulässig und sollen, wie es das Berner Gesundheitsgesetz vorbildlich formuliert, «den betroffenen Personen soweit Freiheit ... belassen, als es mit ihrer eigenen und der öffentlichen Sicherheit vereinbar ist» (Art. 41b Abs. 2 GesG BE).

Alles in allem zeigt sich eine weitreichende Entwicklung im Bereich der gesundheitlichen Fürsorge. Das Pendel, das noch in der ersten Hälfte des

20. Jahrhunderts ganz auf der Seite fremdbestimmter Gesundheit stand, schwang in relativ kurzer Zeit zur Mitte. Die individuelle Freiheit erhält den Vortritt, wo immer der Einzelne für seine Gesundheit selber sorgen kann; Andere, besonders staatliche Behörden, sollen nur dann für die Gesundheit eines Menschen sorgen, wenn dieser – dauernd oder vorübergehend – nicht in der Lage ist, die volle Verantwortung für seine eigene Gesundheit selbst wahrzunehmen. Und auch dort, wo die Freiheit weichen muss, darf sie nicht gänzlich beiseite geschoben werden. Der alte therapeutische Paternalismus lebt nur dort weiter, wo die Betroffenen freiwillig die Verantwortung abgeben oder nicht fähig sind, selbst zu entscheiden.

5. Öffentliche Gesundheit und selbstbestimmte Berufstätigkeit (Wirtschaftsfreiheit) – Beispiel medizinische Massage

Gegenstand eines der bereits in der ersten schweizerischen Bundesverfassung von 1874 anerkannten öffentlichen Interessen, nämlich des polizeilichen Interesses, ist die sogenannte «öffentliche Gesundheit». Zum Schutz der öffentlichen Gesundheit regelten bis vor kurzem vor allem die Kantone und heute hauptsächlich der Bund die Gesundheitsfachberufe. Die entsprechenden Regelungen kollidieren regelmässig mit der Berufsfreiheit der Erwerbstätigen.

Bevor das heue geltende bernische Gesundheitsgesetz in Kraft trat, plante ein medizinischer Masseur, im Kanton Bern eine Praxis zu eröffnen. Die Gesundheitsdirektion untersagte ihm dies. Sie argumentierte, im Interesse der öffentlichen Gesundheit stelle das Gesundheitsgesetz jede gesundheitsbezogene Erwerbstätigkeit unter Bewilligungspflicht. Weder im Gesundheitsgesetz noch in der Ausführungsverordnung sei jedoch eine Bewilligung der medizinischen Massage vorgesehen. Sie könne gar keine Bewilligung erteilen; die medizinische Massage sei im Kanton Bern gesetzlich verboten. Der Masseur erhob Beschwerde und zog diese weiter bis vor Bundesgericht; denn zu dieser Zeit war die medizinische Massage in vielen Kantonen längst erlaubt und durfte aufgrund einer anerkannten Ausbildung und des damit verbundenen Fähigkeitsausweises ausgeübt werden. Der Masseur musste bis vor Bundesgericht gehen, welches die Regelung im bernischen Gesundheitsgesetz als unvereinbar mit der Berufsfreiheit beurteilte. Nach diesem Entscheid musste der Kanton Bern die Berufsregelung im Gesundheitsgesetz ändern – und wählte eine diametral entgegengesetzte Lösung: Heute sind alle gesundheitsbezogenen Tätigkeiten, für die keine Bewilligungs- oder Meldepflicht vorgesehen ist, frei ausübbar.

Das öffentliche Leben soll ungefährlich sein. Wie viel dies wert ist, wird uns heute durch die Nachrichten über Anschläge mit Waffengewalt, aber auch mit Krankheitserregern oder Gift in aller Welt vor Augen geführt. Ein Aspekt dieses öffentlichen Lebens ist die Gesundheit; jedermann soll am öffentlichen Leben teilnehmen können, ohne Gefahr zu laufen, gesundheitliche Beeinträchtigungen davonzutragen. Ausschlaggebend ist dabei, ob das öffentliche Leben mit gesundheitlichen Gefahren behaftet ist, die grundsätzlich jedermann treffen können und vor welchen sich der Einzelne auch nicht ohne weiteres selbst schützen kann. Vor allem übertragbare Krankheiten sind dafür relevant, bis hin zu Schnupfen, Vergiftungen durch Handelswaren, Unfällen und Ähnlichem. Krankheiten wie Krebs oder Diabetes, die zwar bösartig und weit verbreitet, aber gemäss dem heutigen Stand des Wissen nicht übertragbar sind, haben dagegen unter dem Aspekt der «öffentlichen Gesundheit» keine Bedeutung; denn die Gesundheit einzelner Personen oder von Bevölkerungsgruppen als solche ist unter polizeilichen Aspekten gleichgültig.

Im Namen der öffentlichen Gesundheit wurden in der Vergangenheit beispielsweise obligatorische Schirmbild- und andere Untersuchungen durchgeführt, Impfkampagnen veranstaltet, Lebensmittel aus dem Verkauf genommen, Heilmittel nicht registriert, Veranstaltungen verboten, Badeverbote erlassen, Ausstellungen oder Gottesdienste untersagt, Betriebe geschlossen und Ähnliches mehr.

In Praxis und Lehre schwang die öffentliche Gesundheit in der Güterabwägung regelmässig obenaus. Wenn Massnahmen als verfassungsrechtlich unzulässig beurteilt wurden, dann nicht wegen ihres Zwecks, sondern wegen fehlender Eignung, Erforderlichkeit oder Ziel/Mittel-Angemessenheit, das heisst, weil die Massnahmen als solche unverhältnismässig waren. Und wenn nicht alles täuscht, dann waren Gewerbetreibende, die sich unter Berufung auf die Berufs- oder die Unternehmensfreiheit zur Wehr setzten, dabei eher erfolgreicher als Personen – vor allem auch Eltern zugunsten ihrer Kinder –, die sich auf die persönliche Freiheit beriefen. Zweifelhaft wurde dieses fast unangetastete Übergewicht nicht nur der öffentlichen Gesundheit, sondern der Polizeigüter insgesamt, als in der ersten Hälfte des 20. Jahrhunderts mehr und mehr soziale, sozialpolitische und gesundheitspolitische Massnahmen unter dem Titel der Polizei «verkauft» wurden. Dies hing mit dem damaligen Dogma zusammen, wonach einzig polizeiliche Massnahmen mit der Wirtschaftsfreiheit vereinbar seien. Mitte des 20. Jahrhunderts rückte das Bundesgericht von diesem Dogma ab und anerkannte auch andere öffentliche Interessen bzw. Güter als legitime Begründung für Einschränkungen der Wirtschaftsfreiheit. Seither wurde der Polizeibegriff wieder für Sicherheitsinteressen reserviert.

Aber der Polizeigüterschutz ist seither entzaubert; er bildet ein öffentliches Interesse neben vielen anderen, ebenso wichtigen. Dadurch ist es auch möglich geworden, Polizeigüter wie die öffentliche Gesundheit gegen individuelle grundrechtliche Schutzgüter abzuwägen. Und die Polizeigüter überwiegen bei weitem nicht mehr immer. Das Beispiel des medizinischen Masseurs zeigt, dass der Schutz der Freiheit heute durchaus höher gewichtet werden kann. Gewiss entsteht der Eindruck, dass in den Augen von Behörden die durch die Berufs- oder Unternehmensfreiheit geschützte wirtschaftliche Selbstbestimmung gegenüber Interessen der öffentlichen Gesundheit häufiger überwiegt als die mit der persönlichen Freiheit und der Glaubensfreiheit geschützte Selbstbestimmung über die eigene Integrität und das eigene Gewissen. Dennoch kann man feststellen, dass insgesamt die polizeilichen Sicherheitsinteressen sowohl in der bundesgerichtlichen Rechtsprechung als auch in der Gesetzgebung je länger je weniger schematisch höher gewichtet werden als die Anliegen individueller Freiheit.

6. *Gesundheitswissen und informationelle Selbstbestimmung (persönliche Freiheit) – Beispiel familiäre Tumorkrankheiten*

Eines der neueren gesundheitsbezogenen öffentlichen Interessen ist das Interesse an Gesundheitswissen. Dazu gehört auch die Gesundheitsforschung. Medizinal- und andere Fachpersonen und Laien haben zwar von alters her Wissen über Krankheiten und Gesundheitsbedingungen, aber auch über den Gesundheitszustand einzelner Personen und ganzer Bevölkerungsgruppen gesammelt und ausgewertet. Aber sie haben dies bis in die jüngere Zeit im privaten Rahmen getan. Das Grundrecht der Wissenschaftsfreiheit, das heisst, der Freiheit wissenschaftlicher Forschung und Lehre (Art. 20 BV), gewährleistet ihr Recht darauf. Erst mit dem Erfolg der modernen, wissenschaftlich-technischen medizinischen Forschung und Entwicklung jedoch ist das Gesundheitswissen zum Gegenstand eines besonderen öffentlichen Interesses geworden. Gemäss Art. 64 BV fördert der Bund die wissenschaftliche Forschung und Innovation; zudem kann er sie regeln und koordinieren und Forschungsstätten errichten. Der erste Entwurf für einen neuen

Art. 118a BV über die Forschung am Menschen versuchte sogar, der Forschung die Garantie der Menschenwürde unterzuordnen; erst die breite Kritik im Vernehmlassungsverfahren hat bewirkt, dass der Entwurf neu formuliert und effektiv als Grundlage für den Schutz des Menschen vor der Forschung ausgestaltet wurde. Dieses öffentliche Interesse an Gesundheitswissen gerät allerdings regelmässig mit dem informationellen Selbstbestimmungsrecht der Menschen in Konflikt, nämlich immer dann, wenn personenbezogene Informationen über konkrete Menschen verarbeitet werden. Sehen wir uns zunächst wieder ein Beispiel an: Auf der Homepage der Forschungsgruppe Humangenetik, Abteilung für medizinische Genetik UKBB, Departement Klinisch-Biologische Wissenschaften der Universität Basel kann man unter dem Titel «Forschung» Folgendes lesen:

> *Ethische Bewilligung der Basler Studie über familiäre Tumorkrankheiten*
> Unsere diversen Forschungsprojekte über Krebsveranlagungen, die im Rahmen der sog. Basler Studie über familiäre Tumorkrankheiten durchgeführt werden, wurden von der Ethikkommission beider Basel EKBB freigegeben. Die Expertenkommission für das Berufsgeheimnis in der medizinischen Forschung hat uns desweitern eine Sonderbewilligung zur Offenbarung des Berufsgeheimnisses im Sinne von Art. 321bis StGB[7] zu Forschungszwecken erteilt. Patientendaten können somit für Forschungszwecke verwendet werden. Den Patientinnen und Patienten steht das Recht zu, die Verwendung ihrer Daten für Forschungszwecke zu untersagen (sog. Vetorecht; s.a. Einverständniserklärung der Abt. Medizinische Genetik).

Laut der Sonderbewilligung zur Offenbarung des Berufsgeheimnisses zu Forschungszwecken im Bereich der Medizin und des Gesundheitswesens der Expertenkommission für das Berufsgeheimnis in der medizinischen Forschung vom 23. April 2007 ist den Bewilligungsnehmern Folgendes erlaubt:

a) Den frei praktizierenden, den klinisch oder in Laboratorien tätigen Ärztinnen und Ärzten sowie den Leiterinnen und Leitern von Krebsregistern wird die Bewilligung erteilt, den Bewilligungsnehmern zum Zwecke der Durchführung des unter Ziffer 3 genannten Projektes Daten von Tumorpatientinnen und -patienten bekannt zu geben, die durch eine nachgewiesene oder vermutete familiäre Tumorprädisposition belastet sind und nicht um ihre Einwilligung zur Verwendung ihrer Daten ersucht werden konnten, weil sie verstorben oder nicht auffindbar sind.
b) Mit der Bewilligungserteilung entsteht für niemanden die Pflicht zur Datenbekanntgabe.

7 StGB Strafgesetzbuch.

Die Bewilligung sagt nichts darüber, ob die Forschenden Anstrengungen unternehmen müssen, um die Tumorpatientinnen und -patienten aufzufinden. Man kann davon ausgehen, dass sie sich mit der Suche nicht allzu sehr aufhalten werden. Vor allem aber wird nicht weiter umschrieben, was für Daten mit einbezogen werden dürfen. Es ist anzunehmen, dass die Forschenden auch genetische Daten erheben werden, sofern solche vorhanden sind.

Gesundheitswissen, welches aus Patientendaten und Daten gesunder Menschen entwickelt wird, hat in jüngerer Zeit rasant an Bedeutung gewonnen. Es wird reklamiert als Grundlage für die Evidence based medicine (EBM) und vor allem für die Vorhersage und Prävention von symptomatischen Erkrankungen im klinischen Bereich, aber auch für die Entwicklung evidenzbasierter Präventionsstrategien und Gesundheitspolitiken im Bereich der Bevölkerungsgesundheit. In beiden Bereichen hofft man, mit empirisch und statistisch erhärtetem Wissen rationaler handeln zu können. Parallel dazu ist die Menge an Gesundheitsdaten – anonymisierten und personenbezogenen – gewachsen, die im Rahmen von Forschungsprojekten und empirischen Erhebungen gesammelt werden. Noch ist undeutlich, warum die Allgemeinheit ein Interesse an der Unmenge von Daten haben soll, die dabei anfallen. Ob eine vermehrt evidenzbasierte klinische Medizin und Prävention qualitativ besser und (kosten)effizienter sein wird als die bisher praktizierte, bleibt abzuwarten. Und ob evidenzbasierte Massnahmen für die Bevölkerungsgesundheit diese verbessern würden, ist offen.

Sicher aber ist, dass das Sammeln und Bearbeiten von Daten über die Gesundheit individueller Menschen zahlreiche ethische und gesellschaftliche Fragen aufwirft: Welche Auswirkungen hat das Wissen um seinen Gesundheitszustand und gesundheitsrelevante Veranlagungen für den betroffenen Menschen? Wie gehen wir mit den gewonnenen Daten um? Wie können Missbräuche eingeschränkt bzw. verhindert werden?

Besonders schwierige Fragen werfen genetische Untersuchungen auf, welche die bereits bestehenden diagnostischen Methoden ergänzen. Sie beruhen auf den Kenntnissen des menschlichen Erbguts und liefern zusätzliche Informationen zu den Ursachen von Krankheiten und zu den Veranlagungen einzelner Menschen, krank zu werden. Resultate genetischer Untersuchungen erlauben insbesondere Vorhersagen über lange Lebenszeiträume und können Auskünfte über genetisch bedingte Eigenschaften von Familienangehörigen beinhalten und für Dritte – zum Beispiel im Arbeits- und Versicherungsbereich – von Interesse sein. Der Bundesgesetzgeber hat sich deshalb dieser Fragen angenommen und ein Bundesgesetz über genetische Untersuchungen beim Menschen (GUMG; in Kraft seit 1.4.2007) verabschiedet. Das Gesetz bezweckt, die Menschenwürde und die Persönlichkeit zu schützen, missbräuchliche genetische Untersuchungen und die missbräuchliche Verwendung genetischer Daten zu verhindern sowie die Qualität der genetischen Untersuchungen und der Interpretation ihrer Ergebnisse sicherzustellen. Namentlich die Bestimmungen im Arbeits- und Versicherungsbereich dienen im Wesentlichen dem Zweck, Diskriminierungen aufgrund des Bestehens von genetischen Krankheiten zu verhindern. Das GUMG bestimmt, unter welchen Voraussetzungen genetische Untersuchungen beim Menschen durchgeführt werden dürfen, und zwar insbesondere im Medizinal-, Arbeits-, Versicherungs- und Haftpflichtbereich (vergleiche Botschaft BBl 2002, 7361ff.). Es regelt ferner die Erstellung von DNA-Profilen zur Klärung der Abstammung oder zur Identifizierung von Personen. Die Verwendung von DNA-Profilen im Strafverfahren und zur Identifizierung von unbekannten oder vermissten Personen regelt das DNA-Profil-Gesetz. Zentraler Bestandteil dieses Gesetzeswerks ist die Regelung der pränatalen genetischen Untersuchungen. Spezifische Regeln enthält das GUMG für genetische Untersuchungen im medizinischen Bereich (Art. 10ff.), im Arbeitsbereich (Art. 21ff.), im Versicherungsbereich (Art. 26ff.), im Haftpflichtbereich (Art. 29ff.) und für DNA-Profile zur Klärung der Abstammung und Identifizierung. Die besonderen Regeln sind inhaltlicher Art und regeln insbesondere die zulässigen Zwecke. Im medizinischen Bereich dürfen genetische Untersuchungen nur zu medizinischen Zwecken durchgeführt werden. Im Entwurf des Bundesrates waren noch Zwecke der Lebensplanung der zu untersuchenden Person oder der Familienplanung enthalten. Diese Zwecke wurden aber aufgrund des Gefährdungspotentials, das mit dem Begriff Lebensplanung einhergeht (Stichwort Eugenik), verworfen.

Genetische Untersuchungen illustrieren beispielhaft die Probleme, welche die Entwicklung von Gesundheitswissen mit sich bringt. Eines der zentralen Probleme ist, wie weit die individuelle Selbstbestimmung geschützt werden soll. Das Grundrecht der persönlichen Freiheit enthält unter anderem ein informationelles Selbstbestimmungsrecht; und Art. 13 Abs. 2 BV sagt: «Jede Person hat Anspruch auf Schutz vor Missbrauch ihrer persönlichen Daten.» Wie weit darf der Einzelne wissen, dass Gesundheitsdaten über ihn gesammelt und weiter verwendet werden? Wie weit darf er dies ablehnen? Und mehr noch: Wie weit darf er es ablehnen, Informationen bezüglich seiner Gesundheit zu erfahren, wenn diese erhoben worden sind?

Im GUMG hat der Gesetzgeber grossen Wert auf die individuelle informationelle Selbstbestimmung gelegt. Das Gesetz enthält unter anderem folgende allgemeine Grundsätze für die Durchführung genetischer Untersuchungen:

- Genetische Untersuchungen dürfen nur mit Zustimmung der betroffenen Person (informed consent) oder, bei Urteilsunfähigkeit, deren Rechtsvertreter, durchgeführt werden. Die Zustimmung kann jederzeit widerrufen werden;
- ein Recht auf Nichtwissen (Art. 6), das von der Ärztin / vom Arzt dann durchbrochen werden darf, wenn für die betroffene Person oder für den Embryo oder den Fötus eine unmittelbare physische Gefahr besteht, die abgewendet werden könnte (Art. 18 Abs. 2);
- den Schutz genetischer Daten: die Bearbeitung genetischer Daten untersteht dem Berufsgeheimnis nach StGB und den Datenschutzbestimmungen des Bundes und der Kantone;

Ausser in den im Gesetz explizit geregelten Teilbereichen ist das GUMG nicht auf genetische Untersuchungen zu Forschungszwecken anwendbar. In diesen Bereichen bleibt nur die allgemeine Datenschutzgesetzgebung. Gemäss Datenschutzrecht gelten Gesundheitsdaten als besonders sensible Daten, weil sie einen engen Bezug zur Persönlichkeit des Einzelnen haben. Künftig soll ein eidgenössisches Humanforschungsgesetz Schutz bieten; gemäss dem bereits erwähnten Entwurf für einen neuen Art. 118a BV soll es die Selbstbestimmung der betroffenen Personen weitgehend schützen.

Auf dem Papier misst der Gesetzgeber dem informationellen Selbstbestimmungsrecht also ein hohes Gewicht zu. Die Praxis sieht bekanntlich ganz anders aus. Es ist inzwischen auch öffentlich bekannt, wie nachlässig vielerorts auf Versorger- ebenso wie auf Versichererseite mit Patientendaten umgegangen wird. Medizinische Daten werden zwischen Leistungserbringern und Krankenversicherern im Zeichen der Wirtschaftlichkeitskontrolle im grossen Stil verschoben. Daten aus klinisch-medizinischen Forschungsuntersuchungen werden an Sponsorfirmen, an Drittfirmen und an wissenschaftliche Einrichtungen in der Schweiz und im Ausland weitergegeben; oft geschieht dies mit Genehmigung der Ethikkommissionen für klinische Versuche an Menschen. Besonders problematisch aber ist, dass die im Eingangsbeispiel erwähnte Expertenkommission für das Berufsgeheimnis in der medizinischen Forschung dazu übergegangen ist, die Erhebung und Bearbeitung von personbezogenen Patientendaten ohne Einwilligung nicht nur für wohlbegründete konkrete einzelne Forschungsvorhaben, sondern als sogenannte Klinikbewilligungen universitären Instituten pauschal für die dort durchgeführte Forschung und neuerdings ganzen medizinischen Fakultäten ebenso pauschal zu erteilen.

Das informationelle Selbstbestimmungsrecht wird in der Praxis von Behörden und interessierten Privaten vielerorts als Hindernis für die Verbesserung der Wirtschaftlichkeit und die Kosteneindämmung im Gesundheitswesen, als Störung komplexer Wissensmanagement-Prozesse, als Vereitelung der Evidenzbeschaffung für die medizinische Qualitätssicherung und Innovation ebenso wie für eine wirkungsvolle Verbesserung der Bevölkerungsgesundheit wahrgenommen. Gegenüber solchen Anliegen wird ihr wenig Gewicht beigemessen. Und die rechtlichen, vor allem aber die praktischen Möglichkeiten des Einzelnen, sein Selbstbestimmungsrecht trotzdem durchzusetzen, sind bescheiden.

7. *Bevölkerungsgesundheit und selbstbestimmte Lebensführung (persönliche Freiheit) – Beispiel Folsäureanreicherung von Getreidemehl*

Eine weitere neue Entwicklung betrifft das öffentliche Interesse an einer guten Gesundheit von Bevölkerungsgruppen und der Gesamtbevölkerung. Ein Beispiel zur Illustration:

> Mitte der Neunziger Jahre und vor einigen Jahren erneut prüfte das BAG aufgrund von Expertenberichten, ob es möglich und zulässig sei, dem Getreidemehl erhöhte Folsäuredosen zuzufügen. Die Anreicherung eines Grundnahrungsmittels wäre ein einfacher, passiver und kostengünstiger Weg, um die Folat-Einnahme von Frauen im gebärfähigen Alter zu steigern. Damit könnte man erreichen, dass Frauen mit genügend Folsäure versorgt werden. Ein Folsäuremangel vor und während der Schwangerschaft kann zu Neuralrohrdefekten beim neugeborenen Kind führen. Die Folgen sind ein offener Rücken (Spina bifida), aber auch andere Missbildungen wie Gaumenspalten, Fehlbildungen an Herz, Harnwegen und Gliedmassen oder zu Untergewicht bei der Geburt. Weltweit rechnet man mit total bis zu 400'000 betroffenen Kindern mit NRD. Jährlich treten beispielsweise in den USA zwischen 2'500 und 3'000 Fälle auf, in der Schweiz sind es schätzungsweise 80, von welchen ca. 60 pränatal diagnostiziert und die Schwangerschaften abgebrochen werden. Mit ca. 20 Fällen pro Jahr ist das Risiko im Vergleich mit anderen Ländern tief. Man weiss, dass es spezifische Risikogruppen gibt, namentlich Frauen aus sozialen Unterschichten, Migrantinnen und Raucherinnen. Erhöhte Folsäuregaben vermöch-

ten das Risko nicht auszuschliessen, aber erheblich zu senken. Darüber hinaus gibt es Hypothesen, wonach sie auch eine Schutzwirkung gegen gewisse Krebstypen, Schlaganfälle, Herzanfälle, Gemütskrankheiten, Demenz und anderes haben könnten; erforscht ist aber nichts davon. Auf der anderen Seite können erhöhte Folsäuregaben einen Vitamin B12-Mangel maskieren, der, wenn er unbehandelt bleibt, zu neurologischen Symptomen und Schädigungen führt. Eine Kombination von Folsäure mit Vitamin B12 müsste gleichzeitig Vitamin B 6 einschliessen, weil alle drei im Stoffwechsel des Kreislauf- und Herzkrankheits-Risikofaktors Homocystein involviert sind und das Gleichgewicht zwischen den drei Vitaminen nicht gestört werden sollte. Es ist allerdings unbekannt, ob solche Kombinationsgaben gesundheitlich unschädlich sind.

Das BAG hat bisher auf die Massnahme verzichtet.

Im 19. Jahrhundert war die Bevölkerungsgesundheit vom Polizeigut der öffentlichen Gesundheit noch kaum unterschieden. Man beschränkte sich zu ihrem Schutz auf Interventionsziele und -massnahmen, die polizeilichen Charakter hatten. Nicht umsonst sprach man von «Seuchenpolizei». Im Zentrum stand die Bekämpfung übertragbarer Krankheiten. Der Bundesrat sprach, martialisch, von der «Verteidigung gegen die Invasion von Krankheiten», von der «Gefahr der Ausbreitung von Seuchen» (330 f.; NB: nach dem Krieg) oder von einer «einheitlichen Organisation des Abwehrdienstes» (331)[8]. Wie im Rahmen der Gesundheitspolizei ordnete man die individuelle Freiheit dem Schutz der Bevölkerungsgesundheit weitgehend unter. Dies widerspiegelte sich auch im Epidemiengesetz des Bundes, dessen Konzeption im Wesentlichen auch das heute geltende eidgenössische Epidemiengesetz noch prägt. Das Gesetz enthält Grundlagen für die Informationssammlung und -verbreitung, darüber hinaus aber fast ausschliesslich für Zwangsmassnahmen zur Abwehr von Gefahren für das früher dargestellte Polizeigut der öffentlichen Gesundheit.

Heute spricht man von Bevölkerungsgesundheit oder «Public health». Aus der noch ununterschiedenen präventivpolizeilichen Seuchenbekämpfung bildete sich zunächst die aus dem 19. und frühen 20. Jahrhundert stammende «Old public health»-Version, die sich auf die Verbesserung der Hygiene in den wichtigsten Lebensbereichen und eben die Bekämpfung übertragbarer Krankheiten konzentrierte. Sie gilt unter den Public health-Spezialisten heute als überholt.

8 Siehe auch Botschaft 330: «Wir müssen uns gegenwärtig gegen die Invasion von Krankheiten verteidigen, mit denen wir uns früher sozusagen gar nicht zu beschäftigen hatten» (wie z. B. epidemische Ruhr bzw. Dysenterie).

Seither sind neue übertragbare Krankheiten wie HIV, SARS oder die Vogelgrippe hinzugekommen. Zudem haben sich die immer zahlreicher werdenden «Public health»-Experten die Verhütung anderer, nicht übertragbarer Krankheiten wie beispielsweise Krebs- oder Herz-Kreislauf-Erkrankungen vorgenommen. Und sie nehmen sich auch anderer Probleme mit gesundheitlichen Auswirkungen an: Heroinabgabe, Rauchverbote oder die Suizidprävention («Public health-medicine»), aber auch Kampagnen und Massnahmen zur Gesundheitsförderung wie Bewegung und Sport, Ernährungsprogramme, Gesundheitsförderung am Arbeitsplatz und Ähnliches («Public health-promotion»). All diese Aktivitäten laufen unter dem Titel «New public health».

Beim Auftreten von HIV haben die verantwortlichen Behörden darauf verzichtet, die Zwangsmassnahmen des Epidemiengesetzes anzuwenden. Dies wäre in vielen Fällen ohnehin unverhältnismässig gewesen. Sie taten es aber nicht deswegen, sondern weil sie eine ganz andere Public health-Politik verfolgten als die im Epidemiengesetz vorgesehene, nämlich eine auf Eigenverantwortung und Freiwilligkeit bauende Politik – durchaus mit grossem Erfolg, wie man rückblickend feststellen kann. Sie haben also der Freiheit den Vorzug gegeben, allerdings weitgehend ohne hinreichende rechtliche Grundlagen, weil es solche eben nicht gibt. Das macht die ganze Aids-Politik und -Strategie natürlich angreifbar. Aber längst nicht alle Public health-Experten teilen diese Haltung; viele zeigen keine Sensibilität für die Bedeutung individueller Freiheit. SARS, Vogelgrippe und Ähnliches, aber auch die Entwicklung der internationalen Krankheitsbekämpfungspolitik, haben die zuständigen Instanzen veranlasst, eine modernere Krankheitsverhütungsgesetzgebung vorzubereiten. Es bleibt abzuwarten, welche Haltung darin zum Tragen kommt.

In diesem Kontext ist das Beispiel der Anreicherung des Getreidemehls mit erhöhten Mengen Folsäure zu sehen. Im Interesse einer oder allenfalls verschiedener Bevölkerungsgruppen sollen der Gesamtbevölkerung zwangsweise Stoffe verabreicht werden, welche Krankheiten vorbeugen sollen und daher die Funktion von Heilmitteln haben. Ein anderes Beispiel bildet die Anreicherung des Trinkwassers mit Fluor, die im Kanton Basel-Stadt während einiger Jahre behördlich verordnet war. Dabei handelt es sich um Zwangsmassnahmen gegenüber der Gesamtbevölkerung, wie das Bundesgericht ausdrücklich gesagt hat; denn dem Einzelnen bleibt kaum eine Wahl, ob er Trinkwasser oder mehlhaltige Lebensmittel konsumieren will. Die individuelle Freiheit wird dabei ignoriert; das Ziel, die Gesundheit einer bestimmten Bevölkerungsgruppe zu schützen, erhält Vorrang. Dass es auch freiheitsfreundlichere Lösungen gibt, zeigt die höchst erfolgreiche Kochsalz-Jodierung; wir haben im Laden ja die Wahl, jodiertes oder nichtjodiertes Salz zu kaufen. Sowohl dem Gesundheitsanliegen – der Kropfverhütung – als auch der individuellen Freiheit wird Rechnung getragen. Das Folsäure-Beispiel zeigt aber noch etwas Weiteres: nicht nur die individuelle Freiheit würde bei der Anreicherung eines Grundnahrungsmittels mit erhöhten Folsäurezugaben hintangestellt, sondern auch die individuelle Gesundheit einzelner Personen mit verdeckten Vitamin B12-Mängeln.

Als Fazit lässt sich festhalten: Die Bundesgesetzgebung anerkennt öffentliche Interessen der Bevölkerungsgesundheit bis dahin eher punktuell, und das Bundesgericht eher vage. Unter den Akteuren, die solche Interessen befürworten, durchsetzen und sich für ihre Tätigkeit auf die Fahne schreiben, zeichnet sich ein Widerstreit zwischen zwei grundlegend verschiedenen Auffassungen von der Bevölkerungsgesundheit ab: einer freiheitsblinden Auffassung, die man als Old public health oder Public health medicine etikettieren kann, und die nicht nur die Selbstbestimmungsanliegen, sondern auch die Schutzbedürfnisse des Einzelnen tendenziell unter den Tisch fallen lässt; und einer freiheitsfreundlichen Auffassung, welche auf die Verantwortung und Selbstbestimmung der betroffenen Personen setzt und vom Staat nur Ermöglichungsbedingungen für eine privatautonom zu verwirklichende Bevölkerungsgesundheit erwartet. Zur Zeit scheint es, als ob die erstgenannte Auffassung im Aufwind sei.

Schluss: Dialektik im Recht und ihre Konsequenzen für gesundheitliche Prozesse

Halten wir inne in unserem Eilmarsch durch die Spannungsfelder zwischen Gesundheit und individueller Freiheit. Es gäbe noch mehr davon. Aber was die Beispiele illustrieren sollten, ist sicher deutlich geworden:

In der klinischen Gesundheitspflege, die auf der Mikroebene angesiedelt ist und die Gesundheit konkreter, individueller Menschen im Auge hat, hat die individuelle Freiheit vor allem in der zweiten Hälfte des letzten Jahrhunderts verfassungsrechtlich an Bedeutung gewonnen. Gesundheitsfachpersonen haben das Recht, ihre berufliche Tätigkeit und Laufbahn weitgehend selber zu bestimmen. Fürsorgebedürftige Personen haben auch dann, wenn ihre Freiheit im Interesse ihres gesundheitlichen Wohls eingeschränkt wird, erhebliche Selbstbestimmungsmöglichkeiten. Und Patienten entscheiden nicht nur frei, ob sie einer medizinisch vertretbaren und empfohlenen Behandlung zustimmen wollen, sondern sollen in Gestalt der Aufklärung auch Grundlagen erhalten, die eine echt selbstbestimmte Entscheidung erst möglich machen. Vor allem die Berufsfreiheit und die persönliche Freiheit spielen dabei eine wichtige Rolle. Beides sind menschenrechtlich begründete Rechte. Die öffentliche Gesundheit, das gesundheitliche Wohl und eine allfällige objektivierte individuelle Gesundheit werden nicht (mehr) als so wichtig eingestuft, dass sie gegenüber den grundrechtlich geschützten Anliegen immer überwiegen würden.

Wenn wir aber Felder der Gesundheitspflege in den Blick fassen, die nicht auf einzelne Personen, sondern auf überindividuelle oder unpersönliche Anliegen ausgerichtet sind, sehen wir, dass die individuelle Freiheit stark unter Druck steht. Public health-Vorkämpfer gleich welcher Couleur – ob «Old» oder «New», ob «Medicine» oder «Promotion» – und die Heerscharen, die ihnen inzwischen folgen und mit aller Energie ihre Scharmützel ausfechten und Siege auf dem Feld der Bevölkerungsgesundheit suchen, zeigen mehrheitlich wenig Sensibilität für die Anliegen individueller Freiheit. Ähnliches gilt mit Bezug auf die medizinische und anderweitig gesundheitsbezogene Forschung an Menschen, die Gesundheitswissen produziert. Beide, die Bevölkerungsgesundheit und das Gesundheitswissen, scheinen so wichtige kollektivbezogene Güter zu sein, dass gegenläufige individuelle Bedürfnisse und Ziele irrelevant sind.

Es ist, als ob wir in diesen beiden zuletzt genannten Feldern in einem anderen verfassungsrechtlichen Zeitalter leben würden. Die Spannung zwischen Gesundheit und individueller Freiheit hat ja eine lange Geschichte. Gegen die alte, staatspaternalistische «Gesundheitspolicey» (unter anderem) setzte sich in der zweiten Hälfte des 19. Jahrhunderts die altliberale, bürgerliche individuelle Freiheit durch; Freiheit und Eigentum hiess damals die Parole. Die Wirtschaftsfreiheit verlangte, dass die Reste der alten Zunftstrukturen und obrigkeitlichen Staatlichkeit beseitigt würden. Dies gelang sicher nie vollständig. In der ersten Hälfte des 20. Jahrhunderts wurden Schattenseiten so deutlich, dass man begann, individuelle Freiheit im Zeichen der Wohlfahrt zurückzubinden. Voll ausgebaut wurde vieles davon erst in der zweiten Hälfte des 20. Jahrhunderts, wie beispielsweise unsere Sozialversicherungswerke, der Arbeitnehmer- oder der Mieterschutz und Ähnliches. Doch während der gleichen Zeit setzte bereits eine Gegenbewegung in die andere Richtung ein; menschenrechtlich begründete, personbezogene Freiheits- und Schutzrechte wurden in das Verfassungsrecht aufgenommen, zum Teil als ungeschriebenes Recht wie insbesondere die persönliche Freiheit. Es ist diese Entwicklung, welche sich in der wachsenden Bedeutung individueller Freiheit in der klinischen Gesundheitspflege niederschlägt. Wo hingegen die auf Bevölkerungsgesundheit und Gesundheitswissen ausgerichtete Gesundheitspflege steht, ist unklar. Manches deutet darauf hin, dass die alten Wohlfahrtsvorstellungen weiterwirken, etwa die gesundheitliche Ungleichheit bekämpft werden soll; andere Zeichen künden von einer neuen Idee: einem «Healthismus», welcher die individuelle Freiheit beiseite schiebt.

Unter Gerechtigkeitsaspekten ist jede Einseitigkeit verwerflich. Es ist genauso ungerecht, die individuelle Freiheit zu verabsolutieren, wie dies in der neoliberalen Politik geschieht, wie es ungerecht ist, mit «healthistischer» Politik Kollektivanliegen der Gesundheit auf Kosten individueller Freiheit zu verwirklichen. Beides nimmt ideologische Züge an, wenn es zur Legitimierung staatlicher Machtausübung dient. Würden sich staatliche Instanzen – und hier denke ich besonders an die Gesundheitsbehörden auf kantonaler und auf Bundesebene – einseitig entweder Freiheits- oder Gesundheitsanliegen verschreiben, würden sie sich ausserhalb von Gerechtigkeitsüberlegungen bewegen.

Das geltende Verfassungsrecht enthält in seiner ganzen Vielfältigkeit Grundlagen für beide Anliegen, obwohl diese Anliegen oft gegenläufig sind. Gerade diese Gegenläufigkeiten zwischen verfassungsrechtlichen Gütern und Prinzipien sind unabdingbar, damit die Frage nach der Gerechtigkeit des Rechts immer wieder neu gestellt ist und beantwortet werden muss; sie ist unerlässlich, damit das Recht in Bewegung bleibt und auch den sich verändernden Wertvorstellungen der Bevölkerung immer wieder gerecht wird. Rechtliche Gerechtigkeit ist ein Prozess, in welchem immer wieder neu versucht werden muss, eine dem jeweiligen Problem angemessene Synthese zwischen gegenläufigen verfassungsrechtlich anerkannten Gütern zu bilden.

Diese Dialektik verfassungsrechtlicher Gerechtigkeit wiederum ist eine notwendige Voraussetzung, damit die Dialektik gesundheitlicher Prozesse ihren Gang nehmen kann. Denn auf verschlungenen, von aussen nicht immer überblickbaren Wegen, bestimmen verfassungsrechtliche Anforderungen das einfache Recht, das heisst Gesetzes- und Verordnungsrecht, Verwaltungs- und Gerichtsentscheidungen und auch vertragliche Regelungen. Und das einfache Recht wiederum prägt die gesundheitlichen Prozesse.

Diese verlaufen anders, je nachdem, wie die therapeutischen Tätigkeiten geregelt sind, welche Massnahmen für das gesundheitliche Wohl fürsorgebedürftiger Personen rechtlich erlaubt oder geboten sind, wie die Verantwortung im Behandlungsverhältnis zwischen behandelnden Gesundheitsfachpersonen und Patienten aufgeteilt wird, welche Freiheitseinbussen für Gesunde und Kranke zur Verbesserung der Bevölkerungsgesundheit rechtlich als hinnehmbar gelten, oder welche gesundheitlichen Risiken und Beeinträchtigungen den Versuchspersonen im Interesse der Gesundheitsforschung rechtlich zugemutet werden.

Es ist zu wünschen, dass in allen staatlichen Entscheidungen immer das andere, Gegenläufige anerkannt wird, als die andere Seite, die mit einbezogen werden muss, damit Gesundheit und individuelle Freiheit gerecht verwirklicht werden.

MARC RUFER

Nachdenken über die Psychiatrie

Professor Carrel zeigt in seinem Beitrag (S. 181), dass sogar in seinem Fach, der Herzchirurgie, das auf hochkarätige Technik zwingend angewiesen ist, der Mensch, seine Sorgen und Ängste, seine Pflege, vermehrt im Zentrum der Aufmerksamkeit stehen sollten. Erstaunlich, dass genau dasselbe auch für die Psychiatrie, die Medizin der Seele (beziehungsweise die Seelenheilkunde), gesagt werden muss. Ein Fach, das daran ist, den Menschen, seine Sorgen und Ängste, seine Seele als wichtigstes Ziel seines Interesses zu vergessen, zu verlieren, zu übersehen.

Die Psychiatriekritik ist seit längerer Zeit immer leiser geworden, ja nahezu verstummt. Es ist der Psychiatrie in den letzten Jahren gelungen, ihr Image, das in den 1970er und 1980er Jahren doch schwer beschädigt war, ganz wesentlich zu verbessern. Den PsychiaterInnen[1] kam dabei eine Entwicklung zu Hilfe, an der sie in keiner Weise beteiligt waren: Der grosse Fortschritt der Neurobiologie. Die Neurobiologie boomt, Staat und Industrie investieren Milliarden. In den Medien werden die Befunde der Hirnforschung zu Riesenerfolgen aufgebauscht. Neurobiologisches Denken ist zu einer Selbstverständlichkeit geworden. Die Hirnforschung ist daran, sich zur neuen Gesellschaftslehre aufzuschwingen. In meinem letzten Artikel habe ich geschrieben, dass ein neue Mythologie entstanden sei – die Neuromythologie (Rufer 2006).

Und so sieht es aus – das neurobiologisch gestützte Weltbild der heutigen Psychiatrie:

> Alles, was wir fühlen, ist eben Chemie: seelenvoll in den Sonnenuntergang blicken, Liebe, Anziehung, was auch immer – alles sind biochemische Vorgänge, wir haben ein Labor im Kopf. (in: «Alles...» 2000, 54)

Dies eine international angesehene Stimme aus der Schweizer Psychiatrie, diejenige von Frau Professor Woggon aus Zürich. Der Mensch ist ihrer

1 Ich habe mich entschlossen, das so genannte Binnen-I zu verwenden. Beispielsweise so: PatientInnen oder PatientIn. Es soll darauf hinweisen, dass jeweils sowohl Frauen wie Männer gemeint sind.

Ansicht nach offensichtlich ein biologisches Objekt, gesteuert durch biochemische Prozesse: Die Maschine Mensch!

Das Tabu, das den ungetrübten und unvoreingenommenen Blick auf die Psychiatrie ohnehin bereits verhinderte, steht nun noch unverrückbarer da – als wäre es in Fels gemeisselt: «Wo man nicht weiter zu fragen wagt oder nicht einmal auf den Gedanken kommt, hat man es mit einem Tabu zu tun» (Mitscherlich 1977, 111). Das Tabu reguliert die Einstellung zu einem Sachverhalt wie eine Autorität, die keinen Widerspruch duldet. Das führt zu einer Denkhemmung, Erkenntnis wird verhindert.

Die Allgegenwart und der weitgehend unbestrittene Wahrheitsanspruch des neurobiologischen Denkens sind der eine Grund, dass die Psychiatriekritik verstummt, beziehungsweise mehr den je tabuisiert ist.

Es gibt einen weiteren: Obwohl viele Menschen gegenüber der Psychiatrie ein Unbehagen verspüren, wagen die wenigsten, es zu äussern. PsychiaterInnen gelten als Respektspersonen. Es herrscht Unsicherheit und Angst, schliesslich ist potentiell jede und jeder in Gefahr, irgendwann als psychisch «krank» diagnostiziert zu werden. Die PsychiaterInnen gelten als Experten, die den «Wahnsinn», beziehungsweise die «Geisteskrankheiten» sogar dann, wenn sie noch nicht ausgebrochen sind, diagnostizieren können.

Es gibt keine Wahrheiten

Es gibt keine Wahrheiten, davon bin ich überzeugt, und ich stehe mit dieser Ansicht keineswegs allein da.

Ich beziehe mich im Folgenden auf Autoren wie Michel Foucault, Ludwig Fleck und auch eine Denkrichtung, die als Konstruktivismus bezeichnet wird.

Wissen, auch wissenschaftliches Wissen, ist immer gesellschaftlich und historisch, das heisst durch wissenschaftsexterne Faktoren bestimmt. Jede soziale Gruppe ist in die gesellschaftliche Wirklichkeit eingebunden. Der Forscher, der Künstler, der Mensch kann nicht anders denken, als so, wie es sich aus den Einflüssen der sozialen Umwelt mit Notwendigkeit ergibt. Sie beeinflusst die Forschergemeinde – ihre Fragestellungen, ihre Beobachtungen, ihre Resultate. Das auf diese Weise entstandene Wissen erscheint als selbstverständlich, evident und wird nicht mehr hinterfragt. Aufgebaut wird dabei gleichsam eine Harmonie der Täuschungen (Fleck, 1980, XXIII).

So werde auch ich heute selbstverständlich keine Wahrheiten erzählen – sondern meine Meinung, mein Konstrukt, meine Täuschung vielleicht. Ich möchte jedoch anregen, versuchsweise Sachverhalte aus einem anderen, einem ungewohnten Blickwinkel zu betrachten. Ich möchte Sie gleichsam auf einen psychiatriekritischen Spaziergang mitnehmen. Doch was ich erzähle, ist mitnichten eine provokative Erfindung. Eigene Erfahrungen und Einschätzungen sind immer durch anerkannte Fachliteratur gestützt.

Wir sehen, was wir erwarten, das, was wir gelernt haben. Gegebenheiten, Merkmale, die im Erwartungshorizont des Beobachters nicht vorkommen, werden nicht wahrgenommen, Merkmale, die vom Beobachter erwartet werden, aber in Wirklichkeit nicht vorhanden sind, werden «halluziniert», beziehungsweise eben trotzdem gesehen. Diese Feststellung machte unter anderem der bekannte Kunsthistoriker Ernst Gombrich. Und da sind wir mitten in der Diskussion um den Segen oder Schaden der Psychiatrie. PsychiaterInnen sehen, beziehungsweise diagnostizieren genau das, was sie zuvor selbst als «Krankheits»-Bilder definiert haben. Sie sind in einem Zirkelschluss gefangen. Und sie handeln auf Grund dessen, was sie wahrnehmen, immer wieder auf dieselbe angelernte Art und Weise.

Wahrheit und Irrtum bilden keinen Gegensatz; von wahrem oder falschem Wissen sollte nicht gesprochen werden. «Wenn die Wahrheit und der Irrtum keinen Gegensatz bilden, dann kann die Wahrheit ein Synonym der Illusion, der Falle und des Betrugs sein oder werden.» (Ewald, 1978, 17) Wahrheit wird nicht gefunden, sie wird produziert, hergestellt. Wahrnehmung und das auf sie basierende Wissen ist Konstruktion und Interpretation. Wenn wir wahrnehmen, konstruieren wir laufend Sinn. Was wir wahrnehmen, hängt davon ab, wie wir es erklären. Und wie wir es erklären, wird nur zu oft von unseren Bewertungen bestimmt. Wir haben die Tendenz, nur das wahrzunehmen, was wir auch erklären können (beziehungsweise meinen, erklären zu können).

Es gibt immer verschiedene Möglichkeiten, Dinge, Sachverhalte, Zusammenhänge zu sehen, zu beurteilen. Dass sich die eine schliesslich durchsetzen kann, hängt vor allem vom gesellschaftlichen, dem politischen Gewicht derjenigen, die sie hergestellt haben, ab.

Wahrheit, Wissen dient einem Zweck, Wahrheit ist Macht, Wissen ist Macht.

Die Psychiatrie profitiert von den «Erfolgen» der Neurobiologie

Nicht vergessen werden darf, dass das, was heute als selbstverständliche Wahrheit akzeptiert wird, in beträchtlichem Ausmass von den Massenmedien bestimmt wird. Der erwähnte Boom der Neurobiologie, beziehungsweise der Hirnforschung, wird äusserst wirkungsvoll von den Medien begleitet: Da hat sich gewissermassen ein «Dreamteam» gefunden. Je sensationeller eine Entdeckung ist, desto grösser ist die Wahrscheinlichkeit, dass darüber berichtet wird. Insofern gibt es eine Versuchung für Forschende, gewisse Erkenntnisse aufzubauschen. Gleichzeitig tendieren die Medien selbst dazu, Informationen zuzuspitzen. Diese beiden Effekte verstärken sich gegenseitig. So sind denn die Visualisierungen der Neurobiologen, die so genannten bildgebenden Verfahren (Neuroimaging) zu neuen ikonischen Götzen geworden. Es ist kein Zufall, dass es Bilder sind, die diesen Boom ausgelöst haben. «Das Medium ist die Botschaft» (Marshall McLuhan). Die Wirkung dieser Bilder ist gewaltig. Es wird gesagt, man könne nun dem Geist bei der Arbeit zuschauen. Es hat gleichsam eine Überschreitung der Medialität hin zu einem Realitätserlebnis stattgefunden. Oder anders gesagt: Medium, beziehungsweise Bild und Wirklichkeit werden verwechselt: Dabei handelt es sich keineswegs um Abbildungen, die vergleichbar sind mit Fotografien oder Röntgenbildern. Sie kommen aufgrund von Computerprogrammen und interpretierten Messungen von Signalen zustande: Als Bilder dargestellte und eingefärbte Interpretationen von Messdaten – mehr nicht. Bestenfalls können Zentren oder Stellen im Gehirn bestimmt werden, die zu einem bestimmten Moment aktiv sind. Das ist alles. Dies ist, so die Feststellung von renommierten NeurowissenschafterInnen in ihrem Manifest aus dem Jahre 2004 (Monyer, 2004), «keine Erklärung im eigentlichen Sinne». Und dann schreiben sie den sehr ehrlichen Satz: «Das ist in etwa so, als versuchte man die Funktionsweise eines Computers zu ergründen, indem man seinen Stromverbrauch misst, während er verschiedene Aufgaben abarbeitet» (ebd.).

Doch diese Einwände zählen für die wissenschaftlich ausgerichteten PsychiaterInnen nicht. Für sie war die Entwicklung der bildgebenden Verfahren ein Glücksfall. Interessanterweise waren sie selbst der Meinung, dass ihrem Fach die wissenschaftliche Grundlage fehle. Dafür gibt es deutliche Hinweise, beispielsweise die folgende Aussage der bekannten Nancy Andreasen, Herausgeberin des angesehenen «American Journal of Psychiatry»:

> Nach ungefähr einem Jahrzehnt der Frustration fühlte ich mich wie ein Kind im Bonbonladen. Wo andere Menschen «Bilder vom Gehirn» sahen, erblickte ich quantitative Sonden, mit denen man in die Köpfe lebender Menschen hineingelangen und Messungen durchführen konnte. (Andreasen, 2002, 158)

Der Wirbel um die Neurobiologie hat die Möglichkeit, heute der Psychiatrie gegenüber einen kritischen Standpunkt entgegenzustellen, gleichsam weggepustet. Wenn – wie das heute mehr und mehr der Fall ist – das menschliche Bewusstsein, Gefühle, der vorhandene oder nicht vorhandene freie Wille neurobiologisch verstanden werden, wenn das psychoanalytische Gedankengebäude, ja die Philosophie und sogar der Glaube an Gott stehen und fallen mit dem Urteil der Neurobiologen, dann ist es kaum mehr erstaunlich, dass über die biologischen Grundlagen der psychischen Krankheiten und Sinn oder Unsinn der Psychopharmakotherapie nicht mehr diskutiert wird. Die Theorien und Modelle der biologischen Psychiatrie erscheinen nun als evident, sie werden nicht in Frage gestellt, auf ihnen wird aufgebaut, sie dienen als Grundlage für weitergehende Forschung. Die von Nancy Andreasen bereits 1990 festgestellte «revolutionäre Wende der Psychiatrie» hin zu einer Ausrichtung auf die biologische Tradition der Medizin (Andreasen 1990, 12) kann damit als abgeschlossen bezeichnet werden.

Die neurobiologischen «Wahrheiten» bestimmen das Denken des einzelnen Menschen

Doch die angesprochene «revolutionäre Wende» bestimmt nicht nur das Denken der PsychiaterInnen, nein ihr Impetus hat sich bis in die breite Bevölkerung fortgepflanzt. So gibt es denn heute beispielsweise kaum jemanden, der nicht davon gehört hat, dass die Balance der Neurotransmitter bestimmt, wie es uns geht, ob wir gesund sind oder «psychisch krank». Damit verbunden ist die weit verbreitete Überzeugung, dass psychische Probleme, ja sogar leichte Beeinträchtigungen der psychischen Befindlichkeit mit Psychopharmaka behandelt werden müssen.

Angst begleitet die heutigen Menschen auf ihrem Lebens- und Berufsweg. Es gibt keine gesicherten beruflichen Karrieren mehr. Nur noch kurzfristige Arbeitsverhältnisse werden angeboten. Flexibilität und Mobilität sind gefordert. Berufliches Scheitern droht nicht mehr ausschliesslich den

Unterprivilegierten, sondern auch der Mittelschicht. Das verhindert eine gefestigte Identität. Der Verlust von Arbeit führt nicht nur zu finanziellen Schwierigkeiten, sondern geht oft auch mit einem Rollen- und Prestigeverlust einher, was natürlicherweise die psychische Befindlichkeit verschlechtert und die Handlungsfähigkeit beeinträchtigt. Doch nicht nur das: Schon nur die Angst vor Arbeitsverlust führt verständlicherweise zu einer Abnahme der Lebensqualität und des Wohlbefindens. Viele Menschen fühlen sich heute schlecht, entmutigt, hoffnungslos.

Psychisches Leiden wird heute als beschämend, als verwerflich erlebt. Als Norm gilt seit dem Beginn der 1990er Jahre der erfolgreiche, selbstsichere, gesunde, das Leben geniessende Mensch. Jung, schön und erfolgreich hat Frau oder Mann zu sein, nicht depressiv. Von aussen gesehen sieht es so aus, als würden einige diese Vorgaben erfüllen. Dabei verwirklicht kaum jemand diese «Ideale». Die heutigen Menschen bewerten und kontrollieren sich selbst, verstehen sich bereits beim geringsten Anlass als «psychisch krank» und erachten ihr Elend als selbstverschuldet. Sie denken nicht an die notwendige Veränderung der gesellschaftlichen Situation, sondern nur an eine Behandlung mit Psychopharmaka, die ihnen dazu verhilft, wieder «normal» zu werden.

Die breite Akzeptanz des neurobiologischen Wissens hat also durchaus gesellschaftliche Folgen, sie ist Teil der gesellschaftlichen Produktion von Unbewusstheit (Mario Erdheim, 1982).

Der Krankheitsbegriff und die Psychiatrie

Doch gehen wir etwas systematischer vor: Zwei Bereiche sind es, mit denen die Psychiatrie mit ihren Konzepten und Theorien das heutige Denken und gleichzeitig den Alltag bestimmt: Die psychiatrische Diagnostik und die auf sie gründende Behandlung derjenigen, die diagnostiziert wurden, mit Psychopharmaka.

Die psychiatrische Diagnostik und die Psychopharmakotherapie sind eng miteinander verbunden.

Psychopharmaka – was sind eigentlich Psychopharmaka, wozu dienen sie?

Pharmaka für die Psyche. Was also sind Pharmaka (beziehungsweise Medikamente)? Biologisch aktive Substanzen, die Krankheitserscheinungen beseitigen, lindern oder verhüten. Psychopharmaka sind demgemäss biologisch aktive Medikamente, die Krankheitserscheinungen der Psyche beseitigen, lindern oder verhüten sollten. Es stellt sich somit eine wichtige Frage: Gibt es das – Krankheiten der Psyche? Sind Menschen, die stören, die psychisch leiden, krank? Sind diese psychischen Zustände, diese Verhaltensweisen gleichzusetzen oder vergleichbar mit Erkrankungen des Körpers?

Sicher ist, dass der Krankheitsbegriff die Psychiatrie ganz wesentlich bestimmt: Es besteht eine Abhängigkeit zwischen ÄrztIn, PatientIn und Krankheits-Begriff. Es wird vom therapeutischen Dreieck gesprochen. Der Krankheitsbegriff bestimmt die Beziehung zwischen den PsychiaterInnen und ihren PatientInnen. Und die Form und der Verlauf dieser Beziehung bestätigen wiederum den Krankheits-Begriff. Die Beziehung zwischen PsychiaterIn und PatientIn reproduziert täglich die ihr entsprechenden Krankheitsvorstellungen und damit die dazugehörigen Symptome. Davon wiederum wird die Legitimation dieser Beziehung abgeleitet (Erdheim, 1988, 68).

Schauen wir die psychiatrische Diagnostik etwas genauer an: Begriffe wie «Schizophrenie», «Depression», «Manie» sind aus dem allgemeinen Wortschatz nicht mehr wegzudenken, sie sind gleichsam mit magischer Kraft aufgeladen. Diagnosen, insbesondere die «Schizophrenie» sind zu Schlagworten geworden. Doch die magische Kraft des Schlagwortes übt seine Wirkung nicht nur auf Laien aus, sie reicht bis in die Tiefe spezialisierter Forschung, auch hochkarätige Wissenschaftler sind ihm unterworfen. Die Bedeutung derartiger Worte wird nicht mehr logisch geprüft, sie schaffen sich Freunde oder Feinde, sie werden geglaubt oder verworfen.

Heute sind die psychiatrischen Diagnosen – festgehalten in den beiden bedeutenden psychiatrischen Klassifikationssystemen – ICD-10, dem Klassifikationssystem der Weltgesundheitsorganisation (WHO) und DSM-IV, demjenigen der Vereinigung der US-amerikanischen PsychiaterInnen – die wichtigsten Instrumente für die Erstellung und Aufrechterhaltung der sozialen Ordnung und deren Kontrolle. Ihre grosse Bedeutung für die Psychiatrie wird dadurch illustriert, dass sie im Innern der Institution gelegentlich «Bibeln» genannt werden. Dass sie sich durchsetzen konnten hat wenig mit ihrer wissenschaftlichen Ausgewiesenheit zu tun; vielmehr handelt es sich um einen sozialen, einen ökonomischen und politischen Vorgang.

Die Charakterisierung von bestimmten Zuständen und Verhaltensweisen als «krank» oder «abnorm» ist eine soziale und moralische Definition, die Handlungsbedarf signalisiert und Interventionen initiieren und legitimieren soll – nötigenfalls gegen den Willen der Betroffenen. Die beiden psychiatrischen Klassifikationssysteme dienen einem Zweck und bilden die Grundlage für die praktisch unumgängliche Verabreichung von Psychopharmaka. Das zeigt sich unter anderem auch darin, dass beispielsweise mehr als der Hälfte aller Autoren des DSM Interessenskonflikte nachgewiesen wurden, das heisst, sie hatten finanzielle Verbindungen mit der Pharmaindustrie.[2]

ICD und DSM können gleichsam als Standardisierung des diagnostischen Blicks verstanden werden. Die PsychiaterInnen lernen symptomorientiert wahrzunehmen, zu denken. Die diagnostischen Konstrukte werden in ihrer Wahrnehmung zur «Wahrheit».

Die auf bestimmte, objektiv festzustellende Symptome fokussierte Diagnostik der beiden Klassifikationssysteme übersieht, dass das zentrale Kriterium für das Diagnostizieren einer Krankheit das subjektiv schlechte Befinden und das individuelle Gefühl der Hilfsbedürftigkeit sein müsste. Es wird über den Kopf der Betroffenen hinweg entschieden, ob ihr psychischer Zustand «änderungsbedürftig» ist.

Interessanterweise nun besteht unter Fachleuten Einigkeit darüber, dass in der Psychiatrie im Grunde gar nicht von «Krankheiten» gesprochen werden dürfte: «Von einer Krankheit spricht man erst dann, wenn Ursache, Symptomatik, Verlauf, Prognose und Therapie eines Störbildes bekannt und vereinheitlicht sind oder ein diesbezügliches Konzept vorliegt. Deswegen wurde in der ICD-10 der Begriff der *Störung* eingeführt, der sich vom Begriff der *Krankheit* abheben soll.» (Paulitsch 2004, 34, Herv. original). Und sogar in der Einleitung der ICD-10 selbst wird dies ausdrücklich festgehalten: «Der Begriff «Störung» (engl. disorder) wird in der gesamten Klassifikation verwendet, um den problematischen Gebrauch von Ausdrücken wie «Krankheit» oder «Erkrankung» weitgehend zu vermeiden.» (Dilling, 2005, 22) Auch im DSM-IV wird durchgängig der Begriff Störung verwendet – es nennt sich ja auch entsprechend: «Diagnostisches und Statistisches Manual Psychischer Störungen». Die beiden grossen psychiatrischen Klassifikationssysteme haben den Krankheitsbegriff eliminiert. Sogar die Autoren von ICD-10 und DSM-IV sind sich einig, dass das gesicherte Wissen dürftig ist, und zwar derart, dass im Bereich der Psychiatrie der Begriff «Krankheit» nicht verwendet werden dürfte. Schon nur diese Feststellung stellt die Zuständigkeit der Medizin für die Behandlung von «psychischen Störungen» grundsätzlich in Frage.

2 <http://www.aerzteblatt.de/v4/news/news.asp?id=23907>.

Psychiatrische Diagnosen werden immer wieder als Konstrukte, als soziale Konstrukte, bezeichnet. In der Zeitschrift *Psychiatrische Praxis* spricht Tilman Steinert von der Schizophrenie, der bekanntesten und wichtigsten Diagnose, die die Psychiatrie kennt, als «fiktiver, abstrahierter Idee einer Krankheit» (Steinert, 1998, 3). Psychiatrische Diagnosen werden zudem Konventionen, Konzepte, Sehmuster, Setzungen oder Vorstellungen genannt. Wie zur Bestätigung des offensichtlichen Unwissens im Bereiche der Psychiatrie schreibt der Sozialpsychiater Asmus Finzen: «Schizophrenie ist eine unverstandene psychische Störung.» (1993, 9) Und Daniel Hell kommt in seinem Artikel «Gibt es die Schizophrenie?» zum Schluss, «[…] dass es *die* schizophrene Erkrankung so nicht gibt» (1998, 51, Herv. orig.).

Noch weiter geht die bekannte englische Psychologieprofessorin Mary Boyle: Ihr Buch über die Schizophrenie trägt den Titel «Schizophrenia. A Scientific delusion?» (Boyle, 2002) (Der Begriff «delusion» bedeutet auf deutsch: Irreführung, Täuschung, Wahn, Wahnvorstellung).

Kaum etwas wissen die PsychiaterInnen also über das «Rätsel Schizophrenie» – so der Titel des Buches von Heinz Häfner (2000) – und dennoch machen sie dramatisierende Aussagen über ihr «Lieblingskonstrukt»: So schreibt Nancy Andreasen: «Die Schizophrenie ist vermutlich die grausamste und verheerendste der verschiedenen psychischen Erkrankungen» (2002, 234). Und Wulf Rössler, Psychiatrieprofessor in Zürich, sagte im Schweizer Fernsehen über die «Schizophrenie»: «Es ist eine ganz schwere, seelische Erkrankung, die über die Krankheit hinaus für die Betroffenen ganz dramatische Auswirkungen hat» (Rössler, 2001).

Andreasen und Rössler müssten sich überlegen, wie sich ihre Aussagen auf die Betroffenen auswirken. Als sich selbst erfüllende Prophezeiung beeinflussen derartige Äusserungen und Überzeugungen ganz wesentlich Lebenssituation und Lebensverlauf von Menschen, die als «schizophren» diagnostiziert wurden.

Die Angst vor dem Fremden und Unverständlichen

Ich möchte nun noch etwas ausführlicher besprechen, was diese Konzentration der heutigen Psychiatrie auf Symptome, Diagnosen und die Behandlung mit Psychopharmaka bedeutet, was damit verpasst wird und was neben den Interessen der Pharmaindustrie letztlich die tieferen Gründe dafür sind, dass die Psychiatrie so funktioniert.

Selbstverständlich kann so keine gleichwertige Beziehung zwischen ÄrztIn und PatientIn entstehen. Vergessen wird dabei, dass nur dasjenige Wissen, das von der Vertrauensbeziehung zwischen zwei Menschen getragen wird, Bewusstheit – das Ziel jeder sinnvollen Psychotherapie – zu schaffen vermag.

Doch schauen wir die Sache etwas genauer an und beginnen mit zwei Zitaten aus dem Jahr 1979. Das erste findet sich in der 14. Auflage des sehr bekannten Lehrbuchs der Psychiatrie von Eugen Bleuler, das von seinem Sohn Manfred wiederholt neu bearbeitet wurde:

> Er (der Begriff der Geisteskrankheit, mr) ist an der persönlichen Erfahrung des gesunden Menschen mit sich selbst und mit seinen gesunden Mitmenschen gebildet. Wen man von dieser Erfahrung aus nicht mehr begreifen, nicht mehr dem eigenen Wesen verwandt empfinden kann, empfindet man als «fremd» (alienus), als aus dem Bereich der menschlichen Gemeinschaft entrückt und in anderen Bereichen festgerückt («verrückt») als geisteskrank oder psychotisch. (Bleuler, 1979, 117)

Hans Binder, ebenfalls 1979:

> [...] also nur normale Menschen können einander psychologisch völlig verstehen, sich restlos ineinander einleben und einfühlen. (Binder, 1979, 487)

Bleuler und Binder waren Chefärzte der beiden grossen psychiatrischen Kliniken im Kanton Zürich, der psychiatrischen Universitätsklinik Burghölzli und der kantonalen Klinik Rheinau.

Es gibt also Menschen, die wir nach Ansicht von führenden Psychiatern nicht verstehen können, oder besser, deren Verhalten aus unserer, der «Gesunden» Sicht, unverständlich ist. Dieses Verhalten, diese Menschen würden wir als fremd empfinden: «Alienus», ein interessantes Wort aus dem Lateinischen, bedeutet fremd, fremdartig, feindselig.

Fremd und geistesgestört, verrückt, diese Begriffe haben ganz offensichtlich viel miteinander zu tun.

Im frühen Christentum wurden Nichtchristen als alieni bezeichnet. Im Englischen bedeutet das Adjektiv alien fremd, fremdartig, fremdländisch, nicht angemessen, ausserirdisch, das Substantiv alien der Ausländer, der Fremde, der Ausserirdische und ausserirdisches Wesen, alienist Psychiater und alienism Geisteskrankheit.

Im Französischen meint das Adjektiv aliéné geisteskrank, geistesgestört, das Substantiv aliéné der Geistesgestörte, der Geisteskranke, das Substantiv aliénation Entfremdung, Übertragung, Umnachtung, Verfremdung, aliénist Psychiater und maison d'aliénés Irrenanstalt.

So ist denn viel Ähnlichkeit in unserem Verhalten, unserer Reaktion auf «Irre» und Fremde zu beobachten. Ich habe mich damit in meinem Artikel «Ethnischer und Psychiatrischer Rassismus im Vergleich», der in meinem Buch «Wer ist irr?» (Rufer, 1991) erschienen ist, auseinandergesetzt.

Eine traurige Tatsache, die diesen Zusammenhang bestätigt, zeigt sich darin, dass dem Genozid an den Juden im NS-Staat die Ermordung von Insassen der psychiatrischen Anstalten und weiteren Institutionen voraus ging. Insgesamt wurden weit über 200'000 Geisteskranke, Asoziale und Aussenseiter umgebracht. Nur ein Staat, der bereits seine eigenen «minderwertigen» Elemente ausgemerzt hatte, konnte sich offensichtlich das Ziel setzen, eine ganze fremde, als minderwertig betrachtete Rasse zu vernichten.

Was anders ist, was wir nicht kennen, nicht verstehen, wirkt fremd beziehungsweise «irr» auf uns. Doch das Fremde ist für uns nicht nur das Andersartige, Ungewöhnliche und Unvertraute, oft ist es auch das Unbeherrschbare.

Das Bild dessen, was fremd ist, entsteht sehr früh in der Kindheit, fast gleichzeitig mit dem Bild dessen was einem am vertrautesten ist, mit dem Bild der Mutter. Das Fremde ist vorerst einmal die Nicht-Mutter, und die bedrohliche Abwesenheit der Mutter lässt Angst aufkommen. Angst wird auch später mehr oder weniger mit dem Fremden assoziiert bleiben, und es bedarf immer einer Überwindung der Angst, um sich dem Fremden zuzuwenden.

Alles, was an Eltern, Geschwistern und an einem selbst bedrohlich ist oder war, sammelt sich allmählich im Bild des Fremden. Es entwickelt sich im Laufe der Zeit gleichsam zu einem «Monsterkabinett des verpönten Eigenen». (Erdheim, 1993, 167) Nicht das Fremde oder «Irre» an sich ist gefährlich, die Angst ist vielmehr das Ergebnis einer durch die Begegnung mit Fremden ausgelösten Regression. Regression und Angst sind eng miteinander verbunden. In der Regression sind wie im Traum oder beim Weinen, bestimmte Kontrollmechanismen ausser Kraft gesetzt; gleichzeitig sind frühkindliche Erlebnisweisen, Affekte und Erinnerungen wiederbelebt. Regressionserscheinungen sind immer mit partiellem Realitätsverlust, Orientierungslosigkeit und Wahrnehmungsverzerrungen verbunden (Rohr, 1993, 140).

Nun sind regressive Zustände jedoch eine alltägliche Erscheinung. Verliebtheit beispielsweise ist ohne regressive Prozesse nicht denkbar. Die Regression kann also durchaus als angenehm erlebt werden. Sie steigert jedoch auch unsere Verletzlichkeit und Verwundbarkeit. Dies ist besonders dann der Fall, wenn wir mit Menschen, deren Verhalten unverständlich erscheint, in Kontakt kommen. Unverarbeitete, eventuell schmerzhafte Anteile der eigenen Lebensgeschichte lösen diese Emotionen aus. Die Auseinandersetzung mit dem Unverständlichen – so wir sie denn zulassen – führt zu Konflikten, die mit der eigenen Identität verbunden sind.

Auch eine Störung der Wahrnehmung ist Teil der Regression und damit auch der Fremdwahrnehmung. Das heisst also: Die Begegnung mit Betroffenen in der Psychiatrie bewirkt, insofern wir sie nicht verstehen und wir uns dem näheren Kontakt mit ihnen nicht entziehen können, praktisch zwingend eine Veränderung, eine Einschränkung, eine Verzerrung unserer Wahrnehmung der Realität, was die Reaktionsspielräume erheblich einschränkt.

Gründe also dafür, dass der Kontakt mit Menschen, die wir nicht verstehen können, Angst und Unsicherheit auslösen kann. Doch da gibt es eben auch noch etwas anderes. Die mit der Regression verbundenen Emotionen und Gefühle können nicht nur höchst unangenehm, sondern eben auch schön, angenehm, bereichernd und verführerisch sein. So ist denn unser Verhältnis zum Fremden immer ambivalent: Wir haben Angst davor und zugleich vermag es uns auch zu faszinieren. Denn wer genauer hinzuschauen wagt, kann erkennen, dass es gar nicht so schlimm zu sein braucht, dieses «Monsterkabinett des verpönten Eigenen». Es repräsentiert unter anderem gleichsam die Wildheit eigener, unbewusster Wünsche und ungelebter Sehnsüchte. Jedenfalls ist das, was wir auf das Fremde projizieren, immer etwas Wesentliches, etwas, das wir an uns selbst nicht wahrhaben wollen, etwas, das wir zu Recht oder zu Unrecht nicht zu leben wagen. Somit bedeutet der Kontakt mit dem Fremden eben auch eine Chance, die Chance wahrzunehmen, was man bis jetzt nicht wahrzunehmen gewagt hat.

Gehen wir einen echten Kontakt mit Menschen, die wir nicht verstehen, die uns vorerst einmal verwirren, ein, müssen wir erkennen, und das ist meines Erachtens das Wichtigste, dass die «Irren» sich kaum von uns psychisch «Gesunden» unterscheiden. So findet sich denn auch zu Beginn des Klappentextes meines Buches «Wer ist irr?» genau auf diese Frage – «Wer ist irr?» – die Antwort: «Niemand! Alle!» (Rufer, 1991).

Das Verstehen des Anderen tastet sich an Punkten entlang, die ich von mir selbst kenne oder neu kennen lerne. Was ich von mir selbst kenne, ist dabei ebenso bedeutsam, wie die Bereitschaft, sich «befremden» zu lassen, d.h. wahrzunehmen, was ich von mir selbst nicht oder noch nicht kenne.

Nur, dass ich immer wieder auf Bekanntes stosse, gestattet mir, die Brücke zum Fremden zu schlagen. Aus dieser Sicht ist, ganz anders als es die Psychiatrie vertritt, eine – wenn auch vorsichtige – Identifizierung mit dem Gegenüber sinnvoll.

Das Verstehen des Fremdseelischen führt zur Aufweichung des allzu kompakten eigenen Ichs. In gewissem Sinne ist es die Angst vor dem Verlust der Ich-Grenzen, die uns zögern lässt, diesen Weg zu gehen.

Besonders gefordert sind wir, wenn keine verbale Auseinandersetzung mit den Betroffenen möglich ist, wenn wir in unserer Rolle, beispielsweise derjenigen der PsychiaterIn, von unserem Gegenüber nicht akzeptiert werden. Es entsteht eine Rollenanomie, eine Situation, die nicht, wie wir das gewohnt sind, klar definierten Regeln folgt. Die Interaktion wird unberechenbar, das uns bekannte Handlungs- oder Verhaltensrepertoire hat seine Wirkung, seine Gültigkeit verloren. Identitätsstützen kommen ins Wanken. Gewohnte Verhaltens- und Abwehrmuster sind in dieser Situation unbrauchbar. Eine Identitätskrise kann die Folge dieses Kontaktes mit Menschen sein, die wir weder verstehen, noch ihr Verhalten zu steuern vermögen.

Das Problem sind also nicht die Betroffenen, die PatientInnen, sondern, das was sie in uns auslösen, beziehungsweise die Gefühle, die durch den Kontakt mit ihnen ausgelöst werden könnten: Es droht Orientierungslosigkeit und damit verbunden Kontrollverlust.

Es ist nicht einfach, stellt höchste Anforderungen, sinnvoll und therapeutisch klug auf Menschen einzugehen, die ein wirres, unverständliches Verhalten zeigen. Ihre Autorität, ihr Prestige hilft den PsychiaterInnen dabei in keiner Weise. Als Autorität, identifiziert mit der Rolle der allwissenden PsychiaterIn aufzutreten, ist in dieser Situation keineswegs sinnvoll. Ein wichtiger Schritt besteht darin, die Betroffenen, trotz aller Fremdheit, als auf irgend eine Weise mit uns selbst verwandt zu erkennen, zu erkennen, dass auch wir, wie alle andern Menschen, unter vergleichbaren Bedingungen in einen vergleichbaren Zustand fallen könnten. Dies beispielsweise, wenn wir von der PartnerIn verlassen werden, wenn grosse berufliche Ziele verpasst werden oder Arbeitslosigkeit droht. Der Mensch ist im Grunde ein einfaches Wesen, es sind immer dieselben Probleme, Themenbereiche, die uns quälen, die psychisch «Gesunden» wie auch die «Kranken».

Kein einfacher Weg also, keine leichte Aufgabe, sich verwirrten, beziehungsweise «akut psychotischen» Menschen, offen und vorurteilslos zu stellen. Es ist wichtig, dass diejenigen, die das tun, nicht allein sind, dass sie getragen, unterstützt und beraten werden von Gleichgesinnten.

Interessant ist in diesem Zusammenhang, dass in wichtigen Projekten, die zeigen, dass auch anders als auf dem üblichen, dem schulpsychiatrischen Weg mit Betroffenen umgegangen werden kann – das Projekt Soteria von Lauren Mosher und das vergleichbare Diabasis Projekt von John Perry, beide in Kalifornien, das Windhorse Projekt von Edward Podvoll – sich ausschliesslich oder fast ausschliesslich Laien (insbesondere Nicht-ÄrztInnen) um die Betroffenen kümmern. Offensichtlich kann das psychiatrische, das psychopathologische Wissen und die Identifikation mit der Rolle der PsychiaterIn sich ungünstig auf Zustand und Prognose der Betroffenen auswirken.

Keine leichte Wahl: Lassen wir uns ein auf das Fremde, so müssen wir uns zwingend auf uns selbst besinnen, uns bisher unbekannte Seiten unseres Wesens kennenlernen, gewohnte Rollenidentifikationen in Frage stellen und korrigieren. Gehorchen wir der Angst, so werden wir unsere Grenzen verstärken und befestigen. Das Fremde wird dann gleichsam zum Feind, dessen Gegenwart uns ängstlich und starr macht. Die Fremden und «Verrückten» werden dabei zur Projektionsfläche. Wir können sie auch dann beispielsweise als unzuverlässig oder aggressiv erleben, wenn dies objektiv betrachtet in keiner Weise zutrifft. Es sind unsere eigenen projizierten Aggressionen, die wir dabei als Eigenschaft der Fremden und «Irren» wahrnehmen: Das wovor man Angst hat, wird leider nur allzu leicht zum Bösen, vor dem man, solange man schwach ist, flieht, das man aber später, sobald man sich stark fühlt, bekämpfen muss.

Dies ist meines Erachtens der Grund, wieso PsychiaterInnen ihre Schützlinge seit jeher bisweilen mit grosser Härte behandeln. Ich muss betonen, dass diese Härte keineswegs eine alte Geschichte ist, die sich ausschliesslich in den dunkeln Vorzeiten der Psychiatrie abspielte. Bis heute sind Zwangsmassnahmen, Zwangseinweisungen und Zwangsbehandlungen – neben dem Patientensuizid – das grosse Problem der Psychiatrie. Das geht so weit, dass PsychiaterInnen, die – sei es im Namen der Freiheit, sei es im Namen der Rechte der Betroffenen oder der Menschlichkeit – nicht bereit sind, Zwangsbehandlungen vorzunehmen, in der heutigen klinischen Psychiatrie untragbar sind.

Rituale

In schwierigen unübersichtlichen Situationen, so eben auch im Kontakt mit dem Unverständlichen und Fremden können Rituale und Zeremonien den beteiligten Menschen Halt geben.

Rituale wirken angenehm, vereinfachend und entlastend. Zugleich blockieren sie aber das selbständige Denken und stehen meist im Dienst der Unbewusstmachung von Problemen und Veränderungsmöglichkeiten. Rituale sind Handlungsanweisungen, die automatisch ausgeführt werden, sie lassen die Welt überschaubarer erscheinen. Das Ritual erscheint als sinnvoll, sein Sinn soll nicht hinterfragt werden (Erdheim 1998, S. 36). Diejenigen Bereiche der Kultur beziehungsweise der Gesellschaft, die vor einem Wandel geschützt werden sollen, werden daher rituell durchreglementiert und können sich so ausserordentlich stabil erhalten.

Übergangsriten leiten von einem Lebensabschnitt zum anderen über, beispielsweise der Übergang vom Kind zum Erwachsenen. Aber auch Taufe und Hochzeit haben rituellen Charakter. Diese Rituale gehören im Grunde zu sogenannt primitiven Kulturen; doch auch bei uns werden beispielsweise Hochzeiten und Taufen bis heute als Rituale gefeiert.

Psychiatrische Diagnosen, beziehungsweise das Stellen von psychiatrischen Diagnosen, ist ein Vorgang, der rituellen Charakter hat – ein Übergangsritual. Nachdem das Ritual stattgefunden hat, ist, in der schwierigen, kurz zuvor noch unübersichtlichen Situation, allen alles klar. Niemand mehr braucht sich zu fürchten. Nun ist alles wieder im Lot, jetzt ist das Unverständliche mit einem Schlag verständlich geworden. Selbstverständlich, es handelt sich – beispielsweise – um eine «Schizophrenie», ein biologisch ausgelöstes, ein vererbtes Geschehen. Nun ist die Bedrohung behoben, nun gibt es wieder Distanz zwischen den Betroffenen und der PsychiaterIn. Nun ist es klar, nun wissen es alle: Es gibt keine Ähnlichkeit – das Erleben, das Verhalten der Betroffenen sind anders, ihre Gene, ihre Biologie sind anders. Die «Eugenischen», diejenigen mit dem guten, dem gesunden Erbe, können nicht «schizophren» werden, dieses Schicksal kann nur diejenigen ereilen, die erblich vorbelastet sind. Einfühlung ist damit kaum mehr möglich. Als die Menschen, die sie waren, sind die Betroffenen sozial gestorben, diese ihre Identität hat sich gleichsam in Luft aufgelöst. Der Mensch in seiner Einzigartigkeit mit seinem Entwicklungspotential geht verloren, wird ausgelöscht. Gleichzeitig entsteht er neu – es wird ihm eine neue, «kranke» Identität zugeschrieben. Psychiatrische Diagnosen erweisen sich damit als soziale Rolle, die Identifikation mit diesen Rollen macht die betroffenen Menschen beispielsweise zu echten «Schizophrenen», die sich letztlich dann auch so verhalten, wie das von ihnen erwartet wird. So stellt denn bereits das Stellen einer psychiatrischen Diagnose ein Ausüben von Macht dar: Eine psychiatrische Diagnose hat viel dramatischere Auswirkungen als die nüchterne Benennung der Problematik, die die Krise ausgelöst hat, – beispielsweise Konflikte in der Partnerschaft oder Angst vor dem Verlust des Arbeitsplatzes.

Klar ist auch, was danach geschehen wird: Es findet ein zweites Ritual statt. Es werden Psychopharmaka, Neuroleptika, beziehungsweise Antipsychotika verschrieben, verabreicht oder injiziert. Die Behandlung mit Psychopharmaka schafft zusätzliche Distanz. Sie macht die Hypothese, dass die Abweichung der Betroffenen biologisch verursacht ist, zu einer «Wahrheit»:

Die Biologie – Neurotransmitter, Moleküle, Gene – kann nicht verstanden werden, Einfühlung ist unmöglich. Sie ist Natur in ihrer unveränderlichen, erbarmungslosen, schicksalhaften Gestalt. Die behandelnden PsychiaterInnen werden durch diese beiden Rituale (die Diagnostik und die Verschreibung der Psychopharmaka) vom Innern der Betroffenen abgeschnitten. Das gilt leider auch für die Betroffenen selbst: Was sie erleben, was sie fühlen, wird uninteressant. Neurobiologische Zusammenhänge sind es nun, die interessieren, die den Betroffenen beigebracht werden. Diagnose und Behandlung geben ihnen keine Möglichkeit, sich selbst kennen zu lernen, zu verstehen – ihre Ängste, ihre Verunsicherung, ihre Verwirrung. Sie wissen jetzt, dass sie «krank» sind, dass es sich um eine biologisch verursachte «Krankheit», die vererbt wurde, handelt, dass sie von nun an jahrelang, lebenslang, auf Psychopharmaka angewiesen sind.

Die beschriebenen Ängste gehören zur Gesellschaft als Ganzes. Wir alle haben Angst, wir alle neigen dazu das «Monsterkabinett des verpönten Eigenen» auf die Insassen unserer psychiatrischen Kliniken zu projizieren. Wir alle sind erleichtert, wenn das unverstandene Problem einen Namen erhalten hat – beispielsweise «Schizophrenie» – und wenn die Behandlung mit Psychopharmaka, Neuroleptika, angelaufen ist.

Doch kann es auf diese Weise keine Entwicklung geben. Die PsychiaterInnen bewegen sich in ihrem, ihnen als selbstverständlich erscheinenden, traditionellen Denkmodell, beziehungsweise Denkstil und sind sich nicht bewusst, dass sie immer nur finden, denken und anschliessend behandeln, was und wie das vorschriftsgemäss von ihnen erwartet wird.

Auf einige Bereiche der Psychiatrie möchte ich noch kurz eingehen.

Der therapeutische Nutzen sämtlicher Psychopharmaka ist nicht gesichert

Die umfassendsten und sorgfältigsten Untersuchungen über die therapeutische Wirkung von Psychopharmaka wurden mit Antidepressiva durchgeführt. Therapieresistenz ist das große Problem für diejenigen, die Antidepressiva verabreichen. Laut der Psychopharmakabefürworterin Brigitte Woggon ist die Erfolgsrate für das erstverordnete Antidepressivum bei schweren Depressionen beziehungsweise bei hospitalisierten depressiven Patientinnen nur fünfzig Prozent (Pöldinger/Reimer 1993, S. 182; Woggon 1998, S. 35). Doch auch bei jeder zweiten stationär aufgenommenen depressiven Patientin, die ausschliesslich mit einem Placebo behandelt wurde, stellte sich innerhalb von zwei bis sechs Wochen eine deutliche Besserung ein (Zehentbauer 2006, 150). Es gibt sogar Studien, in denen sich annähernd 90 Prozent der mit einem Placebo behandelten Fälle besserten. Diese Befunde werden dadurch unterstrichen, dass auf Grund der Voreingenommenheit der PsychiaterInnen – in der Fachliteratur wird von «bias» gesprochen – die geprüften Psychopharmaka im Vergleich mit Placebos tendenziell zu gut beurteilt werden (Fisher 1993, S. 347). Diese Voreingenommenheit kann sehr wohl placebokontrollierte Psychopharmakastudien verfälschen, da auf Grund der für die PsychiaterInnen und übrigens auch die Versuchspersonen leicht festzustellenden Nebenwirkungen der Psychopharmaka, sogar so genannte Doppelblindversuche keineswegs wirklich blind sind. (Im Übrigen zeigen die stark variierenden Placeboeffekte, die in verschieden Studien gefunden werden, deutlich, wie wichtig bei jeder Behandlung der menschliche Faktor, die Atmosphäre, insbesondere die Arzt-Patient-Beziehung sind.)

So ist denn der therapeutische Nutzen der Antidepressiva nicht gesichert (ausführlich in Rufer 2004, 2001). Und diese Beurteilung gilt nicht nur für Antidepressiva, sondern für alle Psychopharmaka, das heißt auch für Neuroleptika, Tranquilizer und die so genannten mood stablizer wie Lithium und Carbamazepin (Tegretol) (Fisher/Greenberg 1993, 348; 1989, 29). Die möglichen schädlichen, zum Teil sogar tödlichen Wirkungen der verschiedenen Psychopharmaka dagegen sind gesichert.

Das bedeutet gleichzeitig, dass Psychopharmaka keine spezifische Wirkung haben. Sie können bestenfalls Symptome unterdrücken oder wegdämpfen, sind jedoch in keiner Weise in der Lage, die Ursache der Störung auszuschalten. So sind die Wirkungen von Neuroleptika, unter anderem Müdigkeit, Beeinträchtigung der intellektuellen Leistungsfähigkeit und des Gedächtnisses, Dämpfung der Gefühlswahrnehmung bei als psychisch «gesund» geltenden Versuchspersonen genauso zu beobachten wie bei denjenigen, die als «schizophren» diagnostiziert wurden.

Dies sind wichtige Überlegungen, sind doch sämtliche Hypothesen über die neurobiologische Ursache der psychischen Störungen – insbesondere der «Schizophrenie» und der «Depression» – vom Wirkungsmechanismus der zu ihrer Behandlung eingesetzten Psychopharmaka, der Neuroleptika und der Antidepressiva, abgeleitet: Unspezifisch wirkende Substanzen und fiktive Störungen – das ist die Grundlage dieser hochkarätigen wissenschaftlichen Aussagen. Mit gutem Grund können diese Hypothesen somit als Phantasmen bezeichnet werden. Die immer wieder gehörte Aussage der Neurobiologen, dass in naher Zukunft selektiv wirkende Psychopharmaka zur gezielten Behandlung von psychischen Störungen entwickelt würden, wird damit sehr, sehr fragwürdig.

Alle, die sich um das Thema kümmern wissen, dass psychotische Symptome sogar unbehandelt verschwinden können. Dies gilt sowohl für die Störungen, die als «Manien» bezeichnet werden – da gehört es geradezu zur Definition der «Krankheit» – wie auch für «Schizophrenien». Und psychotherapeutisch ausgerichtete, psychopharmakafreie Behandlungskonzepte der «Schizophrenie» sind einer Psychopharmakotherapie überlegen beziehungsweise haben die bessere Prognose. Das konnte wiederholt gezeigt werden (Goldblatt, 1995, 325 ff.; Karon, 1989, 105 ff.; Mosher, 1985, 105 ff.; Perry, 1980, 193 ff.). Dasselbe gilt auch für die unipolare Depression (Steinbrueck, 1983, 856ff). Im übrigen darf nicht vergessen werden, dass psychotische Zustände zu den Möglichkeiten normalen menschlichen Erlebens oder Reagierens gehören (Bock 1999, 29, 346, Klappentext; Dittrich 1987, 35ff; Erdheim, 1982, 418/431; Rufer 1998, 531 f.; Kernberg 1978. 51 f./76; Simoes, 1994, 103 ff.). Sie können als aussergewöhnliche Bewusstseinszustände oder als (psychotische) Regressionen verstanden werden. Aussergewöhnliche Bewusstseinszustände (ABZ) beziehungsweise veränderte Wachbewusstseinszustände (VWB) – klinisch nicht zu unterscheiden von der akuten paranoiden Schizophrenie – sind bei jedem Menschen unter anderem durch Reizentzug (sensorische Deprivation), Fasten, Schlafentzug, Hyperventilation oder die Einnahme von Halluzinogenen auszulösen (Dittrich 1987, 35 ff., Simoes 1994, 103 ff.). Die Pathologisierung dieser psychischen Zustände und die damit verbundene Behandlung mit Psychopharmaka erweist sich auch aus diesem Blickwinkel als das falsche, ja als destruktives Vorgehen.

Der Patientensuizid, ungelöstes Problem der Psychiatrie[3]

Selbstgefährdung ist der häufigste Grund für Einweisungen in psychiatrische Anstalten. Zudem wird zur Begründung von zwangsweisen Hospitalisationen sehr oft Selbstgefährdung angegeben. Wer mit seiner Einweisung nicht einverstanden ist, der wehrt sich. Wer sich aber wehrt, der wird vorerst einmal mit Neuroleptika «beruhigt». Zur Behandlung der Depression erhalten Menschen, die als selbstmordgefährdet gelten, praktisch immer Antidepressiva.

Da PsychiaterInnen das Recht beanspruchen, Menschen wegen Selbstgefährdung zwangsweise zu hospitalisieren und zu behandeln, darf erwartet werden, dass sie mit ihren Therapien besonders erfolgreich sind. Doch das trifft in keiner Weise zu. Selbstmorde ihrer PatientInnen sind eines der ungelösten Probleme der Psychiatrie: Seit dem Beginn der 1950er Jahre haben die sogenannten Patientensuizide deutlich zugenommen, und dies weitaus stärker als die Zunahme der Suizide in der Gesamtbevölkerung (Reimer, 1986, 157; Ernst, 1979, 36; Finzen, 1988, 11/12).

Die Gründe, die zur steigenden Zahl der Patientensuizide führte, sind naheliegend: 1952 wurde Chlorpromazin (Largactil, Megaphen), das erste Neuroleptikum, 1958 Imipramin (Tofranil), das erste Antidepressivum, eingeführt. Seither werden Neuroleptika und Antidepressiva bei einer steigenden Zahl von PatientInnenen in immer höherer Dosierung eingesetzt. Beide Medikamentengruppen weisen als klar deklarierte Nebenwirkung Suizidalität auf. Bei den Neuroleptika wird in den Fachbüchern von der pharmakogenen Depression gesprochen, die mit einer Zunahme der Tendenz, Selbstmord zu begehen, verbunden ist. Die Akathisie – die mit einer unerträglichen inneren Spannung und Unruhe verbundene Bewegungsunruhe – ist bei den KonsumentInnen beider Psychopharmakagruppen zu beobachten. Sie kann so quälend werden, dass sie Suizidhandlungen auslöst – und dies wohlverstanden auch bei Menschen, die zuvor weder jemals suizidal gewesen sind noch Selbstmordversuche durchgeführt haben.

Dass insbesondere die hochgelobten neuen Antidepressiva, die sogenannten Serotoninwiederaufnahmehemmer (SSRI), die Suizidalität vergrössern können, war in der letzten Zeit sogar wiederholt in der Tagespresse nachzulesen.

3 Ausführlich in Rufer 2004, 2001, 1995.

Zudem darf nicht vergessen werden, dass die psychiatrische Hospitalisation auch auf rein psychischem Weg die Lebenssituation der davon Betroffenen verschlechtert. Ihre Zukunftsaussichten werden ganz wesentlich beeinträchtigt. Sie werden sowohl aus ihren privaten Beziehungen wie vom Arbeitsplatz weggerissen. Oft fühlen sie sich von ihren nächsten Angehörigen oder ArbeitskollegInnen, denjenigen also, die in einer Mehrzahl der Fälle die Einweisung eingeleitet oder unterstützt haben, verraten und verstossen. Ihre private und berufliche Situation hat sich wesentlich verschlechtert, Rollenidentifikationen zerfallen, es kann hier mit Recht von sozialem Sterben gesprochen werden (Erdheim 1988, S. 74, Rohr, 1993, S. 149).

Psychiatrische Hospitalisationen verbunden mit der Verschreibung von Psychopharmaka führen also keineswegs dazu, dass die Suizidgefahr verschwindet, vielmehr können diese Eingriffe die Tendenz, Selbstmord zu begehen, vergrössern.

Kein erfreuliches Fazit für die Psychiatrie. Doch denjenigen, die beruflich oder privat mit Menschen zu tun haben, die als suizidal eingeschätzt werden, sollten diese Informationen Mut machen – Mut, einen eigenen Weg zu gehen, Mut, in vielen Fällen auf Einweisung und Psychopharmakotherapie zu verzichten. Dies würde jedoch keineswegs bedeuten, dass sie den Selbstmord als Problem unterschätzen, nein, vielmehr dass sie die Lebenssituation eines Menschen, der sich in einer schwierigen Krise befindet, nicht noch weiter belasten wollen.

Traumatisierung in der Psychiatrie

Letztlich löst immer die Ablehnung der Betroffenen, die verordneten Psychopharmaka zu schlucken, die Zwangsbehandlung aus. Für eine Zwangsbehandlung wird, wenn nötig, das so genannte «Aufgebot» herbeigerufen: Bis zu acht zu körperlicher Gewalt bereite Pfleger stehen einem oder einer einzelnen wehrlosen Betroffenen gegenüber. Vergleichbar mit Vergewaltigung, Folter und sexuellem Missbrauch ist dies eine traumatisierende Konfrontation (ausführlich in Rufer 2005). PsychiaterInnen bezeichnen die Folgen derartiger Erlebnisse als posttraumatische Belastungssstörung (PTBS). Die Grunderfahrung dieser Traumatisierungen ist für die Betroffenen das radikale Macht-/Ohnmachtgefälle. Die traumatisierende Situation hat eine umfassende Reinfantilisierung des Opfers zur Folge, elementare Kindheitsängste werden wiederbelebt. Was hier stattfindet, wird als erzwungene Regression bezeichnet. Die Grenze zwischen Realität und Phantasie verschwimmt. Das traumatisierte Ich versucht, daran festzuhalten, dass die aktuelle Wahrnehmung der Realität nur ein böser Traum sei, aus dem es bald wieder erwachen werde (Ehlert, 1988, S. 505 ff.). In diesem Moment besteht für die Betroffenen die Gefahr, in einen Zustand der totalen Verwirrung zu fallen.

Das Trauma löst das Gefühl der existentiellen Hilflosigkeit aus. Wenn der letzte Widerstand des Opfers gebrochen ist, wird es gleichsam zum Objekt, mit dem der Täter nach Belieben verfahren kann. Die Regression hat in dieser Situation für das Opfer den Sinn, sich wieder in die Obhut von beschützenden Elternfiguren zu begeben, was mit Verschmelzungswünschen und Liebessehnsucht verbunden ist (Ehlert 1988, S. 509). Es bildet sich der Wunsch, gerade von demjenigen, der die Gewalt ausgeübt hat, Trost über das erfahrene Leid zu erhalten. Das Opfer versucht, so zu sein, wie es vom Täter erwartet wird, sein Selbstbild gleicht sich dem Fremdbild des Täters an. Betroffene in der Psychiatrie beginnen in dieser Situation daran zu glauben, wirklich psychisch «krank» zu sein. Nur indem sie die Krankenrolle annehmen – mit anderen Worten – «krankheitseinsichtig» sind, erlangen sie in gewissem Ausmaß Zuwendung und Anerkennung von denjenigen, denen sie ausgeliefert sind.

Der Hauptabwehrmechanismus, mit dem das Ich versucht, die Traumatisierung zu bewältigen, ist die Abspaltung beziehungsweise die Dissoziation. Die Ichspaltung kann sich später als «flashback» manifestieren: Das Opfer sieht sich unvermittelt in die traumatische Situation zurückversetzt. Was oft zurückbleibt, ist ein Gefühl der Schuld wie auch die Tendenz, Selbstmord zu begehen.

Zu den beschriebenen psychischen Folgen der Traumatisierung kommen für PsychiatriepatientInnen erschwerende Begleitumstände hinzu. Bereits im Vorfeld der Zwangseinweisung sind sie unter anderem durch Konflikte mit Angehörigen, ArbeitgeberInnen, LehrerInnen vorbelastet. Zudem sind sie den Wirkungen der Neuroleptika, die die intellektuelle Leistungsfähigkeit beeinträchtigen, die Gefühlswahrnehmung unterdrücken und das Auftreten von deliranten Syndromen beziehungsweise toxischen Delirien (Verwirrung, Desorientierung, Halluzinationen) sowie Depressionen und Suizidalität bewirken können, ausgesetzt. Die Fähigkeit, die Folgen der Traumatisierung zu verarbeiten, ist damit wesentlich beeinträchtigt. Dazu bräuchte es ein möglichst klares Bewusstsein und intakte Gefühle.

Verhängnisvoll ist zudem die Isolation der Betroffenen nach der Zwangsbehandlung. Der damit verbundene Wegfall von Sinnesreizen (sensorische Deprivation) führt zum Auftreten von aussergewöhnlichen Bewusstseinszuständen (ABZ), zu deren Erscheinungsbild Wahrnehmungsverzerrungen und Halluzinationen gehören. Zudem bedeutet die Diagnose – insbesondere wenn sie zum ersten Mal gestellt wird – für die Betroffenen eine schwer zu verarbeitende Erfahrung. Psychiatrische Diagnosen, insbesondere die «Schizophrenie», verändern auf einen Schlag das Selbstverständnis und damit die Identität der betroffenen Person.

Genau die Symptome, die PsychiaterInnen zu behandeln vorgeben – Verwirrung, Halluzinationen und Suizidalität sowie die Hilflosigkeit der Betroffenen – können durch ihre Eingriffe potenziert, chronifiziert, ja sogar erstmals produziert werden. Was hier stattfindet, ist ein typischer Circulus vitiosus (Zirkelschluss): Schließlich bestätigen die Symptome, die in der Folge der Zwangsmaßnahmen auftreten, den PsychiaterInnen die Diagnose, was die Ausübung der Gewalt rückwirkend legitimiert.

Die Psychiatrie kann also mit Michel Foucault als das Fach beschrieben werden, das die Symptome, die es behandeln will, im Grunde oft selbst produziert: Dies gilt vor allem für die beschriebenen Folgen der psychiatrischen Zwangsmassnahmen, das gilt für verschiedene Psychopharmakawirkungen[4], für die Folgen der Diagnostik und der damit verbundenen negativen Erwartungshaltung der Betreuer und der Angehörigen der Betroffenen.

Doch möchte ich gleich noch beifügen, dass, wenn ich hier immer wieder von den PsychiaterInnen spreche, ich ausschliesslich diejenigen meine, die sich entsprechend der hier diskutierten psychiatrischen Lehrmeinung verhalten. Es gibt selbstverständlich unter denjenigen, die in der Psychiatrie arbeiten (PsychiaterInnen, PsychologInnen, Schwestern, Pfleger, ErgotherapeutInnen, SozialarbeiterInnen), nicht wenige, die sich anders zu verhalten versuchen, die sich nicht scheuen, einen echten, nicht durch Diagnose und Behandlungskonzept beeinträchtigten Kontakt mit den Betroffenen einzugehen.

4 Wichtig in diesem Zusammenhang die Steigerung der Tendenz, Suizid zu begehen und das Auftreten von toxischen Delirien (Verwirrung, Desorientierung und Halluzinationen), was beides als mögliche Wirkung von Antidepressiva und Neuroleptika beschrieben ist.

Literatur

Alles, was wir fühlen ist Chemie. Glück, seelisches Leiden und Psychopillen: Die Pharmakotherapeutin Brigitte Woggon debattiert mit der Psychoanalytikerin Brigitte Boothe, in: Weltwoche, 8. Juni 2000, S. 53–54.

Andreasen, Nancy, 1990: Das funktionsgestörte Gehirn. Weinheim, Basel.

Andreasen, Nancy, 2002: Brave New Brain. Geist – Gehirn – Genom. Heidelberg.

Binder, Hans, 1979: Ausgewählte Schriften. Band I: Klinische Psychiatrie. Bern.

Bleuler, Eugen, 1979: Lehrbuch der Psychiatrie. Vierzehnte Auflage, neubearbeitet von Manfred Bleuler.

Bock, Thomas, 1999: Lichtjahre. Psychosen und Psychiatrie. Bonn.

Boyle, Mary, 2002: Schizophrenia. A Scientific delusion? London.

Dilling, H. / Mombour, W. / Schmidt, M.H. / Schulte-Markwort, E. (Hg.), 2005: Internationale Klassifikation psychischer Störungen, 5. durchgesehene und ergänzte Auflage, Bern / Göttingen.

Dittrich, A. / Scharfetter, C., 1987: Phänomenologie aussergewöhnlicher Bewusstseinszustände. In: Dittrich, A. / Scharfetter, C. (Hg): Ethnopsychotherapie. Stuttgart.

Ehlert, Martin / Lorke, Beate, 1988: «Zur Psychodynamik der traumatischen Reaktion». Psyche, 42, S. 502–532.

Erdheim, Mario, 1982: Die gesellschaftliche Produktion von Unbewußtheit. Eine Einführung in den ethnopsychoanalytischen Prozeß. Frankfurt a. M.

Erdheim, Mario, 1988: Die Psychoanalyse und das Unbewusste in der Kultur. Frankfurt am Main.

Erdheim, Mario, 1993: Das Eigene und das Fremde. In: Jansen, Mechthild, Prokop, Ulrike: Fremdenangst und Fremdenfeindlichkeit. Basel, S. 163–182.

Erdheim, Mario, 1998: Wieviel Rituale braucht der Mensch? In: unimagazin. Die Zeitschrift der Universität Zürich, Nr. 1, April.

François Ewald, 1978: Foucault – ein vagabundierendes Denken. In: Foucault, Michel: Dispositive der Macht. Berlin. S. 7–20.

Fleck, Ludwik, 1980: Entstehung und Entwicklung einer wissenschaftlichen Tatsache. Frankfurt.

Finzen, Asmus, 1993: Schizophrenie – die Krankheit verstehen. Bonn.

Fisher, Seymour / Greenberg, Roger P., 1989: The Limits of Biological Treatments for Psychological Distress. Hillsdale, New Jersey.

Fisher, Seymour / Greenberg, Roger P., 1993: How sound is the Double-Blind Design for Evaluating Psychotropic Drugs? In: The Journal of Nervous and Mental Disease, 181.

Goldblatt, David: 1995: Die Psychose durcharbeiten: In Bock, Thomas u. a. (Hg.), 1995: Abschied von Babylon: Bonn.

Häfner, Heinz, 2000: Das Rätsel Schizophrenie. München.

Hell, Daniel, 1998: Gibt es die Schizophrenie? In: Schweizer Archiv für Neurologie und Psychiatrie 149, 1.

Kernberg, O.F., 1978: Borderline-Störungen und pathologischer Narzissmus. Frankfurt a. M.

Karon, Bertram P., 1989: Psychotherapy versus medication for schizophrenia: Empirical comparisons. In: Fisher, 1989.
Mitscherlich, Alexander/Mitscherlich, Margarete, 1977: Die Unfähigkeit zu trauern. München/Zürich.
Monyer, Hannah/Roth, Gerhard/Singer, Wolf, 2004: Das Manifest. Gehirn & Geist, 6.
Mosher, Loren R./Menn, Alma Z., 1985: Wissenschaftliche Erkenntnisse und Systemveränderungen. Erfahrungen im Soteria-Projekt. In: Stierling, Helm/Wynne, Lyman C. Wirsching, Michael (Hg), 1985: Psychotherapie und Sozialtherapie der Schizophrenie. Berlin, Heidelberg.
Paulitsch, Klaus, 2004: Praxis der ICD-10-Diagnostik. Wien.
Pöldinger, Walter/Reimer, Christian (Hg.), 1993: Depressionen. Berlin/Heidelberg.
Rohr, Elisabeth, 1993: Faszination und Angst. In: Jansen, Mechthild, Prokop, Ulrike: «Fremdenangst und Fremdenfeindlichkeit. Basel, S. 133–162.
Rössler, Wulf, 2001: Statement, in: Gesundheitssprechstunde, SF2 (Schweizer Fernsehen, 2. Programm), 2.12.
Rufer, Marc, 1991: Wer ist irr? Bern.
Rufer, Marc, 1995: Glückspillen. Ecstasy, Prozac und das Comeback der Psychopharmaka. München.
Rufer, Marc, 1998: Schizophrenie. In: Grubitzsch, Siegfried/Weber Klaus: Psychologische Grundbegriffe. Ein Handbuch. Reinbek.
Rufer, Marc, 2001: Psychopharmaka – fragwürdige Mittel zur Behandlung von fiktiven Störungen. In: Wollschläger Martin (Hg.): Sozialpsychiatrie, Entwicklungen, Kontroversen, Perspektiven. Tübingen, S. 225–268.
Rufer, Marc, 2004: Ordnungsmacht Psychiatrie. In: Widerspruch Heft 46, Zürich, S. 109–124.
Rufer, Marc, 2005: Traumatisierung in der Psychiatrie. In: BPE-Rundbrief. 4.
Rufer, Marc, 2006: Neuromythologie und die Macht der Psychiatrie, in: Widerspruch, Heft 50, S. 145–156.
Simoes, M., 1994: Das akute paranoide Syndrom und veränderte Wachbewusstseinszustände (VBW). In: Dittrich A./Hofmann, A./Leuner, H. (Hg): Welten des Bewusstseins. Band 3. Berlin.
Steinbrueck, Susan M./Maxwell, Scott E./Howard, George S., 1983: A Meta-Analysis of Psychotherapy and Drug Therapy in the Treatment of Unipolar Depression. In: Journal of Consulting an Clinical Psychology, 51.
Steinert, Tilman, 1998: Das Krankheits‘bild’ der Schizophrenie, in: Psychiatrische Praxis, 25. Jg.
Woggon, Brigitte, 1998: Behandlung mit Psychopharmaka, Bern, Göttingen.
Zehentbauer, Josef, 2006: Chemie für die Seele. Psychopharmaka und alternative Heilmethoden. Berlin.

Beat Sterchi

Paracelsus – Paratext – Paradox. Widersprüche in der Medizin

Anders als in den vorangegangenen Beiträgen kann man in diesem kaum etwas Neues erfahren. Ich als Autor vertrete aber die Haltung, dass man sich gewisse Dinge nicht oft genug ins Bewusstsein rufen kann, denn längst nicht alles, was man weiss, macht uns so heiss, wie es eigentlich sollte. In der Computersprache gesprochen bedeutet das: Es genügt nicht, Dokumente abzuspeichern. Man muss sie auch wieder finden können und man muss sie öffnen, um ihren Inhalt wirklich in Betracht zu ziehen. Es gibt nun mal Sachverhalte, die kann man sich nicht oft genug vor Augen führen.

Das vom Schwanz her aufgezäumte Pferd

Als ich begann, meine eigenen Dokumente zum Thema Kontraste in der Medizin zu sichten, als ich also begann nachzudenken, was ich hier eventuell vortragen könnte, brach eine Woge der Ernüchterung über mich herein. Kaum hatte ich einen kleinen Überblick über meinen im Bezug auf das vorgegebene Thema ganz besonders desolaten Wissensstand gewonnen, war ich erschüttert ob der Dürftigkeit meiner in meinem Kopf vorhandenen, nun geöffneten Dokumente. Um Gottes Willen! dachte ich. Ich weiss ja gar nichts! Was habe ich mir hier nur eingebrockt!

Schon dieser Titel! Paracelsus – Paratext – Paradox! Widersprüche in der Medizin! Wie komme ich bloss dazu, mir so etwas aufzuhalsen? Es war klar. Ich hatte das Pferd vom Schwanz her aufgezäumt. Das kann nie gut gehen.

Schuld waren aber auch die Umstände. Letzten Sommer, als mich André Thurneysen fragte, ob ich Lust hätte, in dieser Reihe einen Vortrag zu halten, war ich gerade damit beschäftigt gewesen, aus einem Kriminalroman, in welchem es um Organhandel ging, ein Theaterstück zu machen. Ich hatte mich also mit Medizin, besonders mit der Thematik der Organtransplantation zu befassen. Ich hatte mich auch zum ersten Mal etwas ausführlicher mit dem Begriff Hirntod beschäftigt und war wohl allzu voreilig überzeugt gewesen, dass ich schon allein darüber etwas zu sagen haben würde.

Genau betrachtet ist dieser «Hirntod» ja ein ganz verrücktes Ding. Wie da ein neues Wort erfunden worden ist, um unser Verständnis vom Tod sprachlich der technischen Entwicklung der Medizin anzupassen! Da gibt es doch Widersprüche, die sind so riesig, dass sie kaum in einem einzigen Vortrag abgehandelt werden könnten! Und ist denn nicht das Leben selbst mit seinem unausweichlichen Tod etwas anderes als eine einzige gigantische Ansammlung von unauflösbaren Widersprüchen?

Titelschummelei

Aber dann: Paracelsus – Paratext – Paradox! Es war zum Verzweifeln. Natürlich hatte ich geschummelt. Noch bevor ich genau wusste, wovon ich hier sprechen wollte, musste ich mich für einen neugierig machenden Titel entscheiden und ich wollte unbedingt etwas wählen, das eher literarisch als medizinisch klingt. Paradox klingt ja auch besser als widersprüchlich und sollte mir gar nichts einfallen, dachte ich, erzähle ich halt von jenem jüdischen Sprichwort, das zum allerwichtigsten Teil meines persönlichen Zitatenschatzes gehört und das so umwerfend paradox, so widerwidersprüchlich ist, dass es schmerzt, wenn man es zum ersten Mal hört. Allein mit diesem Sprichwort müsste die Sache ja zu gewinnen sein, hatte ich damals gedacht. Und zu Paradox passte Paracelsus nun mal sehr gut, war er doch selbst der Inbegriff eines paradoxen Menschen. Von Paracelsus hatte ich nämlich ebenso vage wie idealisierte Vorstellungen im Kopf, die etwas mit dem zu tun haben könnten, was ich möglicherweise zu sagen hätte, wenn ich wüsste wie. Auch dachte ich, schon nur den ganzen Namen von Paracelsus erwähnen zu dürfen, wäre doch einen halben Vortrag wert: Theophrastus Bombastus Aureolus Philippus von Hohenheim, genannt Paracelsus! Wenn man sich das auf der Zunge zergehen lässt: Theophrastus Bombastus Aureolus Philippus von Hohenheim, genannt Paracelsus. Wenn das nicht schon mal etwas ist! Ich sah aber bald, dass sich nicht mal Paracelsus einfach so vor jeden Karren spannen lässt. Und zu allem Überfluss musste ich auch noch erkennen, dass sogar das eher als phonetisches Füllwort gewählte «Paratext» nicht einfach so zu bewältigen sein würde. Was heisst schon Paratext? Eigentlich heisst es textliches Beiwerk, also mein Beiwerk zu den anderen Vorträgen und doch bedeutet Paratext irgendwie auch alles und nichts und wie sollte ich das nun alles unter einen Hut bringen?

Die aufschreiende Stimme

Gleichzeitig war da aber eine Stimme in mir zu hören, die unabhängig von meinem dürftigen medizinischen Wissen aufschreien wollte: Was? Kontraste in der Medizin? Zur Dialektik gesundheitlicher Prozesse? In welcher Medizin? Wo sind da gesundheitliche Prozesse? Gibt es da irgendwo gesundheitliche Prozesse, wenn sich überall alle bekriegen und ein ganzer Planet vor die Hunde geht? Was ist denn das schon für eine Medizin, die ein derart punktuelles Interesse an Krankheit hat, dass sie sich in einem gnadenlosen Spezialisierungswahn jedem grösseren Zusammenhang verweigert? Und die Welt sieht nun mal sehr, sehr schlecht aus. Hier bei uns in unseren nach wie vor privilegierten Regionen zeigt sie nach einer Schnelldiagnose vielleicht bloss dunkle Ringe um die Augen. Erwiesenermassen leidet sie an unschönen Ausscheidungen, verströmt einen ziemlich unangenehmen Körpergeruch, aber sonst scheinen sich ihre Leiden wenigstens hier bei uns auf Äusserlichkeiten wie Haarausfall, hässlich picklige, schorfige Haut und eine Tendenz zu beschleunigten Alterungsprozessen zu beschränken. Aber auch bei uns muss jede Langzeitdiagnose als höchst dramatisch eingestuft werden. Unsere Welt befindet sich nämlich längst im Koma! Vielerorts sogar in einem irreversiblen Koma! Ein Pulverfass. Vor dem totalen Absturz! Was heute noch heil ist an Gliedern, kann schon morgen brechen! Was vielleicht heute noch blüht, ist schon morgen Wüste! Was heute noch atmet, ist morgen schon tot!

Aber! will diese Stimme in mir schreien, anstatt dass wir angemessen darauf reagieren würden, beschleunigen wir unser Leben, gehen überall aufs Gas, bauen Türme in den Himmel, tanzen um das goldene Kalb, huldigen hemmungslos den Göttern der Unterhaltung und der Ablenkung und lassen uns blenden von Glitter und Glanz, von Glamour und Saus und Braus und blind wie wir sind verschliessen wir uns dem offensichtlich ziemlich terminalen Krankheitsbild unseres Planeten.

Diese Stimme in mir meinte aber nicht einfach die so genannte *Umwelt*. Nein, dieses Wort *Umwelt* wird sich schon sehr bald als das Unwort des letzten Jahrhunderts entpuppen, soll es uns doch vorgaukeln, eine, von uns Menschen trennbare Einheit, etwas um uns herum sei bedroht und in ihrem Gleichgewicht gefährdet. Dabei ist es die Welt an sich, die krank ist und die kaputt geht und diese Welt ist unsere Welt. Es ist die Welt in der wir leben und es ist weiss Gott die einzige die wir haben. Eine Umwelt gibt es gar nicht.

Diese Stimme in mir wollte auch hinausschreien, ob diese Medizin denn ihren Namen verdiene, die sich nicht erschüttern lasse von Seuchen, Hungerkatastrophen und dem allgemeinen Irrsinn dieser Welt? Was das für eine Medizin sei, die sich für die Reichen und privilegierten Regionen der Welt auch noch die besten jungen Talente und das am besten ausgebildete medizinische Personal aus den Entwicklungsländern unter den Nagel reisst? Was ist das für eine Medizin, die sich bei aller Unterversorgung in grossen Teilen der Welt zunehmend in den grossen Städten konzentriert, weil ihr immer weiter auf die Spitze getriebenes Spezialistentum nur dort funktionieren kann?

Was ist das auch für eine Medizin, die nicht verhindern kann, dass längst überwunden geglaubte Krankheiten wie die Tuberkulose vielerorts wieder aufkeimen, während sich Heerscharen von medizinischen Fachleuten der ästhetischen Chirurgie widmen? In New York lässt man sich angeblich massenweise schon die Füsse mit einer Zehenoperation verschönern, während in kaum zwei Flugstunden entfernten Gebieten nicht mal die medizinische Grundversorgung gewährleistet ist. Was ist das für eine Medizin, wollte diese Stimme in mir aufschreien, die das Elend nicht sieht, obschon es sichtbarer ist als je und die Mittel dagegen in einem Ausmass vorhanden wären, das man sich noch vor kurzem kaum hätte zu erträumen gewagt? Und dann das Gerede von der Gesundheit! Was ist überhaupt gesund? Ist es etwa gesund, dass unsere Spitzenmediziner und Spitzenmedizinerinnen so viel arbeiten? Und warum nennen wir unsere medizinischen Sachzwangsverwalter Gesundheitsdirektoren und Gesundheitsdirektorinnen, ihre Zusammenkunft sogar die Gesundheitsdirektorenkonferenz? In Anbetracht des Zustandes der Welt darf dies doch sicher als widersprüchlich, als paradox wenn nicht als zynisches Newspeak bezeichnet werden! Und was ist das für eine Medizin, die mithilft eine Art Gesundheit zu propagieren, die sich als Selbst- und Lebenszweck versteht? Leben um rein körperlich, man könnte auch sagen äusserlich, gesund zu sein! Was in der Konsequenz die Abschaffung der Lebensphasen und schliesslich auch die Abschaffung des Todes bedeutet! Erst galt die Jugend noch als die einzige Krankheit, die sich von selber kuriert und schon ist die ewige Jugend der Anspruch, das Ziel, der Lebensinhalt schlechthin! Jung und schön in schwereloser Wellness rund um die Uhr auf immer und ewig. Was ist das für eine Medizin, die solche Illusionen schürt und verheisst! So wie es kein Richtiges im Falschen gibt, kann es keine Gesundheit in der Krankheit geben.

Auch von verantwortungslosen Zauberlehrlingen, von Stammzellenforschung, von Profitgier und Gentechnologie, von Sackgassen und von Überheblichkeit und von vielem mehr wollte die Stimme in mir schreien, doch sie klang zunehmend so verstört, überfordert und verloren, dass mir schwarz wurde vor den Augen.

Bei Lichte betrachtet

Sie sehen, Laotse hat schon Recht: Es ist der Unwissende der redet, der Wissende schweigt. Mir war auch klar, dass eine solch ungezügelte Stimme in dieser Vortragsreihe hier nichts zu suchen hat. Es geht ja nicht an, einfach selbstgerecht mit ein bisschen Betroffenheit zu barambarisieren. Einfach so drauflos zu barambarisieren bringt nichts. Immerhin besitzen wir eines der besten Gesundheitssysteme überhaupt. Das weiss jeder, der ein bisschen in der Welt herumgekommen ist oder jeder, der es wirklich wissen will. Aber dennoch, dachte ich, bei Lichte betrachtet ist das ja auch nicht alles nur falsch und blöd, was die Stimme da in mir barambarisiert hat.

Ich bedachte auch, dass man hier einwenden könnte, es sei den Menschen ja allgemein noch nie so gut gegangen wie heute. Ja, würde ich darauf antworten, stimmt, aber noch nie ist es so vielen Menschen in Relation zu den vorhandenen Möglichkeiten so schlecht gegangen.

Ich zeichnete also als erstes einen Kreis und setzte einen kleineren Kreis, den ich schwarz ausmalte in dessen Mitte und schrieb dazu:

Es gibt kein Gesundes im Kranken.

Und gleich darunter schrieb ich: Alles wird globalisiert, warum eigentlich nicht die Medizin? Arbeitsthese: Das Verantwortungsbewusstsein entwickelt sich unabhängig vom medizinischen Fortschritt.

Braindrain

Ich begann auch gleich, nach einem Artikel zu suchen, den ich ausgeschnitten und zur Seite gelegt hatte. Es war ein Artikel über den Weltbevölkerungsbericht der UNO von letztem Jahr. Der Artikel hatte mich besonders berührt, weil er auf den medizinischen *braindrain* in den Entwicklungsländern verwies. Schon vor 30 Jahren, als ich zwei Jahre lang im mittelamerikanischen Honduras gelebt hatte, war dort oft beklagt worden, dass die allerbesten Medizinstudenten schon gleich nach ihren Prüfungen vor allem von amerikanischen, aber auch von europäischen Universitäten Stipendien angeboten bekamen, die so attraktiv waren und so gut dotiert, dass sie sich kaum jemand entgehen lassen konnte oder wollte. Die bekannte Konsequenz war, dass diese jungen Ärzte und Ärztinnen ihren Herkunftsländern, die sie dringendstens benötigt hätten, verloren gingen.

Als ich nun den besagten Artikel wieder gefunden hatte, beschaffte ich mir auch gleich noch den Uno-Bericht, wovon er handelte. Daraus geht beispielsweise hervor, dass derzeit in der nordenglischen Stadt Manchester mehr malawische Ärzte praktizieren als in ganz Malawi. Oder dass von den 600 Ärzten, die seit der Unabhängigkeit 1964 in Sambia ausgebildet wurden, derzeit noch 50 in ihrem Heimatland praktizieren. Aber auch ausgebildetes Pflegepersonal aus Afrika beanspruchen die reichen Länder heute in einem Ausmass, dass die Herkunftsländer dieser Männer und Frauen vor schweren, medizinischen Versorgungskrisen stehen.

Zu Malawi gilt es noch dies beizufügen: Die durchschnittliche Lebenserwartung gemäss Wikipedia ist in den letzten Jahren auf 32,5 Jahre gesunken, 30–55% der Bevölkerung leiden an Aids, das für ungefähr 75% der Todesfälle verantwortlich ist.

Verantwortungsbewusstsein

Hier kam mir nun wieder Paracelsus in den Sinn. Steht er in meinem Kopf doch für ein ganzheitliches Bild der Medizin. Er steht dafür, dass alles irgendwie zusammenhängt und dass es in ungesunden Zusammenhängen keine gesunden Menschen geben kann? Das wusste man immerhin schon im Mittelalter und bestimmt hat Paracelsus bei seinem Blick auf die Welt und bei seinen Heilmethoden die Verbindungen zwischen Mikrokosmos und Makrokosmos einbezogen. Also, dachte ich weiter, wenn Paracelsus ein medizinisches Verantwortungsbewusstsein für ganz Europa hatte, warum sollte die Medizin heute nicht ein Verantwortungsbewusstsein entwickeln können, das die ganze Welt einbezieht?

Ich weiss natürlich auch, dass es sehr wohl immer wieder Ärzte und Ärztinnen gab und gibt, die als Fachleute der Humanmedizin Menschen heilen, ohne vor den Krankheitssymptomen der Gesellschaft Angst zu haben und die auch die Welt so verändern und heilen wollen, dass das gesunde Leben des Einzelnen erst richtig möglich wird.

Zwei der berühmtesten oder berüchtigtsten, je nach Gesichtspunkt, waren Salvador Allende und Che Guevarra. Über ihre Erfolge lässt sich bekanntlich streiten. Aber in europäischen Zusammenhängen waren die wirkungsvollsten Sozialreformer nicht selten auch politisch engagierte Ärzte. Und ich weiss, dass sich auch heute wesentliche Teile der Medizin, gegen den allgemeinen Trend, und für Ganzheit in jedem Sinn, also auch für globales Bewusstsein engagieren. Ich habe sogar Freunde und Bekannte, die gegen das reine Spezialistentum angehen oder die, indem sie im Dienst internationaler Organisationen oder auch ganz aus eigenem Antrieb hier und dort auf der Welt ihren schönen Beruf oder wie es heisst, die vornehmste aller Künste immer da ausüben, wo sie am dringendsten gebraucht werden.

Ethik

Trotzdem fragt sich der Laie vor diesem Hintergrund, ob sich dieses eindeutig bestehende Ungleichgewicht medizinischer Versorgung mit jenen hohen ethischen Ansprüchen, die man mit der Medizin in Verbindung bringt, überhaupt vereinbaren lässt. Weil ich hier ziemlich ratlos war, besann ich mich auf einen Nachbarn, der diesbezüglich vom Fach ist.

Ich erzählte ihm am Telefon von meinem Vortrag und er lud mich freundlicherweise ein, noch bevor er genau wusste, worum es ging, ihn zu besuchen.

Ich erzählte ihm also mit der Inbrunst meiner inneren Stimme ziemlich wirr von der Ungerechtigkeit des *braindrain,* von Widersprüchen hier und dort und davon, dass ich mich fragte, ob es nicht irgendwelche ethischen Grundsätze gebe, die ich hier unbedingt erwähnen müsste. Ich sagte auch, es könne doch nicht sein, dass dieser alte Grieche, dieser Hippokrates, der so nagelfeste Berufsregeln aufgestellt habe, dass noch heute auf sie geschworen werde, dazu nichts zu sagen hätte.

Klar, sagte mein Nachbar vom Fach, es sei schon so, dass es vielerorts tatsächlich ethische Defizite zu beklagen gebe. Er war zu seinem Bücherregal gegangen und gab mir das Bändchen mit dem Titel: Hippokrates, Der Eid des Arztes. Sehr interessant sagte er und fügte auch noch hinzu, der technische Fortschritt und auch die Macht der Industrie würden sich vielerorts halt zwischen den Arzt und die Patienten schieben, was fehle, sei ein gewisser Humanismus.

Beim Wort Humanismus hakte ich sofort mit Paracelsus ein. Weißt du, sagte ich, ich habe immer dieses Bild im Kopf von diesem Paracelsus, der durch ganz Europa wandert, sich für ganz Europa verantwortlich fühlt, also für ein Gebiet das unter damaligen Bedingungen nur in Wochen durchmessen werden konnte. Warum ist das heute nicht so? Theoretisch könnte heute irgend ein europäischer Arzt auf dem Flugweg schneller bei einem Sterbenden in der Sahelzone oder in Malawi sein, als der berittene Landarzt von damals auf dem beschwerlichen Weg zum transportunfähigen Kranken auf der oberen Alp im Berner Oberland oder auf der hinteren Egg im Emmental. Aber genau das Gegenteil ist der Fall. Die wenigen Ärzte von dort kommen zu uns oder gehen nach Amerika. Und mitsamt Pflegepersonal.

Mein Nachbar vom Fach stand wieder auf, trat an sein Regal und sagte: Dieser Paracelsus sei ja auch wirklich ein wahnsinniger Typ gewesen. «U gsoffe het er wie nes Loch», sagte er auch noch, während er mir ein Buch mit dem Titel *Scharlatane, zehn Fallstudien*, überreichte.

Hippokrates

Bei der ersten Lektüre des berühmten Eides von Hippokrates fiel mir vor allem die unerwartete Kürze auf. Neun Paragrafen auf knappen zweieinhalb Seiten. Ich sah aber auch einzelne, sehr schöne Sätze. Zum Beispiel: Diätetische Massnahmen werde ich treffen zum Nutzen der Kranken nach meinem Können und Urteil, vor Schädigung und Unrecht aber sie bewahren.

Oder: Lauter und redlich werde ich bewahren mein Leben und meine Kunst.

Oder: Nie und nimmer fürwahr werde ich Blasenkranke operieren, sondern sie abschieben zu werkenden Männern, die sich in diesem Gewerbe auskennen.

Ich erkannte gleich, dass ich es hier offensichtlich mit einem Sprachkunstwerk zu tun hatte, dass ziemlich verschlüsselt war und das sein Geheimnis nicht einfach so ohne geschichtliche Hintergrundinformationen preisgeben würde. In beigefügten Erläuterungen las ich auch, dass der Eid durchwegs seine Aktualität bewahrt habe und dass es offensichtlich weitere, ähnliche Dokumente zur ethischen Orientierung der Medizin gab.

Ich beschränkte mich jedoch darauf, zu spekulieren, auf welchen geografischen Raum sich dieser Eid wohl damals bezogen haben mag und ob sich heute das Versprechen, Kranke vor Schädigung und Unrecht zu bewahren, nicht auf die ganze Welt anwenden lassen müsste?

Paracelsus

In dem Buch über Scharlatane erfuhr ich dann, dass mein Theophrastus Bombastus Aureolus Philippus von Hohenheim, genannt Paracelsus, wohl nicht überall jene uneingeschränkte Bewunderung genoss, die ich ihm entgegenbrachte. Zwar gab er kluge Sachen von sich, war tatsächlich sehr viel unterwegs und hat offensichtlich auch rein medizinisch viel damals Bahnbrechendes und Hervorragendes geleistet.

Aber als Wanderer eilte er nicht unbedingt von Krankenbett zu Krankenbett, eher wurde er getrieben, manchmal sogar gejagt, war offensichtlich selbst nicht über jenen Hokuspokus erhaben, den er vielerorts bekämpfte. Der Humanist Erasmus von Rotterdam soll es trotz schwerer Leiden in Basel vorgezogen haben, nicht von meinem Humanisten Paracelsus behandelt zu werden. Aber, und das muss auch erwähnt werden, er war offensichtlich gerne beim Volk, liebte die Menschen, zechte mit ihnen in den Spelunken, aber kümmerte sich auch an ihren Krankenbetten unabhängig von Rang und Reichtum um deren Wohl.

Besonders beeindruckte mich, was ich offensichtlich vergessen hatte, nämlich dass der Mann sehr klein, nur ein Meter zweiundfünfzig gross war, seine Reisen kreuz und quer durch Europa und darüber hinaus, also auf sehr kurzen Beinen bewältigt hatte. «Bin weiter gewandert» schreibt er selbst, «gen Granada, gen Lissabon, durch Spanien, durch England, durch die Mark, durch Preussen, durch Litauen, durch Poland, Ungarn, Walachai, Siebenbürgen, Karpaten, Windischmark, auch sonst andere Länder nit noch zu erzählen. Seine Welt war also tatsächlich von einer Grösse, die heute Malawi bestimmt einschliessen würde.

Als ich nach der Lektüre des Buches über ihn, in einer spanischen Zeitung einmal mehr beobachtete, dass die Werbung für Schönheitschirurgie kurz davor ist, in ganzseitigen Inseraten sogar die Webung der Autoindustrie an Präsenz zu übertrumpfen, fragte ich mich, was jemand wie Paracelsus, der unter anderem auch für seine deftigen Sprüche bekannt war, wohl dazu einfallen würde?

Mir selbst fiel nur wieder dasselbe ein: Wie ist es möglich, dass unsere gute ehrenwerte Medizin hier Menschen in ihrer besten Jugend umbaut, während andere noch immer an längst überwunden geglaubten Krankheiten und Zuständen leiden. Ich fragte mich auch, ob es hier nicht Bereiche gibt, die von der Medizin abgekoppelt werden müssten, weil sie nichts mehr mit dem Wiederherstellen oder Erhalten von Gesundheit zu tun haben? Wobei mir aber klar ist, dass in sehr vielen Fällen auch die ästhetische Chirurgie Menschen hilft und rettet und Grossartiges leistet.

Medizinmänner Priester

Man kann hier natürlich einwenden, was ist das denn überhaupt für ein Verständnis der Medizin? Ärzte und Ärztinnen sind doch keine Medizinmänner, die sich um das Gesamtwohl eines Indianerstammes oder sonst einer Gemeinschaft zu kümmern haben. Wir leben heute!

Möglicherweise haben meine romantischen Vorstellungen ausser mit Paracelsus noch mit anderen Helden meiner Jugend zu tun.

Einer von ihnen war sicher Dr. Adler. Dr. Adler war Kinderarzt. Er ist einer der Ärzte, die mein Arztbild prägten. Ich erinnere mich an ein oder zwei Krankheitsschübe, die ich als Knabe offensichtlich so schlecht ertrug, dass man Herrn Dr. Adler alarmieren musste.

«Dr Doktr Adler chunnt de. Ig han em Doktr Adler aglütet», sagte dann meine Mutter. Das bestätigte mir, dass man sich um mich sorgte und es versprach Erlösung.

Wenn Dr. Adler zu mir oder zu einem meiner Brüder kam, kam er hörbar schnaufend und schnaubend die Treppe hoch, ich hörte ihn schon im unteren Stockwerk, wo die Mutter ihn begrüsste, bevor sie ihn zu unserem Schlafzimmer im oberen Stockwerk führte.

Dr. Adler war untersetzt, wie man sagt, vielleicht leicht übergewichtig, er zog sich mit einer Hand am Treppengeländer hoch, in der anderen trug er ein «Dokterköfferli», einen jener unverkennbaren Ärztekoffer.

Seine Ankunft, sein Kommen war für mich ein Auftritt, ein Ereignis, das ich ganz eindeutig für die Therapie gehalten haben musste. Wenn Dr. Adler kam, war der Krankheitshöhepunkt erreicht und die Besserung konnte eintreten. Und zwar unmittelbar und rezeptunabhängig. Die Verordnungen, die Ratschläge, die mit dem Handschlag oder dem Tätscheln der Bettdecke verabreichten Wünsche waren nur noch Beiwerk. Wenn Dr. Adler kommt, geht es nachher besser und es ging besser.

Dr. Adler trug den gleichen grauen Anzug mit Krawatte wie unsere Lehrer und sah diesen überhaupt sehr ähnlich, ausser dass sein Auftreten viel selbstbewusster, gelöster, selbstverständlicher und entsprechend ruhiger und gelassener war. Die Aufmerksamkeit, die er verschenkte war nicht begleitet von dem Vorwurf, um diese unberechtigterweise gebeten zu haben. Er sah im gängigen Sinn wirklich nicht besonders gesund aus, aber er brachte Gesundheit. Und Dr. Adler hat Spuren hinterlassen. Es ist vielleicht ungerecht und unzeitgemäss, aber noch heute messe ich medizinische Leistungen an der Anstrengung und dem Aufwand, den er für mich erbracht hat. Und bei allem Respekt für biotechnische Fortschritte, es wird im Bereich zwischen Gesundheit und Krankheit noch lange unerfassbare, nicht berechenbare und nicht verrechenbare Faktoren geben, mit welchen Leute wie Dr. Adler mit dem ganzheitlichen Anspruch des Hausarztes am besten umzugehen wissen.

Ein weiterer Held meiner Jugend war Henry Dunant, der Gründer des Roten Kreuzes. Ich weiss nicht, wie es Ihnen bei Informationen über drastische medizinische Missstände auf der Welt geht. Möglicherweise haben Sie sich bei gewissen Katastrophen auch schon gefragt, wie ist das menschenmöglich, dass sich nicht sofort das ganze menschliche Tun und Trachten der ganzen Welt auf sie richtet? Ich habe mich auch schon gefragt, wie abgestumpft sind wir eigentlich und wie abgestumpft bin auch ich selbst, dass ich dies einfach so zur Kenntnis nehme?

Ich bewundere Dunant noch heute, weil er es gewagt hat, bei den Kriegsgräueln von Solferino genau hinzuschauen, er hat es gewagt zu beschreiben, was in einem solchen Krieg mit dem menschlichen Körper passiert und wie die Chirurgen den Verwundeten wie am Fliessband die zerschmetterten Glieder amputieren mussten und zwar indem sie ihnen die Knochen ohne Narkose absägten. Er hat aber nicht nur eine grossartige Reportage darüber geschrieben, mit der er vielen die Augen öffnete, er hat auch noch eine Weltorganisation wie das Rote Kreuz angeschoben. Auch heute geht es täglich in vielen Kriegen weiterhin um das Zerstören. Um das Zerstören an sich, aber vor allem um das Zerstören und Töten von Menschen. Es braucht wenig Fantasie, um sich vorstellen zu können, dass sich in einem heutigen Feldlazarett zwar die Behandlungsmethoden verändert haben, dass sich die von Menschen ausgestandenen Schmerzen und Qualen aber nach wie vor ziemlich ähnlich sein dürften. Krieg ist nach wie vor Krieg, bloss schützt uns heute die kontrollierte Berichterstattung, der so genannte *embedded journalism* vor jenen Bildern, die uns in ihrer Unerträglichkeit vielleicht zu einem andern Verhalten verleiten könnten. Wir werden vor sehr viel verschont und geschützt. Damit auch die Medizin.

Hirntod

Und jetzt habe ich noch nichts zum Hirntod gesagt. Es ist aber wie Umwelt ein neues Wort. Auch ein erfundenes Wort und man ist bekanntlich gut beraten, wenn man solchen Wörtern mit Vorsicht begegnet, denn sie sind mit Anliegen, Absichten und Interessen beladen. Gestandene Wörter, die ihre Wurzeln im Altertum haben und über deren Bedeutung sich die beneidenswerterweise des Griechischen und Lateinischen kundigen Ärzte trefflich streiten, wie das anlässlich der Veranstaltungen in dieser Vortragsreihe offensichtlich geschieht, sind mir persönlich lieber.

Bei einem Sprachwissenschafter las ich, dass wir weiterhin dabei sind, den Tod terminologisch aufzuspalten. Das Spiel mit der sprachlichen Anpassung wird weiter getrieben. Ich stiess auf Wörter wie Ganzhirntod, Teilhirntod, Hirnstammtod und Hirnrindentod, die alle ihre Geschichten und Bedeutungen haben mögen, aber sicher nicht meinen Verdacht aus der Welt schaffen können, hier würde auf Kosten der Sprache etwas zurechtgebogen. Andere haben das auch schon klarer ausgedrückt. Aber betrachtet man den Menschen als Einheit von Körper, Geist und Seele, dann ist tot eben tot und fertig.

Zum Schluss

Ein unschöner Schluss ich weiss. Unschön auch, dass ich hier noch gestehen muss, nicht nur im Titel, sondern auch in diesen Ausführungen mindestens einmal geschummelt zu haben.

Ich habe von meinem *Ba ram ba ri sieren* gesprochen. Aber *Barambarisieren* ist kein Wort, auch nicht, wenn ich es zu meinem Vergnügen dreimal verwendete, es ging mir einfach viel besser über die Zunge als *bra mar ba sieren*, wie es nach Duden richtig heissen muss.

Und ganz zum Schluss möchte ich auch noch das jüdische Sprichwort verraten, mein Lieblingsparadox:

Es geht so: Wäre es den Armen möglich, gegen Bezahlung für die Reichen zu sterben, könnten sie ganz schön viel Geld verdienen und sehr gut leben.

Vielleicht wären dann sogar die Widersprüche, die ich hier anzusprechen versucht habe, gelöst.

Die Autorinnen und Autoren

Dr med. Brigitte Ausfeld-Hafter
Dozentin für Traditionelle Chinesische Medizin / Akupunktur
Kollegiale Instanz für Komplementärmedizin KIKOM, Universität Bern
Imhoof-Pavillon, Inselspital, CH-3010 Bern
E-Mail: brigitte.ausfeld-hafter@kikom.unibe.ch

Prof. Dr. med. Thierry Carrel
Chefarzt Klinik für Herz- und Gefässchirurgie
Inselspital, CH-3010 Bern
E-Mail: thierry.carrel@insel.ch

Dr. med. Lorenz Fischer
Dozent für Neuraltherapie
Kollegiale Instanz für Komplementärmedizin KIKOM, Universität Bern
Imhoof-Pavillon, Inselspital, CH-3010 Bern
E-Mail: lorenz.fischer@kikom.unibe.ch

Dr. med. Peter Heusser
Dozent für Anthroposophische Medizin
Kollegiale Instanz für Komplementärmedizin KIKOM, Universität Bern
Imhoof-Pavillon, Inselspital, CH-3010 Bern
E-Mail: peter.heusser@kikom.unibe.ch

Dr. phil. nat. Eduard Kaeser
Gerechtigkeitsgasse 26, CH-3011 Bern
E-Mail: e.cheese@gmx.ch

Dr. med. Danielle Lemann
Hausärztin und Grossrätin
Bernstrasse 13, CH-3550 Langnau
E-Mail: albolem@hotmail.com

Prof. Dr. phil. Klaus Peter Rippe
«Ethik im Diskurs»
Restelbergstrasse 60, CH-8044 Zürich
E-Mail: info@ethikdiskurs.ch

Dr. med. Marc Rufer
Psychiater
Eierbrechtstrasse 46, CH-8053 Zürich
E-Mail: marcrufer@mac.com

Dr. theol. Thomas Staubli
Theologische Fakultät, Universität Fribourg
Kirchstrasse 52, CH-3097 Liebefeld
E-Mail: thomas.staubli@unifr.ch

Beat Sterchi
Autor
Postgasse 46, CH-3011 Bern

Dr. med. André Thurneysen (Hrsg.)
em. Dozent für Klassische Homöopathie
Kollegiale Instanz für Komplementärmedizin KIKOM, Universität Bern
Imhoof-Pavillon, Inselspital, CH-3010 Bern
E-Mail: a.thurneysen@lacorbiere.ch

Dr. iur. Christoph Zenger
Management im Gesundheitswesen, Universität Bern
Sidlerstrasse 6, CH-3012 Bern
E-Mail: christoph.zenger@oefre.unibe.ch

Komplementäre Medizin im interdisziplinären Diskurs

herausgegeben von

Dr. med. Brigitte Ausfeld-Hafter
Dr. med. Lorenz Fischer
Dr. med. Peter Heusser
Dr. med. André Thurneysen

(Kollegiale Instanz für Komplementärmedizin
der Universität Bern, KIKOM)

In dieser Reihe kommen einerseits die erstmals an der Universität vertretenen komplementärmedizinischen Richtungen zur Sprache, andererseits soll durch eine interdisziplinäre Behandlung fundamentaler Fragen eine weitergehende Diskussion über Themen angeregt werden, welche für die gesamte Medizin und die mit ihr verbundenen Wissenschaften von Bedeutung ist. Damit möchte diese Reihe einen Beitrag zur Entwicklung einer neuen medizinischen Gesamtkultur leisten, die von vielen für das angebrochene einundzwanzigste Jahrhundert erwartet wird und die in gleichwertiger Weise materielle und geistige Aspekte des Menschseins umfasst.
Die Reihe wird herausgegeben von der Kollegialen Instanz für Komplementärmedizin (KIKOM), die 1995 an der Universität Bern durch die Veranlassung einer Volksinitiative als Lehrstuhl-Äquivalent mit je einer Dozentur für Anthroposophische Medizin, Traditionelle Chinesische Medizin/Akupunktur, Homöopathie und Neuraltherapie eingerichtet worden ist.

Verzeichnis der bisher erschienenen Bände:

Band 1 Peter Heusser (Hrsg.): *'Energetische' Medizin.* Gibt es nur physikalische Wirkprinzipien? 219 Seiten. 1998.

Band 2 Brigitte Ausfeld-Hafter (Hrsg.): *Intuition in der Medizin.* Grundfragen zur Erkenntnisgewinnung. 204 Seiten. 1999.

Band 3 Peter Heusser (Hrsg.): *Akademische Forschung in der Anthroposophischen Medizin.* Natur- und geisteswissenschaftliche Zugänge zur Selbstheilungskraft des Menschen. 375 Seiten. 1999.

Band 4 André Thurneysen (Hrsg.): *Der Leib – seine Bedeutung für die heutige Medizin.* 185 Seiten. 2000.

Band 5 Andreas Beck (Hrsg.): *Einwirkung der Umwelt auf den Menschen – Auswirkungen auf die Medizin des 21. Jahrhunderts.* 208 Seiten. 2001.

Band 6 Peter Heusser (Hrsg.): *Gesundheitsförderung – Eine neue Zeitforderung.* Interdisziplinäre Grundlagen und Beitrag der Komplementärmedizin. 173 Seiten. 2002.

Band 7 Brigitte Ausfeld-Hafter (Hrsg.): *Der hippokratische Eid und die heutige Medizin.* 156 Seiten. 2003.

Band 8 André Thurneysen (Hrsg.): *Genuss und Gesundheit.* 195 Seiten. 2004.

Band 9 Lorenz Fischer (Hrsg.): *Der chronische Schmerz – eine interdisziplinäre Herausforderung.* 150 Seiten. 2006.

Band 10 Peter Heusser (Hrsg.): *Spiritualität in der modernen Medizin.* 266 Seiten. 2006.

Band 11 Brigitte Ausfeld-Hafter (Hrsg.): *Medizin und Macht.* Die Arzt-Patienten-Beziehung im Wandel: mehr Entscheidungsfreiheit? 204 Seiten. 2007.

Band 12 André Thurneysen (Hrsg.): *Kontraste in der Medizin.* Zur Dialektik gesundheitlicher Prozesse. 266 Seiten. 2009.